Die Welt des Tantra

Ajit Mookerjee / Madhu Khanna

DIE WELT DES TANTRA IN BILD UND DEUTUNG

Otto Wilhelm Barth Verlag

Dr. Manfred Wurr
auf dem tantrischen Pfad

Erste Auflage der Sonderausgabe 1987.
Titel des Originals: *The Tantric Way – Art, Science, Ritual.*
Einzig berechtigte Übertragung aus dem Englischen von Ulli Olvedi.

Inhalt

Vorwort

In dieser Zeit, da viele sich in zunehmendem Maße bemühen, die Beziehung Mensch–Kosmos zu verstehen, erhält das Studium der tantrischen Lehren und deren praktische Anwendung eine besondere Bedeutung. Eine tiefe Begeisterung für das Tantra hat in den letzten Jahren um sich gegriffen, für sein zeitloses und universelles Wesen. Um dem wachsenden Interesse und Bedürfnis nach tiefgreifenderem Wissen über Tantra zu begegnen, soll dieses Buch dem Leser einen Einblick vermitteln in das Phänomen des Tantra, seines Sichtbarwerdens in Kunst, Wissenschaft und Ritual. Vor allem als Lehre von einer praxisbezogenen Methode entwirft die geistige Welt des Tantra ein ins einzelne gehendes Bild des Menschen, um der eigenen geistigen Quellen in einer umfassenden Weise des Denkens und durch Techniken der praktischen Erfahrung schöpferisch innezuwerden. Sie sollte daher nicht als Doktrin betrachtet werden, sondern als der Beginn einer neuen Sicht. Der Sinn dieses Buches ist erfüllt, wenn der Leser zur weiteren Beschäftigung mit dem Tantra angeregt wird und es insgesamt anzuwenden trachtet, was stets mit der Arbeit an sich selbst beginnt.

In Dankbarkeit sind wir Herrn Dr. Hermann Wurr verbunden, da er Vorkehrungen traf, die unsere Forschungen erst ermöglichten, und uns mit Spenden, Rat und Tat unterstützte, ohne die diese Arbeit nie hätte geschrieben werden können. Weiterhin schulden wir Dank Herrn Michael Paula sowie dem Wissenschaftlichen Verlag GmbH, Hamburg, für seine Kooperation und Ermunterung, Herrn Hans-Ulrich Rieker für das Lesen des Manuskripts und zuletzt Herrn Dr. Sanjukta Gupta für seine hilfreichen Vorschläge in bezug auf die Sanskrit-Mantras.

Einführung

Tantra ist ein schöpferisches Mysterium, das uns antreibt, unser Tun mehr und mehr in eine innere Bewußtheit zu verwandeln: nicht indem wir aufhören, tätig zu sein, sondern indem sich unser Tun in eine schöpferische Entfaltung umgestaltet. Tantra vermittelt einen Ausgleich von Geist und Materie, der den Menschen befähigt, sein höchstes spirituelles und materielles Können zu verwirklichen. Entsagung, Loslösung und Askese – die einen von den Fesseln des Daseins befreien mögen, um so die ursprüngliche Identität seiner selbst mit der Quelle des Universums wieder zu erfahren – sind nicht der Weg des Tantra. Im eigentlichen ist Tantra das Gegenteil: nicht ein Sichzurückziehen vom Leben, sondern das vollständige Annehmen unserer Sehnsüchte, Gefühle und Situationen als menschliche Wesen.

Tantra heilt den Zwiespalt, der zwischen der physischen Welt und ihrer inneren Wirklichkeit besteht, denn für den Tantriker steht das Geistige nicht im Widerspruch zum Organischen, sondern ist seine Erfüllung. Sein Ziel ist nicht die Entdeckung des Unbekannten, sondern die Verwirklichung des Bekannten, denn: »Was hier ist, ist irgendwo; was nicht hier ist, ist nirgendwo« *(Viśvasāra-Tantra)*; das Ergebnis ist eine Erfahrung, die weitaus wirklicher ist als die Erfahrung der sichtbaren Welt.

Tantra ist ein Sanskrit-Wort, das von der Wurzel *tan* – »erweitern« – abgeleitet ist. Von dieser Betrachtung her drückt Tantra ein Wissen um eine systematische und wissenschaftlich-experimentelle Methode aus, die die Möglichkeit einer Erweiterung des menschlichen Bewußtseins und seiner Fähigkeiten anbietet, ein Prozeß, durch den die dem Individuum innewohnenden geistigen Kräfte verwirklicht werden können. In einem

◁ Vāk-Devī. Die Göttin vergegenwärtigt das feinstoffliche Element des Tones, durch das die Gesamtheit von »Name« und »Form« in Erscheinung tritt. Rajasthan, ca. 17. Jahrhundert. Gouache auf Papier.

anderen Sinne wird der Begriff Tantra als Bezeichnung für jegliche Form von »erweiternder« Literatur benützt, die – wenn überhaupt – auch nur entfernt mit den tantrischen Lehren verbunden ist. In diesen Fällen wird das Wort als literarischer Gattungsbegriff (ähnlich dem Sanskritbegriff *śāstra*, der »Lehrbuch« bedeutet) verwendet, um eine systematische Abhandlung zu bezeichnen. Man muß daher mit Vorsicht zwischen ursprünglichen Schriften und Pseudo-Tantras unterscheiden; so sind das *Rākṣasī-Tantra* und viele diesem ähnliche Texte kein Bestandteil der autoritativen Lehre. Auf Grund dieser austauschbaren Nebenbedeutungen wurde der Begriff Tantra vielfachen Fehlinterpretationen unterzogen und hin und wieder in unzutreffender Weise mit fragwürdigen Praktiken in Zusammenhang gebracht, so daß er zu einer Modeerscheinung profanierte.

Es ist schwierig, den Zeitpunkt anzugeben, von dem ab das Wort Tantra in Gebrauch kam, noch kann man angeben, wann tantrische Ideen und Praktiken zuerst eingeführt wurden. In der Harappa-Kultur (die älteste

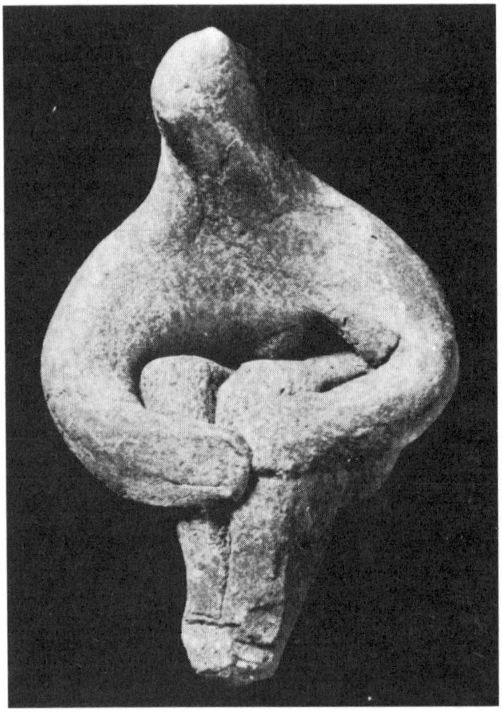

Āsana. Dieser Typus einer Terrakotta-Figur ist das älteste Beispiel eines *āsana.* Harappa, Punjab, ca. 3000 v. Chr. Terrakotta.

bekannte Kultur im Industal, ca. 3000 v. Chr.) wurden im Zusammenhang mit den Mutter- und Fruchtbarkeitskulten tantrische Ritualsymbole sowie Figürchen, die Yoga-Stellungen zeigen, gefunden. Die allgemeine Grundlage des Tantra ist ohne Zweifel indo-arischen Ursprungs und ein Teil der Gesamtheit der alten indischen Tradition. Zwischen Tantra und Veda (ca. 2000 v. Chr.) besteht eine sehr enge Verwandtschaft, und tatsächlich lassen sich einige tantrische Riten auf vedische Praktiken zurückführen. In der weiteren Entwicklung zeigen sich im Tantra die Einflüsse der Upanischaden, der Epen und Purāṇas, bis es in der Zeit des frühen Mittelalters seine höchste Entfaltung erfuhr.

Die Tantras sind zumeist anonym, und ihre Abfassung wird einem göttlichen Ursprung zugeschrieben. Zahlreich und verschwenderisch vielfältig sind die den Tantras gegebenen Namen, wie *Āgama, Nigama, Yāmala.* Im allgemeinen sind sie in Form eines belehrenden Dialogs gestaltet. So ist beispielsweise jener Typus der Tantra, in denen Śiva seine Gefährtin Pārvatī anspricht, als *Āgama,* »Offenbarung«, bekannt; während mit *Nigama* Texte bezeichnet werden, in denen Pārvatī das Wort an Śiva richtet. Der *Āgama* gliedert sich in vier Teile: Der erste behandelt das Wissen oder metaphysische Fragen, darin ähnelt er sehr stark den Upanischaden; den zweiten Teil bildet der Yoga; der dritte Teil handelt vom Ritual, und der vierte beschäftigt sich mit dem sozialen und persönlichen Verhalten des Menschen und seiner Natur. Die eigentlichen Tantra können in drei Gruppen, und zwar entsprechend ihrer Patronats-Gottheit, eingeteilt werden: die Śaiva-*Āgamas* (Śiva), die Vaiṣṇava-*Āgamas* (Viṣṇu) (oder *Pañcharātra),* und die Śākta-*Āgamas* (Śakti).

In der hinduistischen, buddhistischen und Jaina-Literatur gibt es zwar frühe Hinweise auf den Tantrismus, aber die tantrischen Praktiken sind älter als diese Texte. Hinweise auf die Tantra im allgemeinen und auf ihre typischen Riten finden sich in vielen Purāṇas. Selbst tantrische Werke wie *Liṅga, Kālika* und *Devī* wurden wie *Purāṇas* gestaltet. Die ältesten niedergeschriebenen tantrischen Werke stammen aus der Zeit um Christi Geburt, und einige sind erst in so später Zeit wie dem 18. und 19. Jahrhundert gesammelt worden. Die Entwicklung der tantrischen Literatur erstreckte sich über einen langen Zeitraum, keine bestimmte Periode kann dafür allein in Anspruch genommen werden. Das Alter eines jeden Werkes kann nur anhand von vorhandenen Indizien bestimmt werden. Man fand z. B. einige tantrische Texte, die in der Gupta-Schrift aufgezeichnet wurden; dies legt die Zeit, in der sie verfaßt worden sind, auf 400–600 n. Chr. fest; hinzugefügt sei, daß Manuskripte von Śaiva-*Āgama* aus Südindien existieren, die aus dem 6. Jahrhundert stammen. Es gibt auch sehr alte buddhistische Tantras, die bis zum Beginn der christlichen Zeitrechnung zurückgeführt werden können. Zwischen dem 7. und 11. Jahrhundert sind eine Reihe von tantrischen Texten gesammelt und uns auf verschiedenen Wegen überliefert worden, insbesondere in den Werken der Śiva-Anhänger in Kashmir im 9. und 10. Jahrhundert, in den Dichtungen der tamulischen Śaiva-Poeten derselben Periode wie auch in buddhistischen und vishnuitischen Werken.

Die Kulāchāra-Sekte des Tantrismus soll von den tantrischen Nātha-Heiligen eingeführt worden sein. Selbst Śaṅkara (8. Jh. n. Chr.) erwähnt die Existenz von vierundsechzig Tantras in seinem Werk *Ānandalahari*, einem Teil des *Saundaryalahari*. Die genaue Anzahl tantrischer Texte ist schwer zu bestimmen, obwohl es im allgemeinen heißt, es wären einhundertundacht. Hinzu kommt eine große Anzahl von Kommentaren und Zusammenfassungen, die in den verschiedenen Teilen des Landes entstanden sind und damit die verbreitete Popularität des Tantra und seiner Rituale bezeugen. Der Einfluß des Tantra ist nicht nur auf Indien beschränkt; es gibt auch Beweise, daß die Vorstellungen des Tantrismus verschiedene Teile der Welt erobert haben, insbesonders Nepal, Tibet, China, Japan und Teile Südostasiens.

Die Tantriker lassen sich äußerlich in verschiedene Sekten unterteilen, je nach der Gottheit, die sie verehren, und den Ritualen, die sie ausführen. Die wichtigsten Sekten sind die Śaivas (Verehrer von Śiva), Vaiṣṇavas (Verehrer von Viṣṇu) und Śāktas (Verehrer der *śakti*, »weibliche Energie«).

Diese Hauptgruppen sind unterteilt in verschiedene Untersekten. Die bedeutendsten Zentren, in denen der tantrische Kult noch lebendig ist, sind Assam, Bengalen, Orissa, Maharashtra, Kashmir, die Vorberge des nordwestlichen Himalaya, Rajasthan und Teile Südindiens.

Nach volkstümlicher Legende entstanden die heiligen tantrischen Wallfahrtsorte *(pīṭhasthāna)*, als Śiva den Leichnam seiner Gemahlin Satī, auch Pārvatī genannt, forttrug, der von Viṣṇu in einundfünfzig Teile zerstückelt worden war, die dann an verschiedenen Stellen des ganzen Landes herabfielen. Diese Stellen wurden zu Pilgerzentren der Tantriker. Viele von ihnen sind Hochburgen tantrischer Tradition: der Kāmākṣyā-Tempel von Kāmarūpa in Assam wird z. B. für den Ort gehalten, an dem die *yoni* (weibliches Geschlechtsorgan) der Satī niedergefallen ist, und gilt daher als lebendiges Zentrum ihrer unermeßlichen Kraft. Die Verehrung

Siegel, das einen meditierenden Yogi darstellt. Hinter seinem Rücken ist das Symbol des Dreizacks sichtbar. Es bedeutet das Übersteigen der sieben phänomenalen Ebenen des Daseins. Herkunft und Datum unbekannt. Steatit.

der *śakti* ist unter Tantrikern weit verbreitet, so daß man dachte, Tantra gehöre in erster Linie zu den Śākta-Gruppen. Wohl deshalb wurde in der Öffentlichkeit Tantra allgemein – wenn auch irrtümlich – als *śakti*-Verehrung verstanden.

Als ein überwiegend praktischer Weg der Verwirklichung hat der Tantrismus die verschiedensten Methoden übernommen, um den Bedürfnissen seiner, vor allem in bezug auf ihre Voraussetzungen und Fähigkeiten unterschiedlichen Anhänger entgegenzukommen. Obgleich das Ziel allen gemeinsam ist, hat jedes Individuum die Freiheit, den tantrischen Weg in der ihm entsprechenden Art zu gehen. So bedeutet diese Freiheit nicht eine bloße Verneinung von Bindung, sondern eine positive Verwirklichung, die reine Freude freisetzt, so daß universale Erkenntnis als solche zur Selbsterkenntnis wird. Dementsprechend hat Tantra ein System von Theorie und Praxis entwickelt, sowohl im Spirituellen wie auch im Physischen, um das Ziel und die Werte des Lebens zu erfüllen.

Die oft gestellte Frage, ob Tantra eine Religion oder eine Form der Mystik sei, wird am besten durch die Worte Woodroffes beantwortet: »Kurz gesagt ist Tantra von seiner Natur her eine enzyklopädische Wissenschaft. Es ist auf die Praxis ausgerichtet und allen Wortgefechten abhold. Es entzündet die Fackel und zeigt den Weg, Stufe für Stufe, bis der Reisende ans Ziel der Reise gelangt.«[1] Obwohl Tantra als ein mystischer Weg erscheint, der auf einem metaphysischen Konzept basiert, zeigt sich letztlich, daß die Verwirklichung des Tantra seine anfängliche Mystik auflöst und zu einer nachvollziehbaren Erfahrung für den wird, der sie sucht. Insoweit sie auf menschlicher Erfahrung im Vollzug des

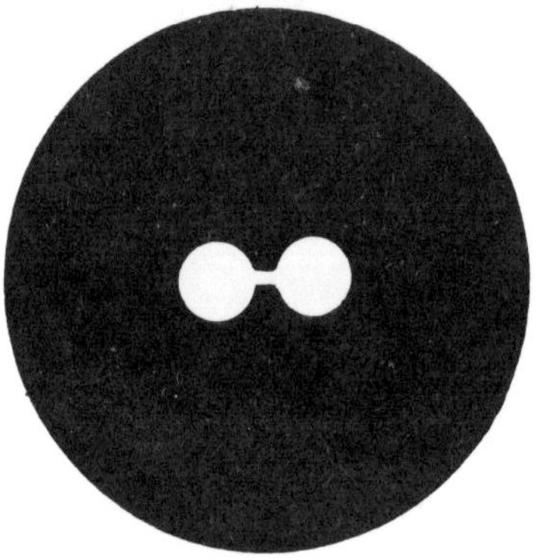

Ein kosmischer Sphäroid (*śālagrāma*).

Verehrung des Dreizacks, des Emblems Śivas. Rajasthan, 18. Jahrhundert. Gouache auf Papier.

Lebens gründet, als Quelle der Erweiterung des Bewußtseins, ist die tantrische Methode wissenschaftlicher Natur. Im Grunde ist Tantra weder Religion noch Mystik, sondern eine empirisch-experimentelle Methode, die – eingewoben in das Geflecht einer bestimmten Kultur – dennoch für jedermann gültig und nicht auf irgendwelche Gruppen oder Sekten beschränkt ist.

Obschon die fundamentalen Gedanken des Tantra sich aus den Kernsätzen der indischen Philosophie herleiten, befassen sie sich kaum mit abstrakten Spekulationen, sondern erläutern und erklären die praktischen Wege und Methoden, die zum Ziel führen. Der Tantrismus entsprang derselben Saat, aus der die gesamte indische Überlieferung erwuchs, und so entfaltete er sich im Hauptstrom indischen Denkens. Im Laufe der Zeit nährte er sich jedoch aus seinen eigenen Quellen, die nicht nur völlig verschieden von dem allgemeinen Denksystem waren, sondern oft außerhalb der anerkannten Überlieferung sich ihm widersetzten. Auf diese Art entwickelte sich der Tantrismus außerhalb der etablierten Lehren und gewann im Laufe der geistigen Auseinandersetzung mit seiner Umwelt sein eigenes Gepräge. Die tantrische Weltanschauung ist anti-asketisch, anti-spekulativ und frei von den Klischees der überkommenen, bis in alle Einzelheiten ausgearbeiteten Systeme.

Die Tatsache, daß der Tantrismus die auf Erfahrung beruhenden Seiten des Lebens mehr beachtet, heißt nicht, daß seine ausgedehnten psycho-experimentellen Techniken in einem Vakuum existierten. Er kennt sehr fein ausgearbeitete Ideen zur Atomtheorie, den Raum-Zeit-Beziehungen sowie astronomische Beobachtungen, Kosmologie, Handlesekunst, Astrologie, Chemie, Alchemie usw. Die Menschheit verdankt dem Tantrismus die Entdeckung und Ortsbestimmung der psychischen Zentren im menschlichen Körper und die verschiedenartigen Yoga-Disziplinen, die durch augenfällige wie auch abstrakte Symbole unterstützt werden. Der einzigartige Charakter des Tantra beruht auf seiner realistischen Anschauung der Natur und des Lebens in ihren verschiedenen Erscheinungsformen. Das Offenbarwerden der phänomenalen Welt ist niemals der Selbstverwirklichung entgegengesetzt. Wie vergänglich auch immer das Leben sein mag, alles, was existiert, besitzt seine eigene positive Dimension. Anstatt sich von der sich offenbarenden Natur und ihren Hindernissen zurückzuziehen, tritt der Tantriker ihr unvermittelt gegenüber. Vollkommene Erfahrung resultiert aus einer Erfahrung des Ganzen, d. h. Bewußtsein als Sein und Bewußtsein als Kraft des Werdens.

In Unkenntnis über ihre wahre Bedeutung wurden die tantrischen Rituale, wie etwa die sexuellen Yoga-Übungen – nicht zu verwechseln mit den Yoga-Stellungen – mißverstanden und verzerrt. Einige tantrische philosophische und rituelle Überlieferungen waren seit jeher im Besitz von einigen wenigen Eingeweihten, die einen geschlossenen Kreis bildeten. Mit großer Vorsicht hüteten sie dieses System und gewährten nur ausgewählten Bewerbern einen Zutritt. Daher schreckten Pseudo-Orientalisten mit einem puritanischen Schauder vor diesen mysteriösen Kulten zurück und machten sie lächerlich. Diese Haltung wurde von ihren indischen Gesinnungsgenossen im 19. Jahrhundert geteilt. Zu Beginn dieses Jahrhunderts haben die Pionierarbeiten von Sir John Woodroffe und einigen anderen Gelehrten die Mißverständnisse geklärt, die die Tiefe dieser Lehren trübten.

Die grundlegenden Lehrinhalte des Tantra können in aufsteigender oder absteigender Bewegung erklärt und verstanden werden. Vom Gipfel aus kann man auf einer kosmischen Ebene die Betrachtung beginnen, die von den Maximen des Tantra über die letzte Wirklichkeit handelt, und dann herniedersteigen zu seiner Vorstellung der Schöpfung und der Bausteine der sichtbaren Welt, und schließlich beim Verstehen des menschlichen Körpers und seiner Beschaffenheit enden. Umgekehrt können wir mit dem erfahrbaren Selbst beginnen und in Stufen durch Mensch–Welt–Kosmos aufsteigen, gipfelnd im Wesen der letzten Wirklichkeit. Diese Betrachtung zeigt uns die verschiedenen Stufen des tantrischen Denkens, um die sich verschiedene Rituale und Kunstformen gruppieren. Die Tantriker haben eine systematische Methode entwickelt, indem die »kosmischen Schnittpunkte« auf eine relative Ebene übertragen werden, auf der das Individuum dem Numinosen nun begegnen kann. Diese kosmischen Schnittpunkte können entweder durch die Arbeit an sich selbst, mittels des menschlichen Körpers *(kuṇḍalinī-yoga)*, erreicht werden, in der Begehung von Riten und Ritualen, in der Schau von Formen und Figuren wie Yantras, Maṇḍalas und Gottheiten (dies sind auch die wichtigsten Ausdrucksformen der tantrischen Kunst), oder im Laut durch die Wiederholung von Keimsilben (Mantras). Dies sind somit die verschiedenartigen Methoden des Tantra, die alle Sinne mit einbeziehen und auf den Ebenen des Geistes und des Körpers gleichzeitig oder getrennt wirksam werden. Dennoch erstreben diese Übungen Selbsterleuchtung und die lebendige Schau des Einen.

Im Mittelpunkt der tantrischen Lehren steht die Anschauung, daß die

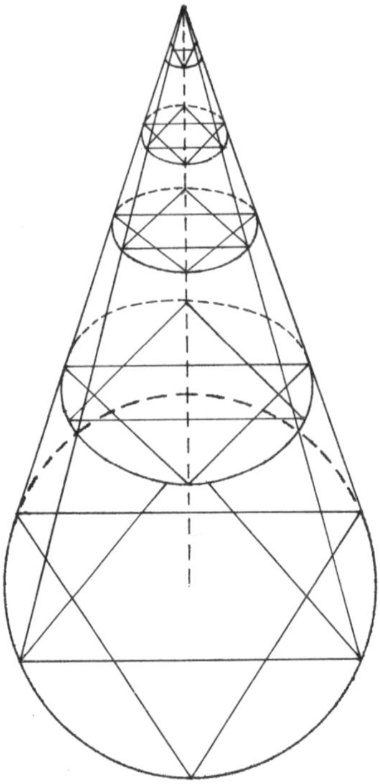

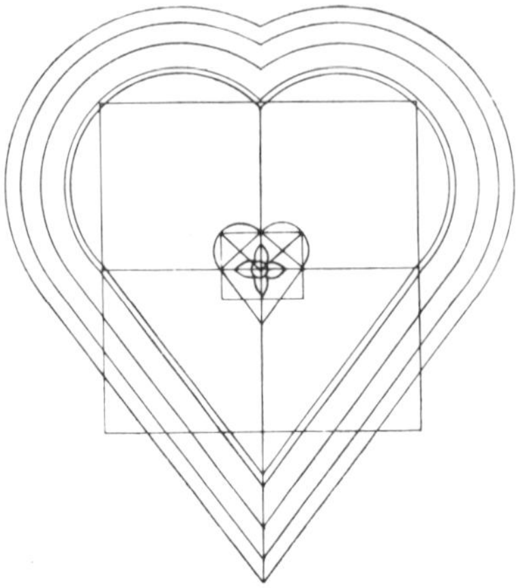

Diagramm, das die Einheit des männlichen und weiblichen Prinzips darstellt.

Diagramm der sechs *cakras*, der psychischen Zentren im menschlichen Körper.

Wirklichkeit eins ist, ein unteilbares Ganzes. Dies wird Śiva-*śakti* genannt, was kosmisches Bewußtsein bedeutet. Śiva und seine schöpferische Kraft *śakti* sind ewig miteinander vereint; der eine kann vom anderen nicht getrennt werden, und das kosmische Bewußtsein ist ausgestattet mit der Urkraft der Entfaltung und Einfaltung des Selbsts. Nur auf der Ebene der Relativität können Śiva-*śakti* als getrennte Wesenheiten betrachtet werden. Jedes Individuum besitzt die Kraft, das kosmische Bewußtsein zu verwirklichen und ihm gleich zu werden. Diese Wirklichkeit unmittelbar zu erkennen, ist der Zweck des Tantra. Das Individuum ist nicht isoliert, sondern integriert in den gesamten Kosmos, und so ist der Prozeß seiner Verwirklichung gleichzeitig die Erfüllung des Selbst. Dies kann nicht durch Methoden der Verneinung oder der Flucht erlangt werden. Um der Gleichung Individuum–kosmisches Bewußtsein gewahr zu werden, ist eine innige Symbiose des Individuums mit dem Transzendenten – die Erfahrung der Totalität von Sein und Werden – nötig.

Jede Manifestation basiert gemäß der tantrischen Lehre auf einem grundlegenden Dualismus: einem männlichen Prinzip, bekannt als *puruṣa* (kosmisches Bewußtsein) und einem weiblichen Prinzip, bekannt als *prakṛiti* (kosmische Kraft der Natur). *Puruṣa* wird identifiziert mit dem kosmischen Bewußtsein, dessen Wesen statisch ist und die transzendentale Ebene darstellt. Wo nur mehr eine ununterscheidbare Einheit ist, spricht man von Śiva als *prakṛiti*, Natur, was ein Synonym für *śakti* (weibliche Energie) ist; die kinetische Energie des Kosmos ist der erste Beweger der Schöpfung, aus der die Welt sich entfaltet und in die sie sich wieder zurückverwandelt. *Puruṣa* und *prakṛiti* sind die kosmologischen Versionen der Erscheinungsformen des Männlichen und Weiblichen. Obwohl unterscheidbar in ihren Qualitäten, sind sie untrennbar, da sie im eigentlichen zwei Aspekte des Einen sind. In Wahrheit ist die gesamte Welt, die ganze Vielfalt der Sinneserfahrung, Śiva-*śakti*, *puruṣa* und *prakṛiti*, männlich und weiblich. Das Ziel des Tantra ist, diese integrale Ganzheit der Polaritäten durch aktive Versenkung zu verwirklichen: die Polarität zu vereinigen heißt Śiva-*śakti* werden, geeint als Eines. Während der Erfahrung dieser Einheit wird eine in menschlichen Begriffen unaussprechbare, ekstatische Freude *(ānanda)* erfahren.

Die hinduistischen wie auch die buddhistischen Tantra akzeptieren diesen Dualismus. Ein Unterschied besteht darin, daß die buddhistischen Tantra das männliche Prinzip *(upāya)* als kinetisch betrachten und das weibliche als statisch *(prajñā)*. Beide Schulen betonen das Prinzip der Dualität in der Nicht-Dualität und vertreten die Ansicht, daß das höchste Ziel, die Vollkommenheit, in der Vereinigung von beiden besteht.

Tantrismus ist auch eine »Wiederentdeckung des Mysteriums der Frau«. Abgesehen von einigen historischen Faktoren, die dazu führten, daß im Tantrismus Praktiken aufgenommen wurden, die das Weibliche in den Mittelpunkt ihres Kultes stellten, war die Überzeugung, daß das weibliche Prinzip eigentlich der bewegende Aspekt des Bewußtseins ist, der Hauptgrund dafür, daß der Frau eine so hohe Stellung eingeräumt wurde und man sie zu einer kosmischen Kraft erhob. In den tantrischen Ritualen wird jede Frau als ein Abbild des weiblichen Prinzips gesehen, die die kosmische Energie verkörpert, die letzte Essenz der Wirklichkeit symbolisierend. Der Tantrismus vertritt die Ansicht eines zusammengesetzten weiblichen Prinzips, das, stets mit dem männlichen verbunden, dieses dennoch transzendiert. Entsprechend dieser Auffassung ist die *śakti* mit allen Aspekten des Lebens ausgestattet: erzeugend wie auflösend, sinnlich

Yoginī in meditativer Haltung.
Südindien, ca. 17. Jahrhundert. Holz.

wie erhaben, gütig wie schrecklich. Die universale Kraft der *śakti* ist der erste Urheber und Mutterschoß der wiederkehrenden Zyklen des Universums, als solche stellt sie die zeugende Kraft der Ewigkeit dar. Sie symbolisiert totale Lebensbejahung und ist der Ursprung aller Polaritäten, Unterscheidungen und Verschiedenheiten der Elemente. Die Tantriker identifizieren die Kraft der *śakti* mit dem Absoluten oder dem Einen, da sie die göttliche Zwei-heit von männlichem und weiblichem Prinzip vergegenwärtigt. In der Selbstverwirklichung wird das Erwecken der *kuṇḍalinī*, identisch mit dem höchsten Ziel, als Offenbarwerden der weiblichen Kraft der *śakti* im Mikrokosmos erkannt.

Die sichtbare Welt mit ihrer unendlichen Vielfalt entsteht aus der Vereinigung des zunächst gegensätzlichen männlichen und weiblichen Prinzips. Hier wirkt ein Zwang zum Ausgleich, ähnlich einer positiven und negativen Ladung, die sich fortwährend gegenseitig anziehen. Daher schafft jede Verbindung der Gegensätze Seligkeit und endet in uranfänglicher Spontanität. In diesem ausgewogenen und harmonischen Zustand ist *prakṛiti*, Natur, im Zustand des vollkommenen Gleichgewichts aus den drei Kräften oder *guṇas* zusammengesetzt, die im Sanskrit *sattva*, *rajas* und *tamas* genannt werden. *Sattva* (Essenz) ist die aufsteigende oder zentripetale Tendenz, eine kohärente Kraft, die auf Einheit und Befreiung zielt. *Rajas* (Energie) ist die Tendenz der Wiederkehr, die allen schöpferischen

Śakti in sitzender Vereinigung mit Śiva. *Śakti*, die kinetische Energie, die die Schöpfung als erste bewegt, und Śiva, unbeweglich wie ein Leichnam, repräsentieren den Dualismus von Positivem und Negativem, deren gegenseitiges Sichdurchdringen der Anfang aller Schöpfung ist. Orissa, 18. Jahrhundert. Bronze.

Kräften Antrieb verleiht. *Tamas* (Masse) ist die absteigende oder zentrifugale Tendenz, eine Kraft, die Zerstörung und Vernichtung verursacht. In ihrem nicht-offenbaren Zustand sind diese drei *guṇas* voneinander nicht zu unterscheiden, denn sie gleichen sich untereinander vollkommen aus. Das *Devībhāgavata-Purāṇa* beschreibt diesen Zustand wie folgt:

»Vor der Schöpfung war diese Welt ohne Sonne, Mond und Sterne, ohne Tag und Nacht. Es gab keine Energie und keine Unterscheidung der Richtungen. Das *brahmāṇḍa* (das Universum als ›Brahma-Ei‹) war ohne Klang und ohne Faßbares usw., bar jeglicher Kraft und von Dunkelheit erfüllt. Nur das eine ewige *brahman* (kosmisches Bewußtsein), von dem die *śruti* spricht, und *prakṛiti* (kosmische Kraft), die Leben, Geist und Seligkeit ist, existierten damals.«

Wird diese Ausgewogenheit gestört, so kommt es zum Verlust des Gleichgewichts. Dies ist die Entfaltung der Welt, die von neuem geschaffen wird, so daß der Kreislauf ohne Ende andauert. Anders ausgedrückt ist *tamas* Trägheit, die magnetische Kraft, und *rajas* die kinetische Kraft; während *sattva* zwischen diesen beiden Gegensätzen den Ausgleich bewirkt. Wenn diese Kräfte ausgewogen sind, dann ist keine Bewegung, kein Offenbarwerden, kein Fluß, nur fortwährende Stille. Gerät dieses Ausgewogensein der Kräfte in Bewegung, dann beginnen alle Kräfte sich immer aufs neue zusammenzuballen. Die Entfaltung der Welt setzt ein, und das Universum nimmt allmählich die Gestalt von Wellen an, bis eine Periode beginnt, in der alles zum ursprünglichen Zustand des Gleichgewichts zurückkehren will.

Dieses Phänomen mag durch eine Parallele aus der modernen Physik erklärt werden, beschrieben von Lincoln Barnett in *Das Universum und Dr. Einstein:* »Das Universum nähert sich somit unaufhaltsam dem ›Wärmetod‹ oder, wie es mit einem Fachausdruck heißt, der ›maximalen Entropie‹. Hat das Weltall in einigen Milliarden Jahren diesen Zustand erreicht, dann hören alle Naturvorgänge auf: der ganze Weltraum weist die gleiche Temperatur auf; Energie kann nicht mehr nutzbar gemacht werden, da sie völlig gleichmäßig durch den Kosmos hin verteilt ist. Dann gibt es kein Licht, kein Leben und keine Wärmeunterschiede mehr, sondern nichts als unendliche und unwiderrufliche Stagnation. Selbst die Zeit hört dann auf. Denn Entropie weist auf das Ende meßbarer Zeit hin. Entropie ist das Maß der Energieentwertung. Wenn die Entwertung der Energie ihren Höhepunkt erreicht hat, wenn die Aufhebung der Ordnung vollendet ist und Entropie keine Steigerung mehr erfahren kann, wenn es keine Ketten von Ursachen und Wirkungen mehr gibt, wenn das Universum abgelaufen ist, dann fehlt für einen Zeitablauf das Ziel – dann hört die Zeit auf. Die Welt kann diesem Schicksal nicht entrinnen.«[2]

Der Tantrismus nahm das ganze traditionelle Wissen über Mathematik, Astronomie, Iatrochemie und Alchemie auf und verarbeitete es. Die Erfindung des Dezimalsystems, einschließlich der Entdeckung der Null im alten Indien, ist einer der größten Beiträge zum menschlichen Wissen. Einige andere Entdeckungen beinhalten das heliozentrische System der Astronomie; das Konzept der Mondhäuser (*nakṣatra*); die Präzession der Tag- und Nachtgleichen und die Bestimmung ihres Grades; die Festsetzung des solar-lunaren Jahres; die Entwicklung eines astronomischen Kalenders auf wissenschaftlicher Grundlage; die Rotation der Erde um ihre Achse; die Kenntnis geometrischer Prinzipien und ein Beitrag zur algebraischen Symbolsprache; die kugelförmige Gestalt von Mond, Sonne, Erde und anderen Planeten; auf der Theorie der gleichmäßigen Bewegung mit einer sorgfältig ausgearbeiteten Theorie der verschiedenartigen Bewegungstypen, solcher wie geradliniger und gekrümmter (schwingend und drehend), impulshafter und übertragener Bewegung, beruhte die Berechnung der allgemeinen Entfernung der Planeten untereinander; die Annahme von interplanetarischen Anziehungskräften, um damit das Gleichgewicht zu erklären.

Die Vorstellungen des Tantrismus in bezug auf Zeit und Raum, die Natur des Lichtes und der Hitze, Gravitation und magnetische Anziehung, die Theorie von der Wellennatur des Tones, sind den Auffassungen der modernen Wissenschaft verblüffend ähnlich. Man muß sich jedoch vor Augen halten, daß diese allgemeinen wissenschaftlichen Aussagen auf intuitiver Einsicht, Visionen und Yoga-Praktiken beruhten sowie auf einer intensiven Beobachtung der natürlichen Phänomene, getragen von einer ontologischen Überzeugung, und nicht auf Experimenten, die in Übereinstimmung mit den heute üblichen Methoden ausgeführt wurden. Diese Entdeckungen hatten einen unmittelbaren Einfluß auf das tantrische Denken, auf seine Vorschriften und Übungen: Astronomische Beobachtungen haben beispielsweise für den Tantriker insofern einen Wert, als sie zur Bestimmung der für die Riten und Rituale günstigen Zeiten führten, ferner zeigen sie das menschliche Geschick in Beziehung zu den Planeten an.

Während des sechsten und siebenten Jahrhunderts n. Chr. erreichte die indische Alchemie, die von ihrem Wesen her esoterisch ist, unter den Tantrikern ihre höchste Entwicklung. Von Quecksilber- und Schwefelverbindungen glaubte man, daß sie Eigenschaften hätten, die das Leben verlängerten. Auch heutzutage nehmen manche tantrische Yogis Quecksilber als einen Zusatz zur Nahrung, um das Elixir des Lebens zu bewahren. Man glaubt, daß nur ein vollkommen eingestimmter und gestärkter Körper in der Lage ist, die volle Intensität des kosmischen Zustands zu erfahren und zu ertragen.

Die Kräfte, die das Weltall auf der makrokosmischen Ebene beherrschen, regieren das Individuum auf der mikrokosmischen Ebene. Laut den Tantras sind individuelles Sein und universelles Sein eins. Alles, was im Universum existiert, muß auch im individuellen Körper existieren. Eines der Haupthindernisse in der Entdeckung dieser essentiellen Einheit zwischen Makrokosmos und Mikrokosmos liegt in unserer Gewohnheit, die Welt in Einzelteile zu zergliedern, mit dem Resultat, daß wir die Einsicht in die Verflochtenheit dieser Einzelteile und in ihre zugrundeliegende Einheit verlieren. Der Weg zur Vollendung wird durch die Erkenntnis der Ganzheit, die Mensch und Universum verbindet, bestimmt. Es kommt hinzu, daß durch das Erkennen dieser Einheit die Grenzen unseres Ichs erweitert und wir von einer einengenden Haltung der Welt gegenüber befreit werden. Während dieses Gefühl erwächst, ist das Äußere und Innere nicht länger im Widerspruch: sie schließen einander nicht mehr aus und sind auch nicht mehr wirklich verschieden, sondern bilden ein zusammenhängendes Ganzes. Auf diese Weise betrachten die Tantriker das Universuṁ so, als ob es gleichsam in uns bestünde, und uns selbst so, als ob wir im Universum bestünden. Es ist jedoch schwierig, das ganze Ausmaß unserer latenten Fähigkeiten zu erkennen, da wir normalerweise nur ein kleines Bruchstück unseres Seins erfahren können. Die äußere Person ist nur eine verkleinerte Projektion unseres größeren, inneren Selbst. Ein unermeßliches Reservoir latenter Kräfte wartet darauf, entdeckt zu werden. Der menschliche Körper, mit seinen psychischen und biologischen Funktionen, ist ein Vehikel, durch das die schlafende psychische Energie, *kuṇḍalinī-śakti*, erweckt werden kann, um sich schließlich mit dem kosmischen Bewußtsein, nämlich Śiva, zu vereinen.

Die *kuṇḍalinī-śakti*, die in sich zusammengezogen ruhende kosmische Kraft, ist zugleich die größte Kraft im menschlichen Körper. Entsprechend den tantrischen Lehren bleibt die zusammengezogene Energie in uns, ohne offenbar zu werden, und wirkt als latentes Reservoir psychischer Energie. Die *kuṇḍalinī-śakti* ist der zentrale Angelpunkt, auf dem unsere psychophysische Struktur basiert. Eine Verwandlung und Ausrichtung dieser ruhenden Energie ist nur möglich durch einen Akt, den man

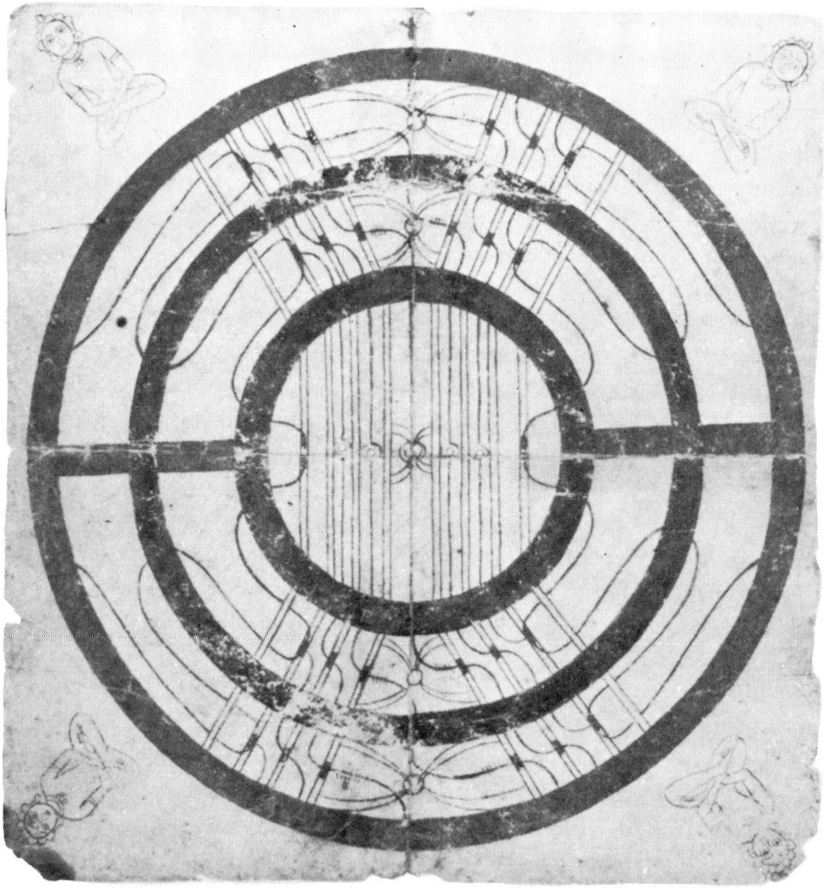

Diagramm von Jambu-dvīpa, dem Inselkontinent. In der Kosmologie der *Purāṇas* und der Tantras ist Jambu-dvīpa das Zentrum des Universums. Der symbolische Berg Meru ist die *axis mundi*, umgeben von einer Anzahl von konzentrischen Energiezonen. Rajasthan, ca. 18. Jahrhundert. Tinte auf Papier.

das Erwecken der *kuṇḍalinī* nennt. Dabei läuft sie durch die psychischen Zentren im menschlichen Körper, und durch die Belebung während ihres Aufsteigens transzendiert sie unsere Begrenzungen. Wenn die *kuṇḍalinī* schläft, ist sich der Mensch nur seiner unmittelbaren, irdischen Ebene bewußt. Wenn sie zu einer höheren spirituellen Ebene erwacht, ist das Individuum nicht mehr auf den Raum seiner eigenen Wahrnehmung beschränkt, sondern nimmt statt dessen teil an der Quelle des Lichts. So absorbiert die *kuṇḍalinī* während ihres Aufstiegs all die kinetische Energie in sich selbst, mit der die verschiedenen psychischen Zentren geladen sind. Erwacht die sonst in den unbewußten und rein körperlichen Funktionen ruhende *kuṇḍalinī*-Kraft und steigt zu den höheren Zentren auf, dann transzendiert und sublimiert sich die so freigesetzte Energie, bis die vollkommene Entfaltung und bewußte Verwirklichung erlangt ist.

In der Sprache der modernen Wissenschaft ausgedrückt ist der Aufstieg der *kuṇḍalinī* die Aktivierung weiter, schlafender Zonen des Gehirns. Die neurologische Kapazität des Menschen ist nicht faßbar: nach den jüngsten Erkenntnissen besitzt jedes Individuum etwa zehn Milliarden Gehirnzellen; eine einzelne Zelle kann zu fünfundzwanzigtausend anderen in Beziehung stehen; die Anzahl der möglichen Verbindungen ist astronomisch und deswegen als Zahl größer als die der Atome im Universum. In jeder Sekunde empfängt das Gehirn ungefähr hundert Milliarden Eindrükke, und man schätzt, daß es rund fünftausend Signale pro Sekunde aussendet. Trotz des riesigen Speichers unserer Entwicklungsmöglichkeiten sind wir uns nur eines Millionstels unserer eigenen kortikalen Signale bewußt. Und so verbleiben große Zonen des Gehirns, die von den Neurologen »schweigende Bereiche« genannt werden, »verschwendete Aktivposten«, unangezapft und ungenützt. Wenn diese Bereiche einmal vollkommen aktiviert sind, dann beginnen wir mit unserem eigenen höheren Bewußtsein zu kommunizieren. Entfalten diese Zonen ihre volle Kapazität, so wird die *kuṇḍalinī* befähigt, zum höchsten psychischen Zentrum aufzusteigen, *sahasrāra*, dem Sitz des kosmischen Bewußtseins, das durch einen tausendblättrigen Lotos auf dem Scheitel versinnbildlicht wird. Während der Übung des *kuṇḍalinī*-Yoga soll sich sogar das Muster der elektrischen Impulse im Gehirn ändern. Durch tantrische Übungen erweckt die aufsteigende *kuṇḍalinī* die psychischen Zentren im menschlichen Körper, die in der Fachsprache *cakra* genannt werden, zum Leben, bis sie schließlich das *sahasrāra* erreicht, wo sich die mystische Einigung vollzieht. Der Yogi erlebt so in einer transzendentalen Erfahrung sein Einswerden mit Śiva-*śakti.*

Die *kuṇḍalinī-śakti* kann durch verschiedenartige meditative Techniken und Prozesse erweckt werden, einschließlich der Technik des yogischen

Puruṣakāra-yantra. Das Bild illustriert das Drama des Universums im Körper des kosmischen Menschen. Rajasthan, ca. 18. Jahrhundert. Gouache auf Stoff. ▷

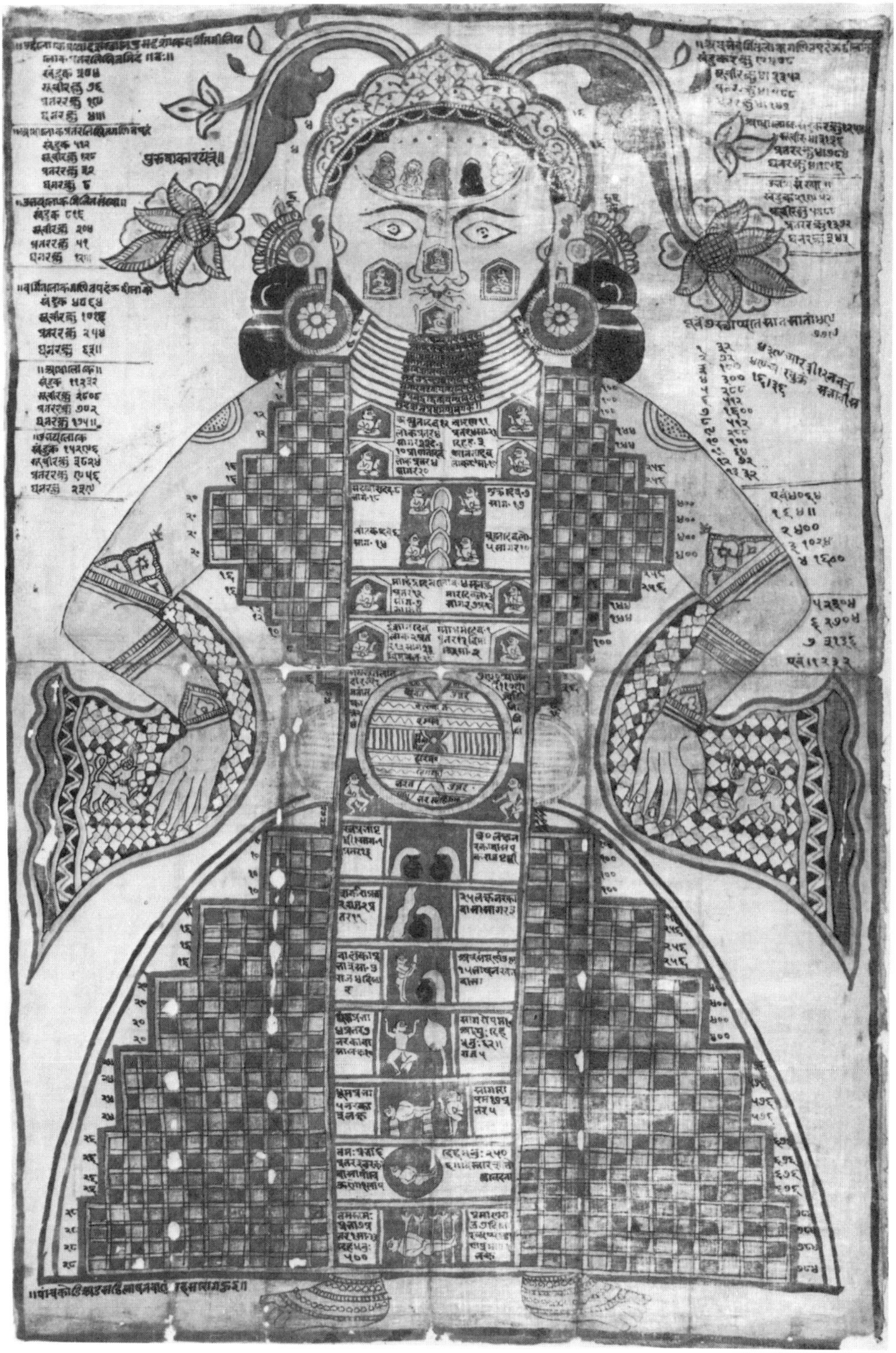

prāṇāyāma, der Kontrolle der vitalen kosmischen Lebenskraft. Rhythmisches Atmen versetzt alle Moleküle des Körpers in eine gleichgerichtete Bewegung, um den Geist unter Kontrolle zu bringen. Wenn die Luft in unseren Lungen jeden Moment 10.000.000.000.000.000.000.000 Atome enthält, können wir uns vorstellen, welch gewaltiger Strom durch die Bewegung aller Moleküle in diesem System frei wird, so daß der ruhelose Geist sich langsam auf einen Punkt ausrichten kann. In diesem Zustand werden die Schwingungen des Körpers vollkommen rhythmisch, und das Fließen in den Nervenbahnen verwandelt sich in eine Bewegung ähnlich der Elektrizität. Damit entsteht eine Kraft, die so mächtig ist, daß sie die *kuṇḍalinī* erweckt.

Die Erlangung übernatürlicher Kräfte, bekannt als *siddhi*, wird als ein indirektes Ergebnis dieser Übungen betrachtet. Es wird von acht großen *siddhi* gesprochen, von denen die folgenden am besten bekannt sind: *Aṇimā*, die Kraft unendlich klein zu werden, so daß man Dinge von winzigstem Ausmaß sehen kann, selbst die innere Struktur des Atoms; *mahimā*, die Kraft so unendlich groß zu werden, daß man Dinge von größtem Ausmaß wahrnehmen kann, etwa die Bewegungen des Sonnensystems und das Universum; *laghimā*, oder Gewichtslosigkeit, »das Beherrschen der Anziehungskraft der Erde auf den Körper, indem in jeder Zelle eine gegensätzliche zentripetale Tendenz entwickelt wird«. Andere Siddhi bestehen in der Fähigkeit, die Psyche bewußt und willentlich vom Körper zu trennen, bzw. sie in einen anderen eintreten zu lassen, die Elemente in ihrer Stofflichkeit sich verfügbar zu machen, usw.

Während die *kuṇḍalinī* aufsteigt, nimmt der Yogi ein überirdisches Licht wahr, das in verschiedenen Farben strahlt. Das hierbei auftretende Farbenspektrum entspricht nicht dem, das man normalerweise mit dem Sonnenlicht verbindet; vielmehr folgt die Anordnung der Farben Gesetzen jenseits des physikalischen Geltungsbereiches. Dies ähnelt der Ansicht Goethes: »Farben haben eine mystische Bedeutung. Denn jedes Diagramm, das die vielen Farben zeigt, ist vielsagend in bezug auf die uranfängliche Beschaffenheit, die gleichzeitig zur menschlichen Erfahrung wie zur Natur gehört.«[3]

In den letzten Jahren versuchten Physiologen herauszufinden, ob die Beschränkung der Sinneswahrnehmung auf einen einzigen, gleichbleibenden Reiz dazu führt, daß das Bewußtsein sich von der äußeren Welt abwendet – wie dies etwa in der Meditation geschieht. Ihre Experimente zeigten, daß die Versuchsperson den Kontakt zur äußeren Welt gänzlich

verlor, wenn sie einem steten optischen Sinneseindruck, einem unveränderten Reiz, den man »Ganzfeld« (als unstrukturiertes, homogenes Gesichtsfeld) nennt, ausgesetzt wurde. Dieses Phänomen wird übrigens der Struktur des zentralen Nervensystems zugeschrieben. Als man während eines völligen Ruhezustandes die winzigen elektrischen Ladungen im Gehirn mit dem Enzephalographen (EEG) aufnahm, zeigten sie den Alpha-Rhythmus. In ähnlicher Weise haben kürzlich durchgeführte Yoga-Studien offenbart, daß in der Meditation ein »hoher Alpha-Zustand« erreicht wird. Während der Übung des *kuṇḍalinī*-Yoga, wenn mittels verschiedener Meditationstechniken (Wiederholung von Mantras, Konzentration auf ein Yantra, rhythmisches Atmen etc.) das Bewußtsein auf einen einzigen Punkt ausgerichtet ist, verliert der Yogi ebenfalls den Kontakt mit der Außenwelt. Folglich schließen Experten daraus, daß Meditation weder »esoterisch noch geheimnisvoll« ist, sondern eine »praxisbezogene Technik«, die experimentelles Wissen von der Struktur des Nervensystems anwendet, und so in der Reichweite einer praxisbezogenen Psychologie liegt.[4]
Die Tantra lehren, daß die *kuṇḍalinī-śakti* durch die Ausübung der *āsana*, sexueller Yoga-Stellungen, entfaltet werden kann: »Man muß durch das aufsteigen, wodurch man fällt.« Genau jene Seiten der menschlichen Natur, die uns fesseln, können ein Tor zur Befreiung werden. In dieser Denkrichtung werden die sexuellen Neigungen zu einem Pfad, der zur universalen Wirklichkeit führt und auf das Einssein von Endlichem und Unendlichem hinweist. Die Rituale der tantrischen *āsana* haben sich zu einer Abfolge von psycho-physischen Übungen entwickelt, die die Art des Tantrismus fördern, welche der Meditation am dienlichsten ist. Im Vollzug des *āsana* vereinigen sich Mann und Frau. Und das Erleben der eigenen Kraft verbunden mit inniger Freude ist dabei die Erfüllung. Während der sexuellen Vereinigung halten die Eingeweihten ihren Geist von der äußeren Umgebung zurück; der Geist ist bestrebt, frei zu sein. Das Zurückhalten der sexuellen Energie erhöht den inneren Druck, damit wird die sexuelle Kraft in eine Stärke verwandelt, die so mächtig ist, daß der psychische Strom freigesetzt wird.

Die tantrischen *āsana* zeigen die Art und Weise, wie die sexuelle Energie für die spirituelle Vollendung gebraucht werden kann. Sie lehren uns, unsere Sinne zu erforschen, statt sie zu unterdrücken. Das *Guhyasamāja Tantra* bestätigt kategorisch: »Keiner erreicht die Vollendung, nur weil er sich schwierigen und quälenden Übungen unterzog, denn

Vollendung erlangt man nur in der Erfüllung der Wünsche.« Die Tantra sind einmalig in dem Sinn, daß sie eine Synthese von gegensätzlichen Werten, *bhoga* (Genuß) und Yoga (Befreiung) darstellen. Unser hedonistisches Drängen, das auf dem Lustprinzip beruht, kann in den Dienst einer spirituellen Erfahrung gestellt werden. Es kann deshalb durchaus zutreffen, daß das Sicheinlassen mit sinnlicher Lust als ein Akt der Spiritualität gilt, vorausgesetzt, daß es mit rechter Absicht und Motivation geschieht und man eine entsprechende Einweihung erfahren hat. So werden sexuelle Yoga-Techniken zu Yoga, bzw. zu einem Hilfsmittel für das spirituelle Leben, obschon die herkömmlichen Weisheitslehren die Sexualität als etwas Profanes und für jede Form des spirituellen Fortschrittes Hinderliches betrachten.

Sexualität gilt als die physische Basis der Schöpfung und Weltentfaltung. Die kosmische Vereinigung der Gegensätze, des männlichen und weiblichen Prinzips, und ihr Gewicht führt zur Erfüllung auf der biologischen Ebene. Im Tantrismus unterscheidet man jedoch sehr wohl zwischen vorübergehendem Genuß und der Seligkeit der Vereinigung. Die Freude der Vereinigung wird gleichgesetzt mit der höchsten Seligkeit *(ānanda)*, die die Unterschiede zwischen weiblich und männlich im Zustand vollkommener Vereinigung auslöscht. In diesem Zustand wird jeder Impuls und jede Funktion zu Śiva-*śakti*. Diese Ekstase wird erfahren, wenn die *kuṇḍalinī* aufsteigt und sich entfaltet.

Im Vollzug der *āsana* kommt dem weiblichen Partner eine betont dynamische Rolle zu. Sie wird als eine Vermittlerin zwischen dem Transzendenten und dem Immanenten und als Verkörperung der *śakti*, dem aktiven Prinzip, betrachtet. In ihren Anlagen umfaßt sie alle positiven Eigenschaften, mit denen die *śakti* versehen ist. Sie »ist«, in Fleisch und Blut, die Göttin. So wird im tantrischen Ritual die Frau als Spiegelbild des weiblichen Prinzips zum Objekt der Verehrung. Durch Rituale wie *kumārī-pūjā* (Opferritual durch eine Jungfrau) oder *śakti-upāsanā* (Sich-Versenken in die *śakti*) wird sie symbolisch in eine Göttin verwandelt. Im Ritual verkörpert der weibliche Partner einen wichtigen Archetyp und ein göttliches Bild, aber keine gewöhnliche Frau.

Bis zu welchem Ausmaß im Tantrismus dieser Archetyp integriert werden kann, zeigt das Leben Chaṇḍidās', eines rebellischen Priester-Poeten, der in Bengalen im fünfzehnten Jahrhundert lebte und für das Wäschermädchen Rāmi in Liebe entbrannte. Das Wäschermädchen repräsentiert das uranfänglich Weibliche, eine Personifikation seiner

Kosmische Energie symbolisiert als Schlangenkraft. Südindien, 18. Jahrhundert. Holz.

Ganzheit. Angesichts von Widerständen wendet sich Chaṇḍidās an seine Tempelgottheit, die Göttin Bāṣuli, die zu ihm sagt: »Du sollst diese Frau lieben, denn kein Gott kann dir das geben, wozu diese Frau fähig ist.«[5] Die Gesänge Chaṇḍidās', die in der Sahāja-Sekte Bengalens, einem Sproß des Tantrismus, einen tiefen Widerhall fanden, verkünden die Verehrung der Liebe:

»Einer, der das weite Weltall durchdringt,
wird von keinem erkannt, es sei denn
ein Mensch weiß um die Entfaltung der Liebe.«[6]

Für einen *sahājiya* (wörtlich, der unabhängige, spontane Mensch) ist ein Wäschermädchen, eine *ḍombī* bzw. kastenlose Frau, der ideale Partner für die rituelle Verehrung. Durch keine sozialen oder ethischen Tabus gebunden, erfreut sie sich der nötigen Freiheit und Unbeschwertheit. Die aufgeschlossene Haltung des Tantrismus beinhaltet auch die Identität von dem »Edlen und höchst Kostbaren« und dem »Gemeinen und höchst Gewöhnlichen«. In alten bengalischen Dokumenten gibt es Beispiele von Disputen zwischen den Anhängern des *parakiyā (āsana* mit der Frau eines anderen Mannes) und ihren Widersachern, den Verteidigern der ehelichen Liebe *(svakiyā)*. Die letzteren waren die Verlierer: dies deutet nicht zuletzt auf den großen Einfluß hin, den das *parakiyā*-Ideal ausübte. Der psychologische Aspekt der *parakiyā*-Liebe war in hohem Maß beeinflußt durch die Philosophie der ewigen Liebe, dargestellt im Leben der Rādhā, der Macht der Seligkeit, die die wahre Essenz Kṛiṣṇas ist. Ihre untrennbare Vereinigung ist das göttliche »Spiel« oder *līlā*. Dies wird im *sahāja*-Ritual ausdrücklich betont, in dem eine Frau teilnimmt, als ob sie die Natur Rādhās und ein Mann die des Kṛiṣṇa besäße. So durchbricht der Tantrismus alle sozialen Schichten und Klassen. Einige seiner Untergruppen, wie die Bauls, gehen so weit in ihren Ansichten, zu behaupten, daß nur dann diese innige geistige Verbundenheit bestehen bleibt, wenn die Liebenden miteinander nicht durch einen Ehe-Kontrakt verbunden sind.

Die tantrischen Riten und Rituale sind komplex und sorgfältig durchgearbeitet und enthalten eine Reihe von Übungen. Die männlichen Eingeweihten werden *sādhaka* genannt, die weiblichen *sādhikā* und die Disziplin, die sie befolgen, *sādhana*. Es ist unerläßlich, daß der Schüler durch einen qualifizierten Guru oder spirituellen Lehrer eingeweiht wird. Es gibt viele Formen und Stufen der Unterweisung. Auf den unteren

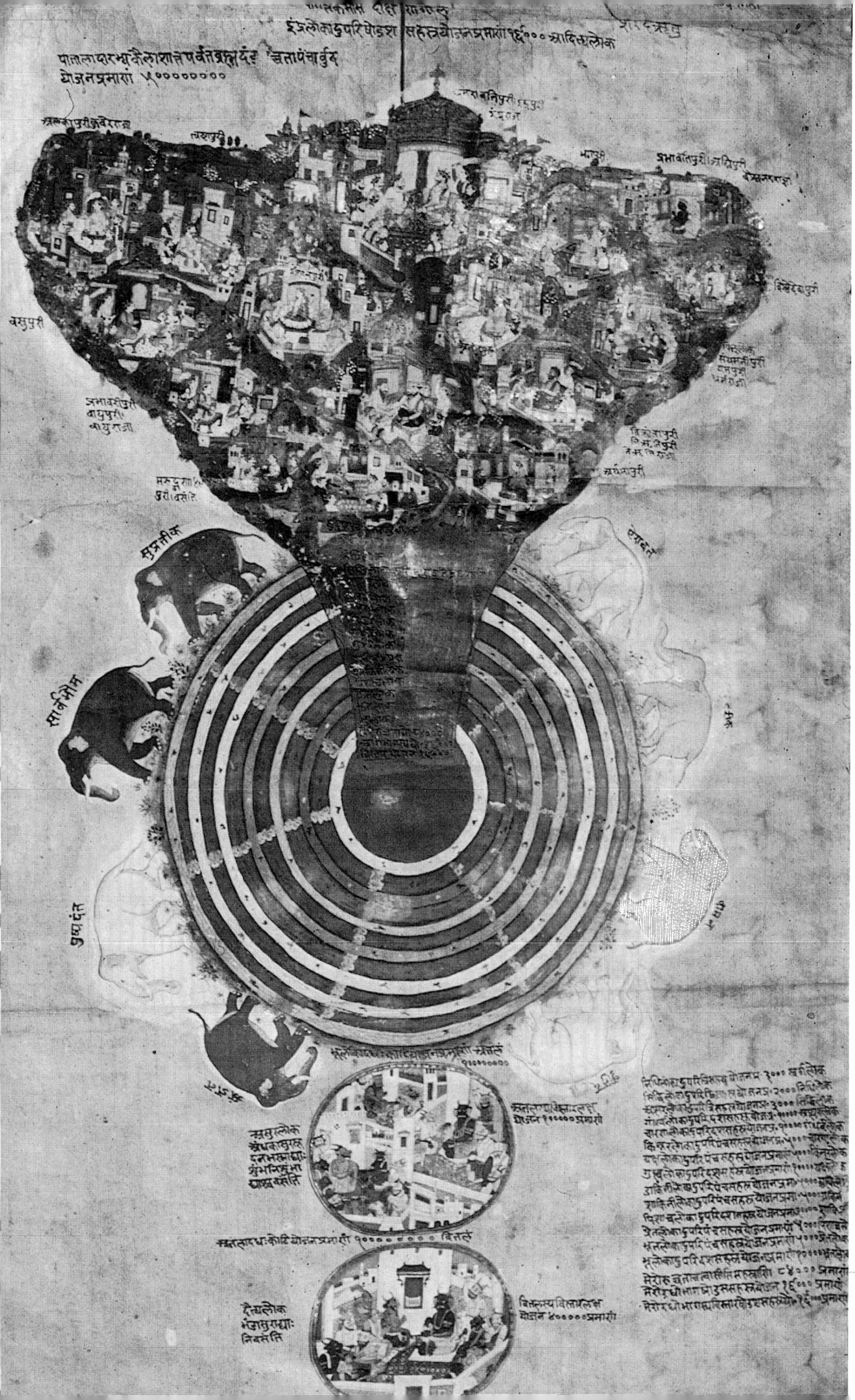

सुप्रतीक
सार्वभौम
पुष्पदंत

◁ Kosmogenese. Detail eines Rollbildes, das die Entwicklung des Universums aus dichter Materie darstellt, hier durch Elefanten symbolisiert, die stufenweise in die ätherischen Bereiche des Kosmos aufsteigen. Kangra, Himachal Pradesh, ca. 18. Jahrhundert. Gouache auf Papier.

Stufen erhält der Schüler eine gewöhnliche Initiation mittels eines ausführlichen Rituals; doch die Initiation eines fortgeschrittenen Schülers ist sublimer und wird durch einen verliehen, der selbst von tiefem spirituellem Leben erfüllt ist.

Entsprechend ihrer geistigen Veranlagung und der Reife ihres spirituellen Bewußtseins lassen sich im Tantrismus drei Arten von Schülern unterscheiden: *paśu, vīra* und *divya*. Wenn einer noch gebunden (*paśu*, wörtl. »Haustier«) und den üblichen Konventionen unterworfen ist, wird er durch Hilfsmittel, die seinem Fassungsvermögen angepaßt sind, auf den tantrischen Weg geführt. Einer, der befähigter ist, psychisch-spirituelle Erfahrungen durchzustehen, die mehr Anforderungen an seine ethische Natur (*vīra*, wörtl. »Held«) stellen, und dem die innere Kraft gegeben ist, »mit dem Feuer zu spielen«, wie das Tantra sich ausdrückt, befindet sich in der Mitte der Extreme. Ein *divya*, »göttlich« disponierter Mensch, ist der am weitesten entwickelte. Die meditative Haltung entsteht wie von selbst in ihm, und er ist jederzeit bereit, sich in spirituelle Erfahrungen zu versenken, allezeit erfreut er sich ekstatisch der »inneren Frau« und des »Weines«. In diesem Zustand versteht man unter der »inneren Frau« die *kuṇḍalinī-śakti* des Yogi, und als »Wein« wird das berauschende Wissen bezeichnet, das von der Übung des Yoga herrührt und den Frommen bewußtlos »wie einen Trunkenbold« macht.

Es gibt verschiedene Arten von tantrischen Übungen, um die *kuṇḍalinī-śakti* zu erwecken; davon sind am wichtigsten *dakṣināćāra* oder *dakṣiṇa mārga*, der rechtshändige Pfad, *vāmāćāra* oder *vāmā mārga*, der linkshändige Pfad, in den Frauen (*vāmā*) miteingeschlossen sind; und *kulāćāra*, das eine Synthese der beiden anderen darstellt. Dazu kommen einige Überlieferungen, die verschiedene Übungssysteme miteinander verbinden, wie etwa die Richtung der Śaiva und Vaiṣṇava. Die Anhänger des »linkshändigen Pfades« vollziehen den *pañcha-makāra*-Ritus (Ritus der fünf M), dessen Name sich auf fünf Bestandteile bezieht, die im Sanskrit jeweils mit dem Buchstaben M beginnen: *Madya* (»Wein«), *māṃsa* (»Fleisch«), *matsya* (»Fisch«), *mudrā* (»geröstetes Getreide«) und *maithuna* (»sexuelle Vereinigung«). Je nach der inneren Reife der Schüler wird durch diese Symbole ein unterschiedlicher Inhalt vermittelt. Wer unfähig ist, die Knoten von »Scham, Haß und Furcht« zu durchtrennen, ist nicht reif, um in diesen Weg eingeweiht zu werden, heißt es in den Texten. Es ist eine festverankerte Ansicht im »linkshändigen Pfad«, daß spiritueller Fortschritt nicht erreicht werden kann, wenn Sehnsüchte und Leidenschaften nur verdrängt werden. Vielmehr gilt es, jene Neigungen, die den Menschen enger an seine Triebwelt binden, zu sublimieren und sie zu Vehikeln der Erlösung zu verwandeln.

Während des Rituals ist *nyāsa*, die »rituelle Projektion« von Gottheiten und Elementen in verschiedenartige Teile des eigenen Körpers, äußerst wichtig. Während der Übung von *nyāsa*, die oft von *mudrās* oder rituellen Gesten begleitet wird, erfährt der Yogi, daß die visualisierten Töne und Kräfte des Mantra die Nervenströme anregen, ihre Energien über den ganzen Körper zu verteilen. Damit projiziert er die Kraft der Gottheiten auf sich und berührt gleichzeitig die verschiedenen Körperteile, um symbolisch die dort schlummernden Lebenskräfte zu wecken.

Die Tantriker vollziehen auch Rituale, in denen die Teilnehmer als Gruppe gemeinsam aktiv sind. Sie werden als *cakra-pūjā*, »Kreis-Ritual«, bezeichnet, deren wichtigstes das Bhairavī-Cakra ist. In diesem Ritual wird die Frau als Guru verehrt. Die Teilnahme an diesem Ritus ist auf jene beschränkt, die bereits tief in die Mysterien eingedrungen sind und zum inneren Kreis der Eingeweihten zählen.

In diesen Gruppenritualen wird versucht, die unmittelbare Erfahrung und Erkenntnis im gemeinsamen Tun als Ganzes zu erleben. Damit haben sie für die Eingeweihten nicht nur spirituellen, sondern auch therapeutischen Wert. Um zu einem wirklichen Verständnis seiner selbst zu gelangen, ist gemeinsames Teilhaben ganz wesentlich. Diese Rituale sind gleichsam ein »Mikrokosmisches Laboratorium«, in dem man umfassende Erfahrungen gewinnt, denn in den zwischenmenschlichen Beziehungen in der Gruppe wird dem Eingeweihten seine geistige Fähigkeit wie auch die Ganzheit seines Erlebens bewußt. Die vielen verschiedenen Riten wie die Gebärden *(mudrā)* und das Berühren der einzelnen Körperteile *(nyāsa)* haben nicht nur symbolische Bedeutung, sondern auch eine psychologische Basis. Es sind Methoden, die das Einfühlungsvermögen erweitern, die Konzentration vertiefen und das Bewußtsein erweitern.

Die Verwendung von Dingen wie Weihrauch, Blumen, Sandelholzpaste, Honig usw. sowie das gemeinsame Essen und Trinken lassen die Sinne zu neuem Leben erwachen. So sind auch die häufigen Ausbrüche des »Freudenchores« als bedeutende Augenblicke der Wechselwirkungen

Tantrisches *āsana*, sexuelle Yoga-Stellung. Orissa, 18. Jahrhundert. Gouache auf Papier. ▷

in der Gruppe zu verstehen, die jeden, der daran teilhat, in ein Gemeinwesen einbindet. Periodisches Begehen dieser Rituale wirkt als Verstärkung und trägt zum vollendeten Kreislauf der spirituellen Entwicklung und zur Harmonisierung des Lebens bei. Während ganz spezieller Rituale verwenden die Tantriker hin und wieder auch Drogen, Getränke und Chemikalien: sie trinken *bhārig*, ein Getränk, das aus Hanfblättern bereitet wird; oder sie rauchen *gāñjā*, ein Rauschmittel, oder beschmieren den nackten Körper mit eigens präparierter Asche. Diese Hilfsmittel werden nicht verwendet, um die mystische Erleuchtung zu erlangen, sondern um widrigen Umwelteinflüssen entgegenzuarbeiten, wie extreme Kälte oder Hitze, Hunger und Durst. Dies trifft besonders dann zu, wenn ein lange andauerndes Ritual unter freiem Himmel, bei Mitternacht, an einsamen Plätzen oder auf einem hohen Berg ausgeführt wird.

Heutzutage suchen viele Menschen in psychedelischen Erlebnissen ihr Bewußtsein mit Hilfe von Drogen zu erweitern, um die »Soheit der Dinge« zu erfahren. Laut den Ergebnissen einer Untersuchung über Psilocybin, die an der Harvard-Universität durchgeführt wurde, berichteten die Personen, die Drogen genommen hatten, folgendes: »Eine Sekunde in einer LSD-Sitzung kann eine Ewigkeit der Ekstase bedeuten ... Diese Berichte sind, und das ist von Interesse, den Beschreibungen ähnlich, die von den Adepten des *kuṇḍalinī*-Yoga und bestimmten anderen Formen des Tantrismus gegeben werden.«[7]

Die Ähnlichkeit der LSD-Erfahrung und der des Yogi ist nur von ungefährer Art, denn es gibt wesentliche Unterschiede zwischen den beiden. Eine »chemische Pilgerfahrt« ist eine kurzlebige Erfahrung, eingeleitet und getragen durch künstliche Mittel, existiert sie losgelöst vom übrigen Leben. Andererseits ist die Erfahrung des Yogi das Ergebnis einer langgeübten Disziplin, die eingewoben ist in einen bestimmten psychologischen und spirituellen Rahmen. Da er sicher in sich ruht, wird sein äußeres Leben durch sein inneres kontrolliert, so daß er sich dem Leben nicht entfremdet, selbst wenn er sich von der Welt zurückzieht. Jede Bewegung, jeder Gedanke und jede Handlung dient der Erreichung des angestrebten Zieles. Er erweckt seine inneren Kräfte, doch zur gleichen Zeit behält er vollkommene Klarheit und Selbstkontrolle. Die daraus resultierende Erfahrung ist weder halluzinogen noch künstlich. Für ihn ist es eine bleibende Erfahrung, während eine »chemische Pilgerfahrt« sich meist in sprunghaften, kurzlebigen Erregungen erschöpft und damit

Eine Gruppe von tantrischen Asketen. Rajasthan, ca. 18. Jahrhundert. Bronze.

Kuṇḍalinī in ihrem kinetischen Aspekt. Rajasthan, ca. 19. Jahrhundert. Gouache auf Papier.

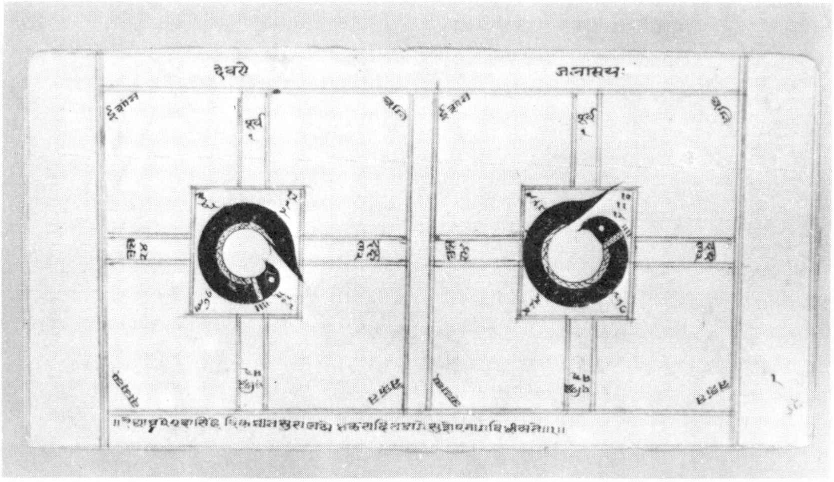

unabänderlich zu Depressionen und in vielen Fällen zur Drogenabhängigkeit führt.

In manchen tantrischen Ritualen, besonders wenn sie in der Dämmerung oder um Mitternacht vollzogen werden, wird eine geheime Sprache verwendet, *saṅdhyā-bhāṣa* oder *saṅdhā-bhaṣa* genannt. In doppelsinnigen, erotischen Symbol-Begriffen werden die Bewußtseinszustände in ihr ausgedrückt. Wer nicht eingeweiht ist in die Symbolik dieser Begriffe, dem bleiben sie unverständlich. Hierfür einige Beispiele: »Sein Organ in den Schoß der Mutter einführen«, »die Brüste seiner Schwester drücken«, »seinen Fuß auf des Gurus Haupt setzen«, »er wird nicht mehr wiedergeboren«. In der *saṅdhā*-Terminologie ist das »Organ« der meditierende Geist; der »Mutterschoß« ist das *mūlādhāra-cakra*, das unterste der psycho-somatischen Zentren am Ende der Wirbelsäule; »die Brüste der Schwester« sind das Herzzentrum *(anāhata-cakra)*, und das »Haupt des Guru« ist das höchste Zentrum am Scheitel *(sahasrāra-cakra)*. Dechiffriert man diesen Kode, so bedeutet er nach Agehananda, daß sein Geist alle aufeinanderfolgenden Zentren durchstößt und – beim allerhöchsten Zentrum angelangt – nicht mehr (wieder)geboren wird. Einigen Gelehrten zufolge bedeutet *saṅdhyā-bhāṣa* »zwielichtige« oder »geheime« Sprache, während andere sie als *saṅdhā-bhāṣa* oder Sprache des »Gemeinten« bezeichnen; jedenfalls sind in ihr viele Passagen der tantrischen Texte abgefaßt. Was auch immer damit gemeint ist, sie hat eine doppelsinnige Bedeutung, zum einen um den wirklichen Sinn gegenüber Nichteingeweihten zu verbergen, und zum anderen auch, wie Eliade sagt, »vor allem aber den Yogin in die ›paradoxale Situation‹ zu werfen, die für das Hingerissensein seines Geistes unentbehrlich ist.«[8]

Das Zerlegen und Wiederaufbauen der Begriffssprache wie auch der Schimpfworte des Guru erinnern an die »Aggressions-Rituale« unserer heutigen Zeit, die in der Gruppenpsychotherapie als eine Form der sprachlichen Läuterung praktiziert werden. Dabei wird eine verletzende Sprache als Mittel eingesetzt, um einem psychotischen Verhalten vorzubeugen und mit einer positiven Einstellung in der Gemeinschaft zu leben. Im Tantrismus jedoch hat die verletzende Sprache eine doppelte Bedeutung, sie ist nämlich »konkret« und »symbolisch«, und zwar hauptsächlich, um eine Umwandlung der Sinneserfahrung in einen Erkenntniszustand zu bewirken.

Ein praktizierender Tantriker im Himalaya. ▷

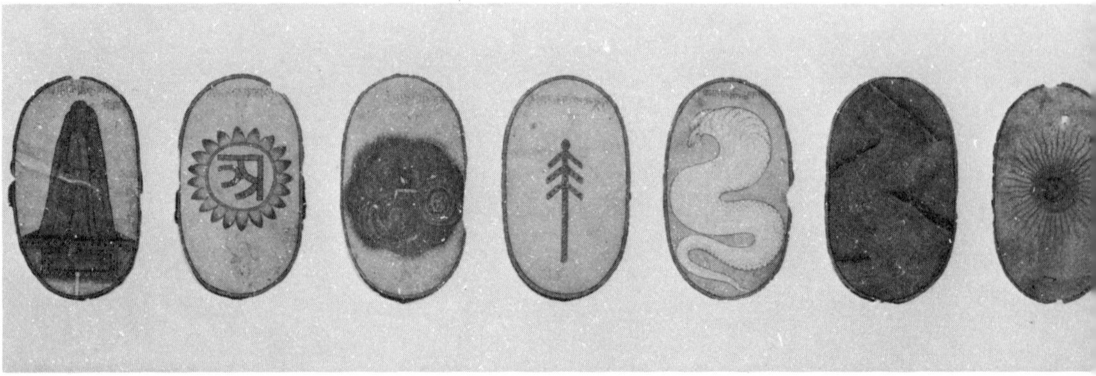

Sieben zusammengehörende Darstellungen, die verschiedenen Phasen der kosmischen Entfaltung und Einfaltung illustrierend. Rajasthan, 18. Jahrhundert. Gouache auf Papier.

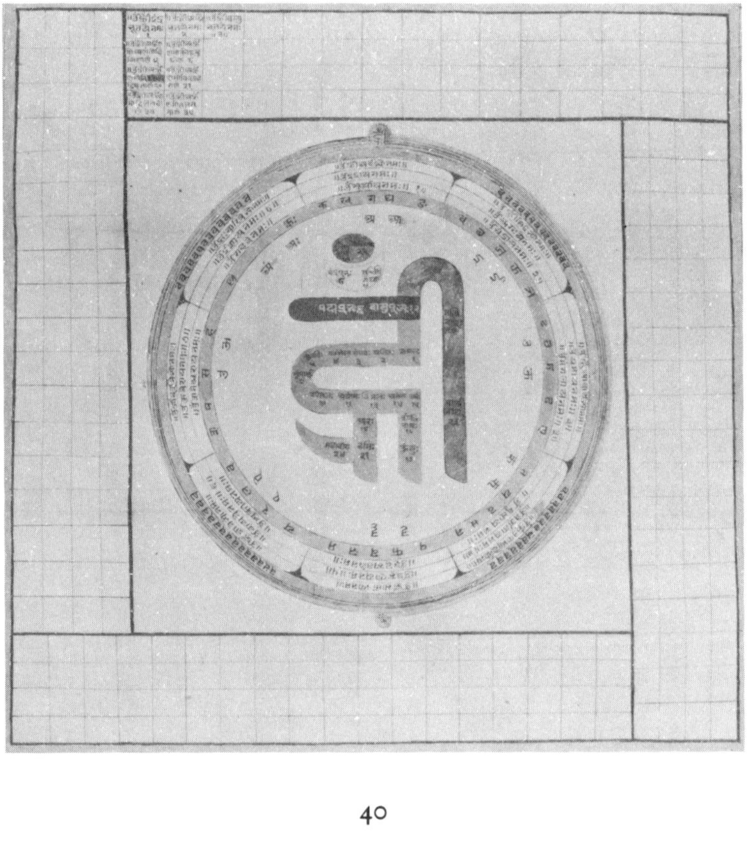

Śyāmā *(Kālī)*-yantra. Rajasthan, ca. 18. Jahrhundert. Gouache auf Papier

◁ Oṃ, der kosmische Laut, ist eine Kombination von drei Silben – a, u, m –, die die drei Phasen des kosmischen Zyklus vergegenwärtigen – Schöpfung, Erhaltung und Auflösung –, verdichtet in eine einzige Klangeinheit. Rajasthan, ca. 18. Jahrhundert. Gouache auf Papier.

Tantrische Riten können entweder rein im Geist vollzogen werden oder auf der Ebene des Wahrnehmbaren durch den Gebrauch von Mantras – heiligen Worten –, Diagrammen, den Bildern der Gottheiten und anderen rituellen Zubehörs. Diese Dinge werden nicht entsprechend ihrer Funktion im täglichen Leben bewertet und verwendet, vielmehr kommt ihnen eine tiefe, spirituelle Bedeutung zu. Mantras sind unerläßlich für den tantrischen Weg. Wörtlich übersetzt bedeutet Mantra »das, was durch Nachdenken befreit«. Ein Mantra hat so lange kein Leben, bis es in der fortwährenden Wiederholung eine Art Wellenmuster *(japa)* erzeugt, das von einem klaren Begreifen seiner Bedeutung sowie von der richtigen Aussprache seiner Buchstaben begleitet wird. Jeder Buchstabe eines Mantras ist mit Energie geladen und erzeugt Schwingungen im Bewußtsein. Es wird gesagt, daß diese Klangschwingungen Manifestationen der *śakti* sind. Daraus folgt, daß diese Klänge gleichbedeutend mit Gottheiten

Liṅga mit der Schlangenkraft *(kuṇḍalinī)*, aufsteigend zum höchsten Punkt. Benares, zeitgenössisch. Stein.

Brahmāṇḍa, kosmischer Sphäroid, Symbol der allesdurchdringenden Wirklichkeit. Benares, zeitgenössische, traditionelle Darstellung. Stein.

sind. Mantras mögen bedeutungslos und unverständlich für den Uneingeweihten sein, doch für den Eingeweihten, der darin von seinem Guru genau unterwiesen wurde, sind sie Keime spiritueller Kräfte.

Der uranfängliche Klang des einsilbigen Mantras Oṃ ist die Basis der Entfaltung des Kosmos. Alle elementaren Klangformen von Mantras entstammen diesem ewigen Klang. Klang und Form stehen miteinander in Wechselwirkung, und jede Form ist die Schwingung einer bestimmten Dichte. Umgekehrt hat jeder Klang seine Entsprechung im Bereich des Sichtbaren. Klang ist der Widerhall der Form, und Form ist das Ergebnis des Klanges. Alles Belebte und Unbelebte ist von den Schwingungen einer bestimmten Frequenz durchzogen. Alle Mantras finden in den Farben eine Entsprechung, so daß, wenn ein Mantra richtig ausgesprochen wird, diese in Erscheinung treten. Das Strukturmuster dieser Kräfte, die im Klang wurzeln, wird durch ein sogenanntes Yantra enthüllt.

Ein Yantra, das bedeutet »Hilfsmittel« oder »Werkzeug«, wird im allgemeinen auf Papier gezeichnet oder in Metall eingraviert, entweder als Hilfsmittel der Meditation oder als greifbare, abstrakte Veranschauli-

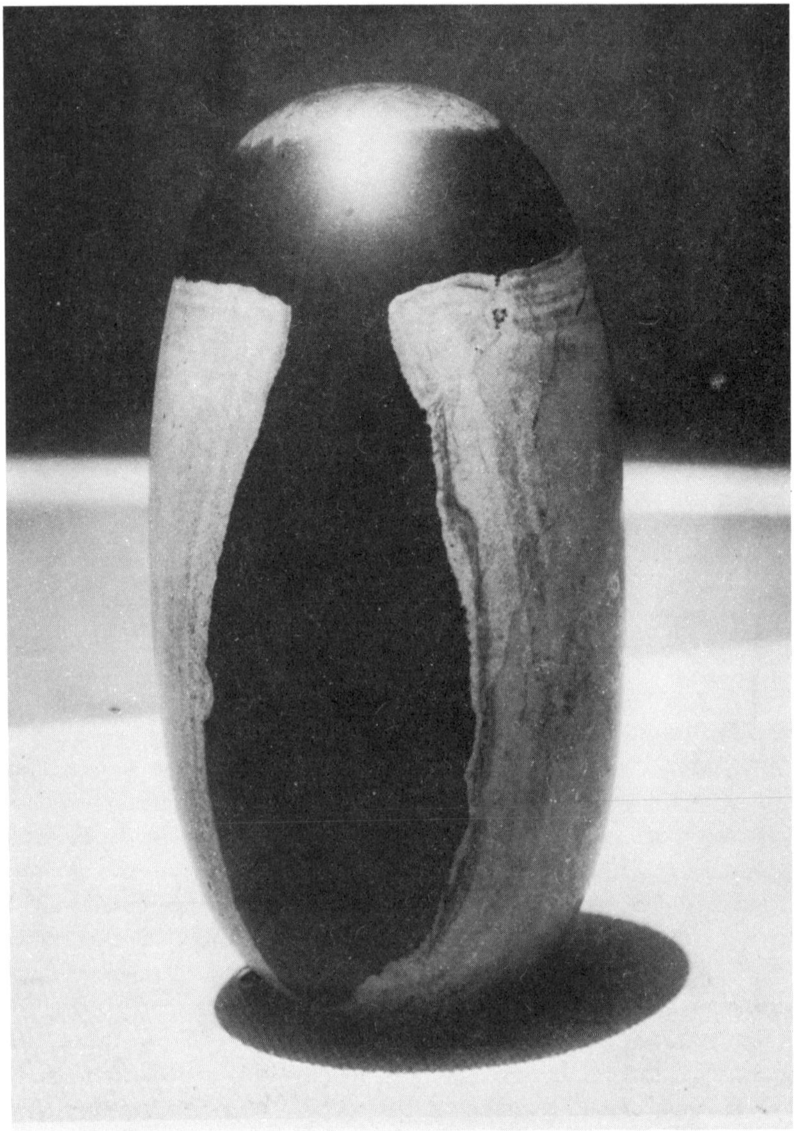

Ardhanārīśvara. Die natürliche Zeichnung auf der eiförmigen Skulptur illustriert die der Zweiheit zugrundeliegende göttliche Einheit von männlichem und weiblichem Prinzip in einer Ganzheit. Benares, zeitgenössischer Ausdruck einer traditionellen Form. Stein.

Ardhanārīśvara. Die hermaphroditische Gestalt von Śiva und Pārvatī als halb männlich und halb weiblich illustriert die zweiheitlichen Prinzipien in einer harmonischen Einheit. Brij Nagar Museum, Rajasthan, ca. 12. Jahrhundert. Stein.

chung der Gottheit. So wie das Mantra eine Entsprechung der Gottheit im Medium des Klanges ist, so ist das Yantra ein Äquivalent im Medium des Sichtbaren. Dementsprechend besteht es aus linearen und geometrischen Umsetzungen der Gottheit. Die hauptsächlichen abstrakten Formen wie Punkt, Linie, Kreis, Dreieck, Quadrat werden harmonisch in einer Komposition vereint, um eine ausgewogene Form zu schaffen, die sowohl statisch wie auch dynamisch ist. Ein gemeinsames Kennzeichen aller Yantras ist, daß sich die ganze Figur um ein Zentrum herum aufbaut. Das Zentrum als Punkt des Ursprungs und des Gleichgewichts beschwört die Idee der Ausströmung und Ausstrahlung. In seiner vertikalen und horizontalen Ausdehnung vermittelt es einen Sinn für formale, mathematische Ordnung und Regelmäßigkeit.

Das Yantra ist ein energiegeladenes Strukturmuster, dessen Kraft proportional zur Abstraktion und Genauigkeit des Diagramms zunimmt. Durch diese Kraft-Diagramme soll die Entstehung und Kontrolle der Gedanken ermöglicht werden. Das bedeutet: So wie jede Form das sichtbare Produkt irgendeines Energiemusters ist, das im Klang wurzelt,

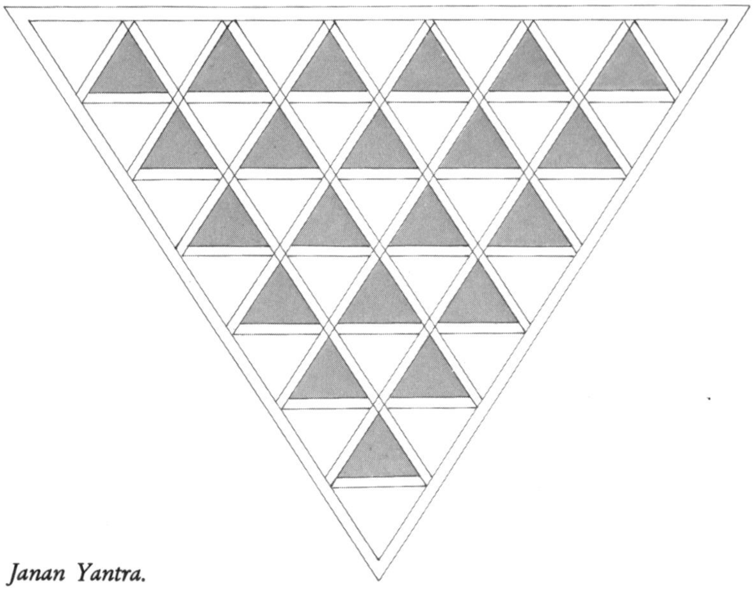

Janan Yantra.

so trägt wechselseitig gesehen jede sichtbare Form ihr eigenes, in sie eingeschlossenes Kraft-Diagramm in sich. Aus diesem Grunde sollte das Yantra nicht als eine schematische Zeichnung der tantrischen astronomischen und astrologischen Himmelskarten und Berechnungen betrachtet werden, sondern als eine nur dem Eingeweihten sich offenbarende lineare Veranschaulichung von Ideen. Alle elementaren geometrischen Formen, aus denen ein Yantra oder andere Formen von meditativen Diagrammen konstruiert werden, besitzen einen symbolischen Wert. Sie können in eine komplexe Struktur einbezogen werden, um Kräfte und Qualitäten des Kosmos in elementaren Formen darzustellen. Für den Tantriker sind diese Diagramme deshalb wirksam, weil sie nicht nur bewußte Fakten, sondern Bewußtsein an sich sind.

So wie man im Yantra unmittelbar auf die innere Beziehung zwischen dem Brennpunkt psychischer Kraft und dem Kern des eigenen Bewußtseins hingewiesen wird, so wird auch im Mandala eine ähnliche Entsprechung zum Ausdruck gebracht und geschaut. Das Mandala, das Wort bedeutet Kreis, ist ein archetypisches Symbol der Ganzheit und Totalität. Es vergegenwärtigt den Kosmos, bzw. den Kern der psychischen Energie, und ist das ewige Gleichgewicht der Kräfte, dessen Anfang in seinem Ende ist und dessen Ende in seinem Anfang ist. Die Komplexität von optischen Signalen – Quadrat, Dreieck, Labyrinth-Muster – stellen in

Hari-Hara. Eine Malerei, die links Viṣṇu (Hari) mit Śiva (Hara), rechte Seite, in einer Gestalt vereinigt. Die Gottheit, die vor allem in Südindien als Aiyaṇar verehrt wird, symbolisiert die schöpferische Kraft der Erhaltung und Auflösung des Universums. Kangra, ca. 18. Jahrhundert. Gouache auf Papier.

diesem die absoluten und widersprüchlichen Elemente der Totalität dar. Gewöhnlich auf Stoff oder Papier gemalt, ist das Mandala im tantrischen Ritual weit verbreitet und bildet einen wesentlichen Teil dieses Rituals. Der Eingeweihte versteht es, das zugrundeliegende Wesen des Mandala in seiner äußeren Form zq schauen und es sodann in der Meditation als geistige Kraft zu verinnerlichen. So wirkt der Kreis, ein Symbol der Ganzheit, als »Sinnbild der Einfaltung und Entfaltung«.

Wie Mandala und Yantra, so vergegenwärtigen auch das eiförmige *brahmāṇḍa*, der kugelförmige *śālagrāma* und das Śiva-*liṅga*, wie es meist aus Stein in den Ritualen verwendet wird, die Verwirklichung der Ganzheit. Im *brahmāṇḍa*, »Brahma-Ei«, wird die Totalität durch die Gestalt eines Eis dargestellt. Das *brahman* (das Absolute) wird durch eine Krümmung symbolisiert, die das Universum umschließt und ein Ei formt (*aṇḍa*), das Kosmische Ei. Śiva-*liṅga* ist ein Begriff, der gewöhnlich mit dem Phallus in Beziehung gebracht wird, doch laut dem *Skanda Purāṇa* bezeichnet das *liṅga* den alles durchdringenden Raum, in dem das gesamte Universum als Entstehung und Auflösung eingebettet ist. Das *liṅga* befindet sich in der *yoni* – dem Schoß der *prakṛiti*, Symbol des weiblichen Prinzips, bzw. der kinetische Aspekt, aus dem alle Schwingungen und Bewegungen entspringen. In einem Zustand jenseits der Erscheinung oder einem Zustand der Ruhe und des Gleichgewichts wird die *yoni* durch einen Kreis dargestellt, dessen Mittelpunkt die Wurzel des *liṅga* ist. In der sich entfaltenden Schöpfung jedoch oder in einem Zustand der Aktivität verändert sie sich: der Kreis wandelt sich zum Dreieck – die *yoni*, Quelle aller Erscheinungen. So ist im Mittelpunkt, *bindu*, des Kreises alles eingeschlossen: weder bejaht er, noch verneint er, alles nimmt er in seine endlose Form auf. Das sind wesentliche Gestaltungen in der Symbolik des Tantra, ob sie nun in abstrakter oder anthropomorpher Form ausgedrückt werden. So hat *liṅga-yoni* in der anthropomorphen Form als Ardhanārī-śvara, »der Herr, der zur Hälfte eine Frau ist«, die Bedeutung von psychischer Totalität.

In der stufenweisen Umwandlung der Materie und ihrer Rückführung auf das Absolute verfolgt der tantrische Künstler sein Hauptanliegen, nämlich das Herausschälen der verborgenen Universalität der Grundformen. Er versucht nicht etwas Äußerliches aufzunehmen, sondern setzt das frei, was er innerlich erfahren hat. Mit der Wirklichkeit des Lebens befaßt, gründet die Tantra-Kunst fest auf spirituellen Werten. Diese Kommunikationsform wird zu einem Weg des Lebens und schafft Konzepte und Formen, durch die tiefste Intuition kristallisiert und anderen übermittelt wird, um damit dem persönlichen Ausdruck der Kunst allgemeine Bedeutung zu verleihen.

In der tantrischen Bildwelt werden die Machtsymbole und ihre Ausgestaltung von ursprünglich abstrakten Formen zum Komplexen hin aufgebaut. Diese Bildwelt wird in ihrer Form intuitiv erfaßt und gründet sich auf unabänderliche kosmische Prinzipien. Dabei gibt es keine Möglichkeiten des Wählens, sondern nur eine kontinuierliche Erfahrung des Raumes: Denn er ist in seinem Wesen ursprünglicher als in seiner

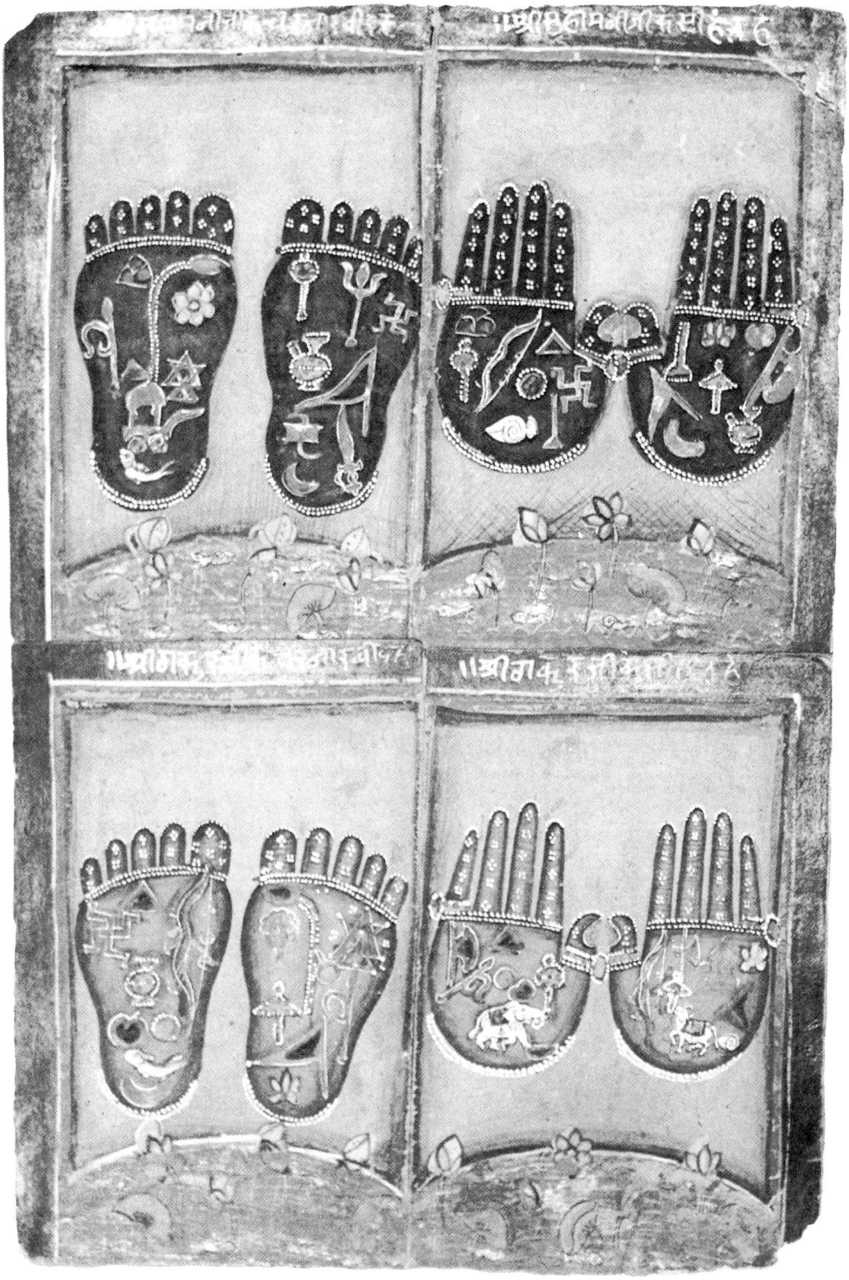

◁ *Viṣṇu-pada,* Abdruck der Füße Viṣṇus (oben und unten links), und *hastakāra-yantra* (oben und unten rechts), Abdruck seiner Hände, mit Zeichen und Symbolen. Rajasthan, ca. 18. Jahrhundert. Gouache auf Papier.

Erscheinung, und die ganze Bedeutung ist bereits gegenwärtig, ehe die Form geschaffen wird. Diese Formen der tantrischen Kunst behalten ihren inneren, wirklichen Charakter und führen zu visuellen Reaktionen, die sowohl psychologischer wie spiritueller Natur sind.

Die tantrische Kunst ist wie die meisten anderen Kunstformen Indiens anonym und wurde uns seit ältesten Zeiten überliefert. Einige der Kunstobjekte sind datiert, und ihre Herkunft ist bekannt. Andere, wie *brahmāṇḍa*, *śālagrāma*, Śiva-*liṅga* usw., sind Ausdrucksformen eines überzeitlichen Typus, die aufgrund ihres häufigen Gebrauchs in Kult und Ritual überlebt haben. Jedoch verschwindet die überkommene Aufgabe, die philosophischen und wissenschaftlichen Normen des Tantra in Bildern zu verschlüsseln, rasch und findet sich nur noch in einzelnen Gebieten. In der Verbindung von Kunst, Wissenschaft und Ritual zeigt der Tantrismus den Weg zur Selbsterleuchtung. Der Weg zu diesem Ziel liegt innen, in jedem Atom unseres Seins. Wir lernen dies, indem wir es leben. Sowohl äußere wie innere Praxis ist notwendig.

Die Künstler der Gegenwart verwenden abstrakte Formen, um die Komplexität von Leben und Natur darzustellen, eine Methode, die in der tantrischen Kunst schon viele Jahrhunderte zurückreicht. Viele der tantrischen Formen, ihre Farbkombinationen, Muster und Strukturen weisen eine erstaunliche Ähnlichkeit mit den Werken der zeitgenössischen Künstler auf. Der wesentliche Unterschied zwischen diesen beiden ist jedoch, daß die tantrischen Künstler die Mysterien des Universums und die Gesetze, die dieses regieren, in ihrer Kunst darstellen. Im Vergleich zu der bloßen Abstraktion weist die tantrische Kunst eine tiefere Bedeutung auf, die vor allem aus der Suche nach dem Unkonventionellen herrührt. Die Kunst des Tantra verdankt ihren Ursprung einem tiefen spirituellen Glauben und Einsicht. Philip Rawson bemerkt dazu: »Das Wesen dieser Werke ist, daß sie alle die Meditation in den Brennpunkt ihrer Betrachtung stellen wollen. Die Diagramme wollen im Geist Tore öffnen, in dem sie sich widerspiegeln, so daß eine neue und höhere Ebene des Bewußtseins sich ihm öffnet. Es ist nicht überraschend, daß der augenblickliche LSD- und Pop-Kult, angeführt von Timothy Leary, eines oder zwei dieser Schaubilder hervorbrachte, obschon ich sicher bin, daß nur wenige seiner Anhänger wissen, wie tief diese Kunst wurzelt.

Sie können durch dieses Buch lernen,[9] daß diese Bilder ihnen mehr bieten, als nur die Gefängnisse der eigenen Begriffswelt niederzureißen. Es könnte ihnen etwas geben, auf dem eine innere Schau sich aufbaut, eine Vision, die keiner wiederholten ›Trips‹ bedarf.«[10]

Ebenso bedeutend ist das umfassende Menschenbild im Tantra, darin seine Beziehung zum ganzen Kosmos sichtbar wird. Innerhalb dieser hat der Mensch die Möglichkeit, sein Bewußtsein bis zu den äußeren Bereichen des Universums zu erweitern. Tantra sieht im menschlichen Körper die physische Grundlage auch für das höchste Bewußtsein, sowie das Rohmaterial für weitere Umwandlungen, wobei selbst Liebe und Sexualität als Mittel betrachtet werden, um höchste Freude und spirituelle Erbauung zu erlangen. Mit seiner unkonventionellen und unmittelbaren Haltung zum Leben sowie mit seinem psycho-experimentellen Inhalt bietet das Tantra eine umfassende Neuorientierung unserer Einstellung zur Welt als Ganzes.

Ähnlich wichtig sind die Ansichten im Tantra zum Polaritätsprinzip, das die Beziehung zwischen Mann und Frau bestimmt; in dieser schöpferischen Wechselwirkung kann der Konflikt zwischen Außen und Innen, Kopf und Herz, gelöst werden. In der tantrischen Methode kommt der weiblichen Kraft die größere Bedeutung zu, da sie den Schlüssel zu einem schöpferischen Leben im Vollzug desselben darstellt. Das Übergewicht des Männlichen mit seiner Aggressivität und seinem weitgehenden Mangel an weiblichen Qualitäten hat ein Ungleichgewicht in der heutigen Gesellschaft geschaffen. Die grundlegende Erfahrung des »Ich« in seiner Ganzheit zu erleben, erfordert den Ausgleich der beiden Gegensätze »männlich« und »weiblich«. In tantrischen Begriffen heißt dies, das Weibliche in jedem von uns zu entwickeln. Je höher unsere spirituelle Entfaltung ist, um so weiblich-bejahender wird die Stufe unseres Bewußtseins sein.

So eröffnet Tantra mit seinen geistigen und spirituellen Vorstellungen einen neuen Ausblick, und sein Spektrum von Erfahrungstechniken liefert eine mögliche psychotherapeutische Alternative auf der Suche nach einer Liebe, die in Seligkeit aufgeht.

Oṃ, der uranfängliche Ton als einsilbiges Mantra, ist die Basis der kosmischen Entfaltung. Zur Linken die tantrische Dreiheit, Brahma, Viṣṇu und Śiva, dieser mit seiner *śakti* zur Rechten. Manuskript-Seite, Rajasthan. 18. Jahrhundert. Gouache auf Papier. ▷

Kunst

Die Kunst, die aus dem Tantrismus sich entwickelt hat, offenbart eine reiche Vielfalt von Formen, verschiedenartige Klang- und Farbverbindungen, graphische Muster, kraftvolle Symbole von personaler und universeller Bedeutung. Sie beabsichtigt im besonderen, ein Wissen zu übermitteln, das eine höhere Ebene der Wahrnehmung hervorruft, und rührt an die schlummernden Ursprünge unseres Bewußtseins. Diese Ausdrucksform wird nicht als eine losgelöste Spekulation betrieben, um ästhetisches Entzücken zu erlangen, vielmehr liegt ihr ein tiefer Sinn zugrunde. Abgesehen vom ästhetischen Wert liegt ihre wahre Bedeutung in ihrem Inhalt, in der Aussage, die sie vermittelt, in ihrer Sicht des Lebens, das sie enträtselt, und in ihrer Weltanschauung. In diesem Sinne ist Tantra eine sichtbar gemachte Metaphysik.

Einheit

Die Grundlagen der Tantra-Kunst beruhen auf denselben spirituellen Werten, die die indische Kunst im allgemeinen ausmachen. Obschon die Tantra-Kunst in einer nur ihr eigenen spezifischen Art die Bildwelt hervorbringt, hat sie an einem gemeinschaftlichen Erbe teil. Nach uralter Tradition bildet die Schönheit und das Spirituelle einer Gestalt ein unteilbares Ganzes. Schönheit ist das Symbol des Göttlichen. Eine treffende Formulierung dieser Einsicht findet sich im *Samyutta Nikāya* (Vol. 2): Ānanda, der geliebte Schüler des Buddha, sagte zum Meister: »Die Hälfte des heiligen Lebens, o Herr, ist Freundschaft mit dem Schönen.« – »So ist es nicht, Ānanda, so ist es nicht«, sagte der Meister. »Es ist nicht die Hälfte des heiligen Lebens; es ist das Ganze des heiligen Lebens.« Wenn Schönheit das Göttliche widerspiegelt, muß folglich auch die Wirklichkeit in einer Weise sichtbar gemacht werden, die dem

Rāma und Sītā, aufgefaßt als Viṣṇu und Lakṣmī im Sonnen-Mandala. Rajasthan, ca. 18. Jahrhundert. Gouache auf Papier.

höchsten Ideal der Schönheit entspricht, das sich der Mensch vorzustellen vermag, was auch immer es für eine Gestalt sein mag – ein Symbol, ein Muster oder eine anthropomorphe Form. Gewiß, diese Haltung mündet in einer transzendenten Kunstbetrachtung, einer »Wahrnehmung mit geschlossenem Auge«. Damit wird ein Akt der Schöpfung gleichsam zu einem kontemplativen Prozeß, einer orchestralen Symphonie, in der der Seher und das Gesehene eins werden. Aus dieser Hypothese folgt, daß das, was die Sinne beeinflußt und das Auge reizt, nicht länger als schöpferisch anzusehen ist. Die Kunst zu beschränken und von ihr – wie Coomaraswamy ausführt – »nur in Begriffen der Sinneswahrnehmung zu sprechen, heißt, dem inneren Menschen Gewalt antun«.[11] Die Reichweite der Kunst wäre begrenzt, wollte sie uns nicht von oberflächlichen Wahrnehmungen freimachen.

Diese Befreiung ist das direkte Ziel der tantrischen Kunst. Durch das Vokabular der Kunst lehrt Tantra uns, die Welt auf eine Weise zu verstehen, daß unsere Erfahrung von ihr bereichert und vertieft wird. Es befreit unsere weltlichen Reaktionen, so daß unsere zerstreuten Wahrnehmungen – eine Ansammlung von unklaren, räumlichen Vorstellungen – von einer bedeutsamen Idee eingefangen werden, und damit gehen ihre psychologischen Auswirkungen nicht verloren. Da die Tantra-Kunst im eigentlichen ein Erzeugnis des denkenden Auges ist und durch die Vernunft ins Gleichgewicht gebracht wird, bestätigt sie den Ausspruch Kants, wenn wir ihn auf die Kunst anwenden: »Form ohne Inhalt ist bedeutungslos, Inhalt ohne Form ist blind.« Von diesem Gesichtspunkt her betrachtet, ist die tantrische Bildwelt keine künstliche Erfindung, die aus einem Wirrwarr künstlerischer Kniffe stammt. Letztlich wird hinter den Symbolen in der Meditation die reinste Abstraktion offenbar und als solche geschaut.

Auf der Suche nach Einheit identifiziert sich der tantrische Künstler mit den universalen Kräften und kann schließlich hinter den Erscheinungen eine wahrhaftigere Wirklichkeit erkennen. Dadurch wird eine Synthese zwischen der äußeren Welt und dem inneren Vorbild erlangt: eine makrokosmische Vision, die es dem Künstler erlaubt, in einen intimen Kontakt mit dem Raum-Zeit-Gefüge zu treten. Die Welt der Kunst und die Welt der Erfahrung, obwohl ihrer Natur nach verschieden, sind keine getrennten Gegebenheiten. Kunst ist nicht völlig verschieden von der Erfahrung; ein Faden der Kontinuität verbindet eine Welt mit der anderen. Der tantrische Künstler ist der Natur nicht entfremdet, sondern befindet sich in einem hohen Maße im Einklang mit der Ordnung, die sie bildet. In seiner Kunst spiegelt sich sein eigentliches Bewußtsein, das die äußeren und inneren Welten durchdringt. In diesem Sinne ist der Künstler ein Bindeglied zwischen Kunst und Leben, ja, in einem weiteren Sinn, ein Punkt zwischen Leben und Kosmos.

Die Tantra-Kunst drückt diese Einheit inmitten der verschiedenen physikalischen Kräfte aus, die die Natur ausmachen, und so wird die

Yoni, das Sinnbild der *śakti*, die schöpferische Gebärerin des Universums. Südindien, frühes 19. Jahrhundert, Coco-de-Mer.

Vielfalt harmonisch in einer Ganzheit eingefangen. Das Aufscheinen dieser Einheit ist für den Künstler eine Realität und wird durch die Bildwelt, die er schafft, verdeutlicht. Auf der Suche nach einer geist-körperlichen Einheit mit den Lebenskräften der Natur die Grenzen der Dimensionen in einem Kunstwerk zu durchbrechen, ist ein allumfassender Drang, der nicht den Begrenzungen der Zeit unterworfen ist. Der zeitgenössische Künstler Lucio Fontana kommentiert: »Ich will kein Gemälde erstellen. Ich möchte den Raum öffnen, eine neue Dimension der Kunst schaffen, eins sein mit dem Kosmos, wie er sich endlos erweitert über die Beschränkung des Bildes hinaus.«[12] Die Kontinuität, die Zusammenhalt und Einheit bewirkt, beleuchtet diese Synthese und verleiht der Kunst eine allumfassende Bedeutung. Dies offenbart sich in den Worten Aurobindos:

> »Eine vierte Dimension der ästhetischen Empfindung, wobei alles in uns und wir in allem sind.«

Die meisten tantrischen Bildwerke neigen dazu, die Analogien zwischen dem Individuum und dem Kosmos zu betonen sowie die Lebenskräfte, die diese regieren. Auf diese Weise spiegeln sie Aurobindos Ansicht wider. Es sind Reflexionen von etwas, das im Leben tatsächlich geschieht und das uns unablässig in den Visionen der Yogis vor Augen hält, wie unsere wahre Natur beschaffen ist.

In dieser Form der Darstellung besitzen die tantrischen Bildwerke eine meditative Spannkraft, die sich zumeist in abstrakten Zeichen und Symbolen ausdrückt. Vision und Meditation dienen als Basis, um freie, abstrakte Strukturen zu schaffen, die an keine schematischen Absichten gebunden sind. Eine geometrische Figur wie etwa das Dreieck, das die *prakṛiti* oder weibliche Energie repräsentiert, ist weder ein bildnerischer Abdruck noch eine irreführende Entstellung, sondern eine Grund-Form, die das beherrschende Prinzip des Lebens in abstrakter Veranschaulichung als Zeichen vergegenwärtigt. In diesen Darstellungsweisen, die abstrakt im Gegensatz zum Nachgeahmten sind, universal im Gegensatz zum Individuellen, erkennend im Gegensatz zum Emotionalen, sind die Visionen der Wirklichkeit des tantrischen Künstlers durch Tradition und Erbe bedingt. Seine rein personale, subjektive Ausdrucksweise ordnet er einem allgemeinen Prinzip unter. Die tantrische Kunst umfaßt und reflektiert die Kontinuität der Tradition. Wurde einmal ein bestimmtes Bild entwickelt und akzeptiert, so behielt es seine Bedeutung kontinuierlich über die Jahrhunderte bei. Die tantrischen Formen haben somit eine zeitlose Qualität und eine gemeinsame Grundlage. Sie wirken als Zeichen, die vorher bereits vorhanden und durch einen früher festgelegten Kode bestimmt waren, ähnlich einer mathematischen Formel. Sie sind aus diesem Grund nicht einer ständigen Umgestaltung unterworfen.

◁ Kālī, Aspekt der Vernichtung in der *śakti,* die auf *ratī* und *kāma* steht, die das ursprüngliche Verlangen personifizieren, das den Anstoß zu aller Schöpfung gibt. Die Girlande aus menschlichen Köpfen symbolisiert Weisheit und Kraft. Ihre blutrote Zunge bezeichnet die Kraft der *guṇa* von *rajas,* die kinetische Kraft, die allen Aktivitäten Antrieb verleiht. Das Opferschwert und der abgetrennte Kopf sind Symbole der Auflösung und Vernichtung, die den *sādhaka* zum Abwerfen seines »Ich-Bewußtseins« führen. Der Gürtel von abgetrennten Händen bezeichnet das eigene Karma, die begangenen Taten. Kangra, Himachal Pradesh, ca. 18. Jahrhundert. Gouache auf Papier.

Symbolik und Bildwelt

Tantrische Formen werden in einer rein allegorischen Art und Weise aufgefaßt. Dabei wird eine Kette von Ideen in die Bildersprache umgesetzt, und das Zeichen wird fortan als Symbol verwendet. Diesen Formen wurde durch den Gebrauch und die kulturelle Umwelt die spezifische Bedeutung aufgeprägt. Es mag so scheinen, als ob viele tantrische Symbole in einem Zustand der Erhabenheit schwebten und spontan und nahezu unbewußt in einer kontemplativen Vision oder in einem schöpferischen Akt sichtbar würden. Dem ist aber nicht so, vielmehr haben sie einen kommunikativen Aspekt und verdeutlichen Ideen mit einem starken metaphysischen Unterton. Ihre wahre Bedeutung ist, im bewußten Geist die Assoziation von Ideen zu bewirken.

Symbole erscheinen selten unvermittelt, und ihre eigentliche Bedeutung entzieht sich stets dem Auge. Wie rätselhaft sie auch erscheinen mögen, sie sind nur Hilfsmittel, um die Wirklichkeit in Bildern zu schauen. Daher erfordert die ausgedehnte Symbolik der tantrischen Kunst eine gewisse Kenntnis der tantrischen Texte. Die meisten der Symbole sind sehr alt und können bis in die vedische Periode (ca. 2000–ca. 500 v. Chr.) zurückverfolgt werden. Im *Ṛig-Veda* wird das schöpferische Prinzip des Lebens als ein »goldener Embryo« vorgestellt, oder *hiraṇyagarbha*, der Schoß der Energie, aus dem das Universum hervorgeht. Dieselbe Idee kristallisiert sich nach den Tantra-Lehren in den Symbolen des Śiva-*liṅga* und des kosmischen Eies. Diese zeitlosen Symbole bleiben von einer Periode zur anderen lebendig und sichtbar und überdauern Reihen von Generationen. So gesehen präsentieren die unterschiedlichen Formen des Tantra eine lebendige Kunst, die sich innerhalb des Raumes von genau bestimmten traditionellen Grenzen vollzieht.

Die tantrische Bildwelt kann nicht allein auf der Ebene der Kunstkritik verstanden werden, indem man die Grundformen des Stils, der Form, der zusammengesetzten Elemente, der Farbsymbolik usw., analysiert. Ihre ursprüngliche Idee übersteigt die Wahrnehmung, denn Tantra ist in erster Linie ein Weg der Erkenntnis, ein Weg des Lebens, ausschließlich auf die Erleuchtung ausgerichtet. Aus diesem Grund ist die tantrische Kunst eng mit lebendigen Riten verbunden – man könnte fast sagen, wie mit einer Nabelschnur. Die gesamte Vielfalt des Lebens erschließt sich im Ritual, das gleichfalls auch Kunstsymbole erzeugt, die seinem spezifischen

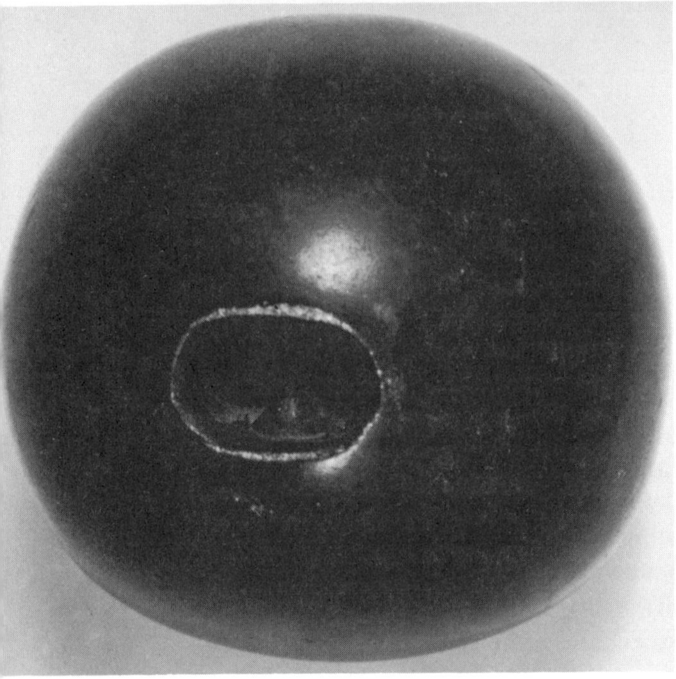

△

Śālagrāma, Symbol des Gottes Nārāyana bzw. Viṣṇu, in seinem Aspekt als Śrīdhara. Benares, zeitgenössischer Ausdruck einer traditionellen Form. Stein.

△

Brahmāṇḍa, das »Kosmische Ei«; in Ritualen als Sinnbild der Verwirklichung des Ganzen verwendet. Das gesamte Universum ist in dieser eiförmigen Gestalt symbolisiert. Vom Narmada-Flußbett, westliches Indien. Stein.

Zusammenhang entsprechen. Kunst und Ritual verschmelzen miteinander und verbinden ihre Hilfsquellen, um die Bedeutung des Lebens zu ergründen und zu formulieren, damit eine Erfahrung möglich wird, die den Eingeweihten zur inneren Verwirklichung führt. So birgt die Kunst eine neue Dimension des Rituals in sich und vermittelt die nur ihr eigenen Symbole dem Individuum auf emotionale und überzeugende Weise. Die meisten, wenn nicht alle tantrischen Bilder dienen mehr oder minder als Vermittler zwischen dem Transzendenten und dem Immanenten. Sie formen unauflösbare kosmische Bindeglieder, durch die die Wirklichkeit sichtbar gemacht und auch begriffen wird. Notgedrungen folgen sie einem spezifischen semantischen Schlüssel, obwohl es Variationen in Technik und Medium geben mag. Dies kann vielleicht durch eine Parallele demonstriert werden. Die Mewlewi-Derwische führen durch ihre drehenden Bewegungen ekstatische Zustände herbei, um die Seele zu ihrem Zentrum zurückkehren zu lassen. Hier hört der Tanz auf, eine Übung für

Śiva-*liṅga* mit *yoni-pūṭha*, unter einem Banyanbaum. Die Figur von Nandi, dem Stier Śivas, steht zwischen einem alten anthropomorphen Bild von Śiva auf der linken Seite und seinem Symbol, liṅga mit yoni, auf der Rechten. Bastar, Madhya Pradesh, ca. 13. Jahrhundert. Stein. Die Messingfigur von Nandi ist ein zeitgenössisches Werk eines Dschungelstammes.

Flußbett, in dem die eiförmigen *brahmāṇḍa* gefunden werden. Dies sind ▷ ellipsenförmige Steine, die als *bānaliṅga* bekannt sind. Ihre kosmische kugelförmige Gestalt, ausgestattet mit günstigen Zeichen und natürlichem Glanz, resultiert aus dem Schleifen und Polieren starker Wasserströme. Jene, die im Bett des Narmadaflusses im Westen Indiens gesammelt werden, sind sehr begehrt und als Narmadeśvara bekannt. Sie sind die śivaitischen Gegenstücke zu den viṣṇuitischen *śālagrāma*.

Glückverheißende Symbole. Alle wichtigen Gottheiten sind mit bestimmten traditionellen Zeichen verbunden, die das universale Eine repräsentieren. Rajasthan, ca. 18. Jahrhundert. Tinte und Gouache auf Stoff.

die Muskeln oder bloße körperliche Bewegung zu sein; statt dessen ist er ein darstellendes Medium, das den Tänzer zur Verwandlung in der Selbstverwirklichung führt.

Ähnlich werden in der tantrischen Kunst die Symbole im Ritual von ihrer illusorischen Existenz befreit und erhalten eine dynamische Wirkkraft. Sie wirken als eine psychische Matrix, die schließlich den Eingeweihten zur Selbsterleuchtung führt. In dieser Wechselwirkung wird die Verwandtschaft von Kunst und Ritual klar: diese Formen gestalten sich zu Vehikeln der Selbsterleuchtung. Nachdem sie mit Hilfe des Rituals aufgestiegen sind, werden sie in das Ritual wieder aufgesogen. Das Ritual wird zum *sine qua non* der Kunst. Indem sie sich mit dem Ritual

Der Baum des Lebens. Die individuelle Seele (der Vogel zur Rechten), die symbolisch für weltliche Verhaftung steht, ißt die Früchte vom Baum des Lebens, während die universale Seele (der Vogel zur Linken) in betrachtender Zurückgezogenheit verharrt. Rajasthan, ca. 18. Jahrhundert. Gouache auf Papier.

verbindet, nimmt Kunst eine soziale Funktion ein, und es ist genau dieser Aspekt, der die Kontinuität der Tradition unterstützt. Wenn das Ritual aus dem Leben verschwindet, auf Grund von Wandlungen in den Strukturen der Gesellschaft, werden die Kunstformen auch verkümmern und letztlich zur bloßen »Geschichte« werden.

Die enge Verwandtschaft von Kunst und Ritual ist nicht auf transzendente ideelle Formen begrenzt, sondern schließt auch reale Objekte ein, die in der natürlichen Umgebung eines *sādhaka* (Schüler auf dem spirituellen Pfad) gefunden werden. Auch in dieser Hinsicht illustriert die Tantra-Kunst ihre vereinigende Kraft, indem sie ein Gleichgewicht zwischen Schönheit und Funktionalität schafft. Für einen Tantriker besitzt die Kunst innerhalb ihrer definierten Grenzen einen klar erkennbaren Zweck. Und da ist wenig Spielraum für Zweideutigkeiten, Experimente und individuelle Eitelkeit.

Um das Ausmaß der tantrischen Bildwelt zu erfassen, kann sie grob wie folgt unterteilt werden: 1. psychokosmische Formen und Diagramme wie Yantra oder Mandala, 2. gegenständliche Darstellungen des Feinkörpers oder seiner Bestandteile, 3. astronomische und astrologische Berechnungen, 4. anthropomorphe Darstellungen, *āsana* sowie bestimmtes Zubehör, das in den Riten verwendet wird. Nach rein formalen Qualitäten kann die vielfältige tantrische Bildwelt in abstrakte und gegenständliche Darstellungen unterschieden werden, wie wir es an der ovalen Form im Gegensatz zur figürlichen Darstellung erkennen können. Das *Śukranītisāra*, ein Text aus dem indischen Mittelalter, erklärt diesen Unterschied im Sinne der Werte, die eine Kunstform zum Ausdruck bringt, und der entsprechenden Gefühlsreaktionen, die sie hervorruft. Diese Werte sind *sāttvika* (klare, ruhige und erhabene Bilder), *rājasika* (Dynamik und Bewegungsästhetik) und *tāmasika* (die schreckenerregenden Aspekte der *prakṛiti*), sie entsprechen dem charakteristischen Denken in Widersprüchen des Tantrismus.

Yantras und Mandalas

In der tantrischen Abstraktion verdeutlichen die Yantras und Mandalas dynamische Beziehungen, die in jener rhythmischen Ordnung sichtbar werden, die aus der Vielfalt der ursprünglichen Formen herausgearbeitet wurde. Wie ein Yantra konzipiert und entworfen wird, hat Heinrich Zimmer folgendermaßen beschrieben: »Ein Yantra kann erstens als Repräsentation einer bestimmten Personifikation oder eines gewissen Aspektes des Göttlichen dienen, dann als Modell für die zuinnerst im Herzen dargebotene Verehrung einer Gottheit, nachdem die Zubehöre äußeren Dienstes (Götterbild, Wohlgerüche, Opfer, hörbar geäußerte Gebete) von den fortgeschritteneren Frommen abgelegt wurden, und endlich als eine Art Grundkarte oder Schema für die stufenweise Entwicklung einer Vision, mit deren langsam wechselnden Inhalten sich

Yantra, Rajasthan, ca. 18. Jahrhundert. Kupferplatte.

das Selbst identifiziert; anders ausgedrückt: mit der Gottheit in allen ihren Verwandlungsphasen. In solchem Fall birgt das Yantra dynamische Elemente.

Wir können also sagen, daß ein Yantra ein Instrument zur Zügelung der psychischen Kräfte durch ihre Konzentrierung auf ein Modell oder Muster darstellt, und zwar derart, daß dieses Modell oder Muster von der visionären Einbildungskraft des Gläubigen reproduziert wird. So ist es ein ›Motor‹ zur Stimulierung von inneren Visualisierungen, Meditationen und Erlebnissen. Das vorgegebene Modell mag eine statische Vision der Gottheit suggerieren, die verehrt werden, oder der übermenschlichen

Macht, die realisiert werden soll. Es kann aber auch eine Reihe von Visualisierungen hervorrufen, die wie die verbindenden Glieder oder Stufen eines Entwicklungsprozesses sich wachsend auseinander entfalten.«[13]

Während das Yantra Schritt für Schritt aufgebaut wird, beginnt das Zeichen eine lebendige Erfahrung zu vermitteln. Ein Yantra ist eine rein geometrische Figur ohne irgendeine bildliche Bedeutung. Einige Yantras werden vor der Meditation vollständig fertiggestellt und sind Sinnbilder des Kosmos, während andere im Laufe der Meditation stufenweise aufgebaut werden. Die erste Art liefert dem Eingeweihten ein sofortiges Modell zur Identifikation; im zweiten Fall dagegen nimmt seine Konzentration mit dem Aufbau des Bildes stufenweise zu, bis es vollendet ist.

Es gibt mannigfaltige Arten von Yantras, die Gottheiten wie Śiva, Viṣṇu, Kṛiṣna, Gaṇeṣa und verschiedene Erscheinungsformen der Śakti, wie Kālī, Tārā, Bagalā und Chinnamastā darstellen; und jede hat ihre entsprechenden Yantras. In einigen Yantra werden die Klangäquivalente der Gottheit symbolisch durch die Sanskrit-Keimsilben dargestellt, die in den Freiräumen innerhalb des Yantra eingezeichnet sind: »Die Gottheit hat zwei Aspekte, der eine ist feinstofflich, dargestellt durch das Mantra, und der andere ist grobstofflich, dargestellt durch das Bild« *(Yāmala)*. Die mantrischen Silben symbolisieren die Essenz des Göttlichen. Andere Yantra stellen keine Gottheiten dar, sondern sind Sinnbilder der Energie-Struktur des Kosmos und werden zu verschiedenen Zwecken verehrt, vor allem aber, um spirituelle Erleuchtung zu erlangen. Auf jeden Fall muß betont werden, daß Yantras, zu welcher Art sie gehören mögen oder zu welchem Zweck sie beschworen werden, im allgemeinen als rein geometrische Abstraktionen dargestellt sind. Die vorherrschenden elementaren Formen, aus denen ein Yantra zusammengesetzt ist, sind Punkt, Gerade, Kreis, Dreieck, Quadrat und das Lotos-Symbol; diese Formen werden auf verschiedene Art und Weise zusammengestellt und miteinander kombiniert, überkreuzt und wiederholt, um das gewünschte Thema darzustellen.

Damit wird deutlich, daß die Tantriker auf konventionelle Vorstellungen von der Dynamik der Form verzichteten und sich statt dessen auf einen anderen Aspekt konzentrierten. Ihnen ging es um die Erklärung uranfänglicher Kräfte und Schwingungen, um die verborgene Logik hinter den Phänomenen verstehen zu lernen. Darum wird in tantrischen Abstraktionen Form in bezug auf ihren Ursprung und ihre Entstehungsgeschichte gesehen, d. h. auf jene grundlegenden Impulse, durch die sie gestaltet wurde. So wird zum Beispiel im Tantrismus die Schwingung als erstrangiges Element im Kosmos betrachtet, aus dem alle Strukturen und Bewegungen hervorgehen.

Wenn wir die Wirklichkeit hinter den Erscheinungen erkennen könnten, würden sich vermeintlich statische Strukturen als Muster von Schwingungen offenbaren, wie sie oft in Serien von tantrischen Bildern dargestellt sind. Wenn die Bewegung zunimmt, wird die Form zu einem »Ganzen« verdichtet, das als mathematischer Punkt in der Null-Dimension dargestellt wird. Nimmt die Bewegung ab, so werden Ströme und Wirbel in Bewegung gesetzt, und die Form wird immer differenzierter; der Punkt *(bindu)* beginnt sich zu einer ersten geometrischen Figur zu entwickeln, bis die vielfältigen Räume einander durchdringen, überschneiden, kollidieren und Energie erzeugen, welche die gesamte Struktur formt. Die Diagramme der Tantra-Kunst, die die Ausdehnung und Zusammenziehung der Kräfte im fortlaufenden Prozeß der Schöpfung offenbaren, können am besten als Gestaltungen bezeichnet werden, in denen Energie in Ruhe dargestellt wird.

Dem Tantriker enthüllen diese Abstraktionen eine bedeutungsvolle Ordnung der Natur, und sie haben Ähnlichkeit mit dem, was für uns im zwanzigsten Jahrhundert die Energien in der Wissenschaft sind. Die Kymatik, ein Forschungsgebiet, das sich mit den greifbaren Wirkungen von Wellen und Schwingungsprozessen befaßt, hat eine große Zahl verschiedener Strukturen aufgedeckt: Wirbel, Sechsecke, Rechtecke, einander überschneidende Muster, von denen einige Ähnlichkeit mit den Grundformen der tantrischen Bilder aufweisen. Die Auswirkungen der kymatischen Phänomene werden z. B. durch folgende Tatsache demonstriert: Wenn Lykopodium-Pulver in Schwingungen versetzt wird, entsteht eine Reihe von kreisförmigen Anhäufungen, die um ihre eigene Achse rotieren. Werden die Schwingungen verstärkt, wandern die Häufchen dem Zentrum zu.

Ein Vertreter der kymatischen Forschung, Dr. Hans Jenny, gibt folgenden Kommentar zu diesem Prozeß: »Ob die Häufchen sich vereinigen, um größere zu bilden, oder ob sie in eine Anzahl kleinerer Häufchen sich auflösen – sie bilden unausweichlich eine geschlossene Einheit. Jedes dieser Häufchen nimmt am Ganzen teil, was die Form wie auch was den Prozeß betrifft.

Die Göttinnen Dhūmavatī (rechts) und Chinnamastā (links) mit ihren zugehörigen Yantras darunter. Dhūmavatī, eine der wichtigsten Göttinnen der tantrischen *mahāvidyās*, ist von blasser Farbe, um die höheren Sphären zu symbolisieren. Chinnamastā in ihrem schöpferischen und zerstörerischen Aspekt weist auf die scheinbare Auflösung und Rückkehr zu den Elementen hin. Die klassische Darstellung dieser zwei Göttinnen ist in ein geometrisches Diagramm oder Yantra umgewandelt. Obwohl verschieden in der Erscheinung, enthält die konkrete wie die abstrakte Art der Darstellung übereinstimmende Bedeutungen und Inhalte. Aus einem Manuskript mit Buchmalereien. Nepal, ca. 1760. Gouache auf Papier.

Das Universum und die irdische Sphäre. Die dreiundsechzig Schichten in den oberen und unteren Welten und die zentrale Erdzone verschmelzen mit grenzenlosem Raum. Rajasthan, ca. 1800. Gouache auf Papier. ▷

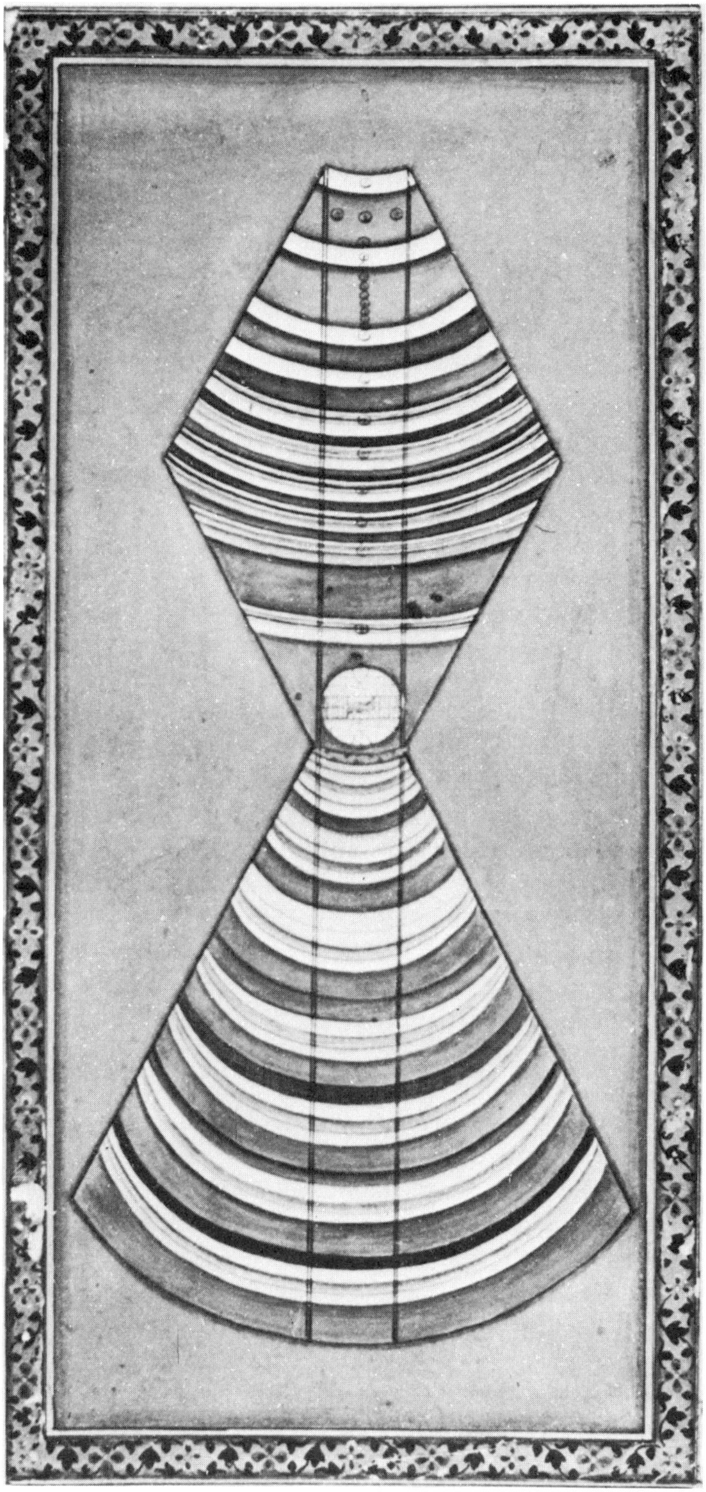

Dies führt uns zu einem besonderen Merkmal der Wirkung von Schwingungen: man kann sagen, daß sie ein Beispiel für das Prinzip der Ganzheit geben. Sie können als Modelle der Ganzheitslehre betrachtet werden; jedes Einzelelement ist ein Ganzes und erweist sich als eine Einheit, ungeachtet, welchen Mutationen und Wandlungen es unterworfen wird. Und immer ist es der zugrundeliegende Prozeß der Schwingung, der diese Einheit in der Vielgestaltigkeit aufrechterhält. In jedem Teil ist das Ganze gegenwärtig oder zumindest angedeutet.«[14]

Ein Yantra wird oft als Energiemuster oder Kräfte-Diagramm bezeichnet. Als Darstellungen der uranfänglichen Energie offenbaren Yantras die verschiedenen Stufen der Wirklichkeit, die auf den Kosmos, die Unendlichkeit, auf Zeit, Raum oder das Spiel der Polaritäten hindeuten.

Da wir Unendlichkeit in endlichen Begriffen einfangen, sind wir gezwungen, das Grenzenlose in relativen Begriffen auszudrücken, indem wir mathematische Vorstellungsbilder für den tatsächlichen Raum schaffen. Die Yantras basieren nicht nur auf mathematischen Formen, sondern auch auf mathematischen Methoden. Der Künstler muß über die Erscheinungen hinausblicken und zur Struktur und Essenz vordringen; er muß die Wirklichkeit in Form von Unterscheidungen und Beziehungen innerhalb mathematischer Dimensionen neu ordnen. Dies erinnert an einen Vorschlag Cézannes: »Um die Natur zum Zylinder, zur Kugel, zum Kegel in Beziehung zu setzen, bringe alles in eine Perspektive, so daß jede Seite eines Objekts, einer Ebene, sich auf den zentralen Punkt zu bewegt.«[15] Die kleinste Darstellung des universellen Bewußtseins ist der ausdehnungslose Punkt der Null-Dimension, *bindu*, der seinen Platz in der Mitte des Yantra hat. *Bindu* ist der absolute Punkt der Kraft, jenseits dessen kein Ding und keine Energie zusammengezogen oder verdichtet werden kann. Seiner Natur nach ist er die Quelle aller Manifestationen in ihrer Komplexität und Vielfalt und die Basis jeglicher Schwingung, Bewegung und Form. »Der *bindu* transzendiert die *tattvas* (Elemente)« *(Yāmala)*. Als ein Zentrum beherrscht der Punkt alles, was aus ihm heraustritt; ein Zentrum dieser Art wird *mahābindu* oder »Großer Punkt« genannt und bezeichnet den Ausgangspunkt der Entfaltung des inneren Raumes wie auch den letzten Punkt seiner vollkommenen Ausgestaltung. Der Punkt dient auch als »Geist-Punkt« oder *mano-bindu* und bildet damit ein Vehikel für den Geist; er ist ein Bereich der Begegnung von Subjekt und Objekt.

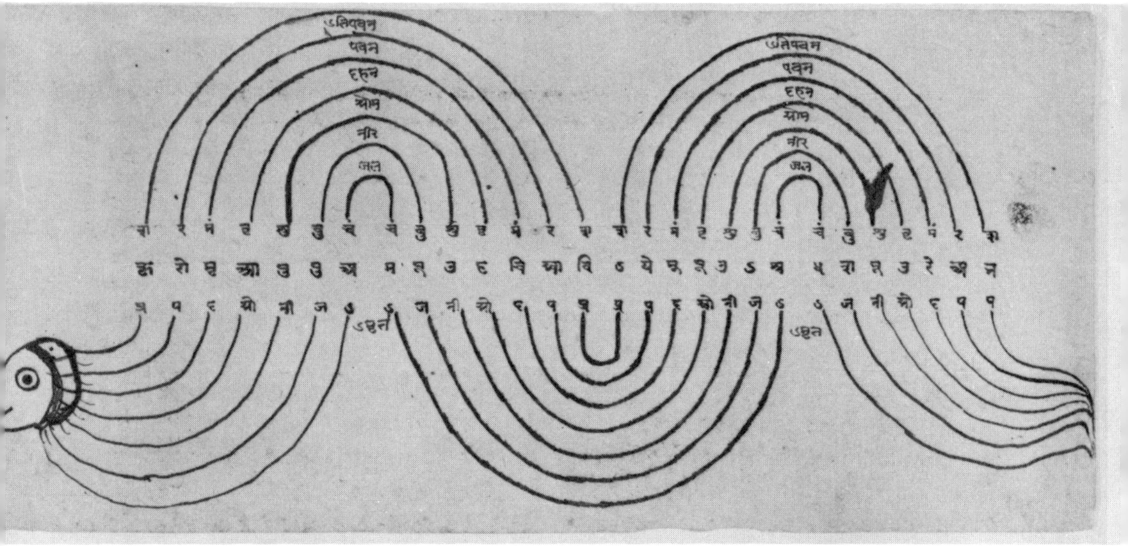

Ein Diagramm, das die ewige Wiederholung der siebenfachen Aufteilung des Universums als kosmischer Strom von Zeit und Wirklichkeit darstellt. Eine Manuskriptseite aus Rajasthan, ca. 19. Jahrhundert.

Ununterbrochene Folgen von Punkten, die Länge, aber keine Breite haben und sich unabhängig bewegen, bilden eine gerade Linie. Die gerade Linie bedeutet Wachstum und Entwicklung und besteht wie die Zeit aus einer unendlichen Anzahl von Punkten, von denen ein jeder sich geheimnisvoll im Raum befindet. Rein lineare Muster entstehen gleichsam in Entrückung, um Klangschwingungen zu illustrieren, oder in geometrischer Art, kreuz und quer, um eine bestimmte Ordnung in der Unterteilung des Raumes, Zeitmaße und Grundlinien des Kosmos zu gestalten. Eine ins Auge fallende Linienführung hat das Mātrikā-Yantra: Auf ockergelbem Grund wird durch eine schwungvolle rote Linie Spannung hervorgerufen und das Bildfeld unterteilt. Die rote Linie weist auf *śakti* als auf den Inbegriff der Energie hin.

Der Kreis erscheint in Yantras sehr häufig und ist grundsätzlich aus der Kreisbahn der Planeten abgeleitet. Er symbolisiert Ganzheit oder Gesamtheit und ist bei einem Yantra normalerweise in ein Quadrat mit vier vorspringenden Toren eingezeichnet. Das Quadrat symbolisiert das Element Erde oder die materielle Eigenart der Natur. Die vier Tore repräsentieren die irdische Ebene, die man stufenweise transzendieren muß, um sich schließlich mit dem Kern des Musters zu identifizieren, der die Essenz enthält.

Andererseits repräsentiert das Dreieck die drei Welten, die drei *guṇas*: das Neutrale, das Positive und das Negative – *sattva, rajas* und *tamas.* Das mit seiner Spitze nach unten gerichtete Dreieck repräsentiert die *yoni* oder das weibliche Organ, den Sitz der *śakti*, der weiblichen Energie oder Natur *(prakṛiti).* Das nach oben gerichtete Dreieck wird mit dem männlichen Prinzip *(puruṣa)* identifiziert. Wenn die beiden Dreiecke sich gegenseitig in Form eines fünfzackigen Sterns oder eines Fünfecks durchdringen, repräsentieren die fünf Punkte die fünf Elemente – Erde *(kṣiti)*, Wasser *(ap)*, Energie *(tejas)*, Luft *(marut)* und Raum *(vyoman).* Während der Kontemplation, wenn der Eingeweihte die fünf Elemente seines Körpers in ein harmonisches Zusammenspiel mit den fünf Bestandteilen, aus denen das Energiemuster konstruiert ist, bringt, wird er zum »Vollkommenen Menschen« und »schließt das Fünfeck in sich ein«. Die zwei ineinander verschlungenen Dreiecke symbolisieren, wenn sie die Form eines Sechsecks annehmen, aus der Sicht der Entwicklungsgeschichte, die sich drehende oder kinetische Tendenz *(rajas).* Daher symbolisiert die Vereinigung der beiden Dreiecke die Vereinigung von Śiva-*śakti*, die sich in der Schöpfung des sichtbaren Universums manifestiert. Nehmen die beiden Dreiecke, wenn sie getrennt sind, die Gestalt eines Stundenglases oder einer Sanduhr-Trommel *(ḍamaru)* an, die Bhairava als zerstörerischer Aspekt Śivas trägt, so repräsentieren sie die Auflösung; Zeit und Raum hören auf zu bestehen.

Dynamische Einheiten von Farbe und Form werden durch die räumliche Zusammenstellung dieser primären Formen geschaffen. Ein

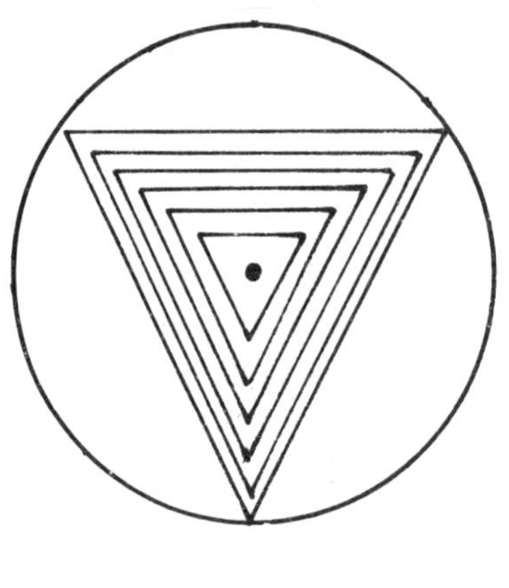

Detail eines Kālī-Yantras.

Punkt, der im Zentrum erscheint, eine Linie, die eine einheitliche Oberfläche durchschneidet, Kreise in einem Quadrat oder einfach ein Gesichtsfeld voller berauschender Farben erzeugen erhabene Höhenflüge des Geistes. Die ursprüngliche Einfachheit der Komposition hat die Bedeutung spiritueller Präsenz. Die Ausstrahlung des Symbols ist oft unmittelbar und erregend, so daß selbst eine kleine Miniatur ein Gefühl der Weite hervorzurufen vermag. Die Dynamik der tantrischen Bild-Abstraktionen bleibt nicht im Mimischen, sondern hat ihren Ursprung in geometrischen Ordnungen, die sie auch zu verwirklichen trachtet. Es ist diese besondere Eigenart, die solchen Erfindungen des Seelischen eine transzendentale Qualität verleiht.

Laut dem *Tantrarāja-Tantra* gibt es 960 Yantras. *Śrī-yantra*, das berühmteste unter ihnen, zeigt einen sehr wichtigen Teilbereich tantrischen Denkens. Es ist schwierig anzugeben, wann es erdacht und entworfen wurde, doch muß dies bereits sehr früh geschehen sein; es wurde dann durch die Jahrhunderte weitergegeben. Viele tantrische Texte, wie das *Kāmakalāvilāsa*, erklären Bedeutung, Konstruktion und Anwendung des *śrī-yantra*; die Beschreibung seiner grundsätzlichen Form kann auch im *Saundaryalahari* gefunden werden, das die Tradition Śaṅkara (8. Jh. n. Chr.) zuschreibt.

Das *śrī-yantra* ist eine Komposition von neun einander durchkreuzenden Dreiecken, die um den *bindu* konzentriert sind; es besteht aus fünf einander überlagernden, nach unten gerichteten Dreiecken, die *śakti* darstellen, und vier nach oben gerichteten Dreiecken, die Śiva darstellen. Da es aus neun *(nava)* Dreiecken *(yoni)* gestaltet ist, wird es oft *navayoni-cakra* genannt.

Das *śrī-yantra* ist ein Symbol für die der *śakti* eigenen Gestalt *(svarūpa)*, ihre Mächte und Emanationen und damit ein Symbol für das stufenweise Herabsteigen der *śakti* in das Sichtbare, d. h. es zeigt die Gestalt des Universums *(viśvarūpa)*. Es ist eine bildliche Illustration des kosmischen Feldes in der Schöpfung. Wie die Schöpfung selbst, so trat auch das *śrī-yantra* durch die Kraft des uranfänglichen Verlangens ins Sein. Der Impuls des Verlangens *(kāmakalā)*, hervorgebracht von *prakṛiti*, erzeugt eine Bewegung *(spanda)*, die sich in der Schwingung des Klanges *(nāda)* äußert. Diese Manifestation wird durch einen Punkt oder *bindu* dargestellt. Im ersten Stadium der Manifestation wird der *bindu parā-bindu* genannt, und dieser ist der Kern der verdichteten Energie, der Keim des Urklanges und der dynamische sowie der statische Aspekt der Zwei

(Śiva-*śakti*) in einem. Er beinhaltet alle Möglichkeiten des Werdens; er verwandelt sich in *aparā-bindu*, sobald die Schöpfung beginnt. »Der essentielle Punkt in der Mitte des Yantra ist die höchste *śakti*, und wenn er anschwillt, entwickelt er sich zur Form eines Dreiecks« *(Kāmakalā-vilāsa)*. Der Punkt nimmt einen Radius an, die Polarisation von Śiva und *śakti* vollzieht sich, die dynamischen und statischen Energien treten in Wechselbeziehung, und es ergeben sich zwei weitere Punkte, wodurch eine Triade von Punkten gebildet wird – das uranfängliche Dreieck oder *mūla-trikona*.

Die drei Punkte werden durch Sanskrit-Silben repräsentiert, und die drei Grundschwingungen werden von einer Urklang-Substanz ausgestrahlt. Das mit seiner Spitze nach unten gerichtete Dreieck stellt das erste formale Muster des ursprünglichen Verlangens im Prozeß der Schöpfung dar. Es bildet das Zeichen der Evolution und repräsentiert das kinetische Prinzip der Schöpfung. Das statische Prinzip dagegen herrscht im *parā-bindu* vor, womit dieser das männliche Prinzip verkörpert. Alles innerhalb der Schöpfung ist das Ergebnis dieser beiden Prinzipien, des Punktes und des Dreiecks, und der Seligkeit ihrer Vereinigung. Somit ist das *śrī-yantra* »der eine Leib des Śiva-Paares« *(Yāmala)*.

Das Grunddreieck steht für die drei Aspekte der *śakti*: Trividha-Bāla, die Jugendliche, Tripurā-Sundarī, die Schöne, und Tripurā-Bhairavī, die Schreckliche. Es repräsentiert auch den dreifachen Prozeß von Schöpfung *(sṛiṣti)*, Erhaltung *(sthiti)* und Auflösung *(saṃhāra)*.

Die Expansion von Raum und Zeit, Klang und Energie setzt sich im Ablauf der Schöpfung weiter fort, und das Grunddreieck verwandelt sich in eine Reihe von Linien, Dreiecken, Kreisen und Quadraten, um das *śrī-yantra* zu bilden. Die verschiedenen Muster sind Abwandlungen der ursprünglichen Schwingung und beinhalten auf jeder Stufe das Wechselspiel der statischen und kinetischen Energien in unterschiedlichen Graden der Konzentration.

Das *śrī-yantra* wird *nava-cakra* genannt, da es aus neun Kreisen – von der äußeren Ebene bis zum *bindu* – besteht. Durch Kontemplation auf das *śrī-yantra* kann der Eingeweihte seine ursprünglichen Quellen wiederentdecken. Die neun Kreisformen weisen symbolisch auf die aufeinanderfolgenden Phasen im Prozeß des Werdens hin. Sie gehen von der irdischen Ebene aus und steigen Stufe um Stufe bis zum Endpunkt, dem Zustand der höchsten Freude, empor. Wenn der Eingeweihte in das Energiefeld des Yantra eintritt, wird er wieder eins mit ihm. Die neun Kreisformen

Śrī-yantra, Rajasthan, 18. Jahrhundert. Bronze.

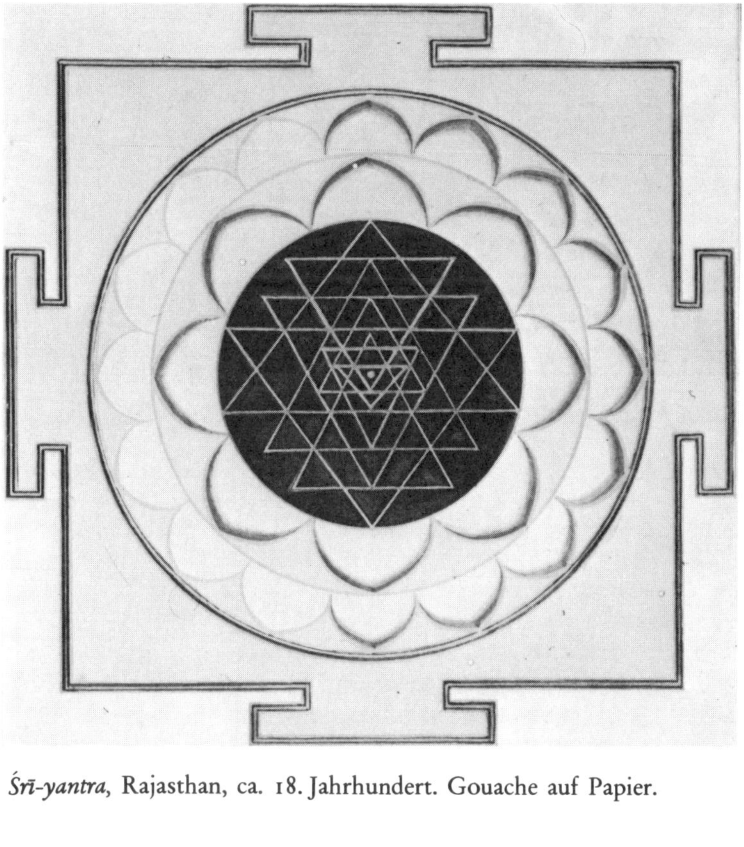

Śrī-yantra, Rajasthan, ca. 18. Jahrhundert. Gouache auf Papier.

Das Aufsteigen des Universums aus den kosmischen Wassern; die ineinandergeschobenen Dreiecke symbolisieren das männliche und weibliche Prinzip, die sich aus dem uranfänglichen Chaos der Elemente zur mikrokosmischen Version des Kosmischen Menschen entwickeln. Aus einem illustrierten Manuskript (Ausschnitt), Nepal, ca. 1760. Gouache auf Karton.

innerhalb des *śrī-yantra* bewegen sich von den grobstofflichen und greifbaren zu den feinstofflichen und geheimnisvollen Bereichen.

Die äußerste Peripherie besteht aus einem Quadrat mit vier Toren in den Farben Weiß, Rot und Gelb. Das ist das Bhūpura, der Grundplan des *śrī-yantra.*

Trailokya-mohana-cakra

Innerhalb des Quadrats befinden sich drei konzentrische Kreise oder Gürtel (*mekhalā*). Der Raum zwischen dem Quadrat und den drei Gürteln ist *trailokya-mohana* oder »das alle drei Welten Verzaubernde«; auf dieser Stufe unterliegt der Adept der Betörung von Sehnsüchten und Begierden.

Als nächstes folgen zwei konzentrische Ringe mit sechzehn bzw. acht Lotosblättern. Sie werden *sarvā-śaparipuraka-cakra* und *sarvā-saṅkṣobhana-cakra* genannt und deuten auf die Erfüllung der Wünsche hin.

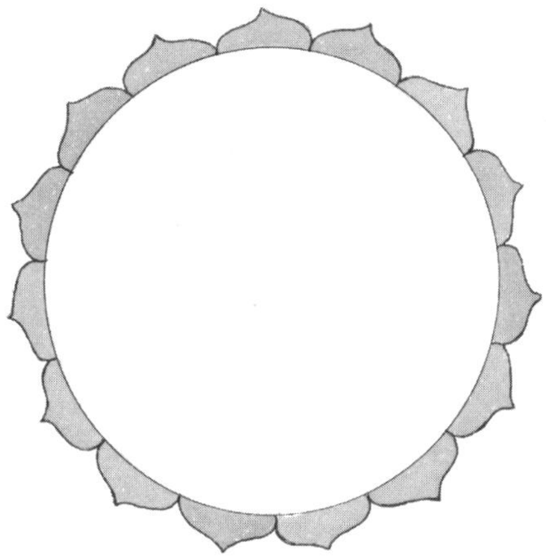

Sarvāśāparipuraka-cakra

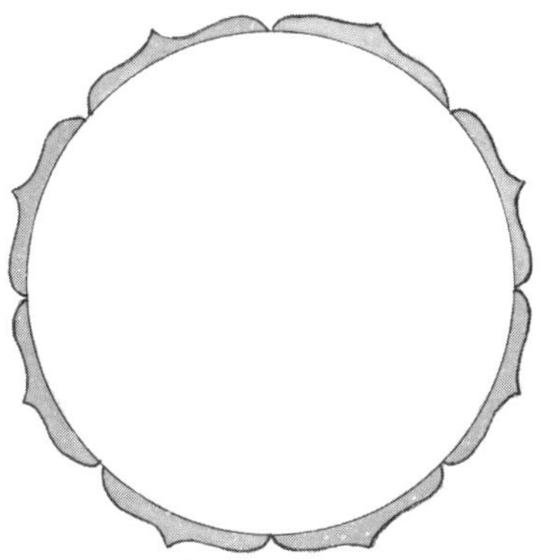

Sarvaśaṅkṣobhaṇa-cakra

Sarva-saubhāgyadāyaka-cakra

Das vierte *cakra, sarva-saubhāgyadāyaka* oder »das Gunstverteilende«, projiziert den Bereich der Möglichkeiten im spirituellen Aufstieg; es besteht aus vierzehn Dreiecken, die den äußeren Rahmen der kompliziert ineinander verflochtenen Dreiecke bilden.

Die beiden nächsten *cakras* sind jeweils aus zehn Dreiecken konstruiert. Sie werden *sarvārtha-sādhaka* und *sarva-rakṣākāra* genannt, »das alle Bestrebungen Vollendende« und »das Schutzverleihende«; sie weisen auf eine Stufe hin, auf der die innere Verwirklichung aufzudämmern beginnt.

Sarvārthā-sādhaka-cakra

Sarva-rākṣākāra-cakra

Das siebente *cakra*, das aus acht Dreiecken besteht, wird *sarva-rogahara* genannt, »das alle Begierden und Krankheiten Beseitigende«, und repräsentiert die Stufe, auf welcher der Eingeweihte frei von irdischen Bindungen ist und sich an der Schwelle zum inneren Kreis der Verwirklichung befindet.

Sarva-rogahara-cakra

Das achte *cakra* ist ein umgekehrtes Dreieck, »das alle Wunderkräfte der Vollendung Verleihende«, *sarva-siddhīprada*; es bezeichnet eine Stufe vor der Vollendung. Alle dreieckigen *cakras* sind von roter Farbe, um die ausstrahlende Energie oder das dynamische und feurige Element des Kosmos darzustellen.

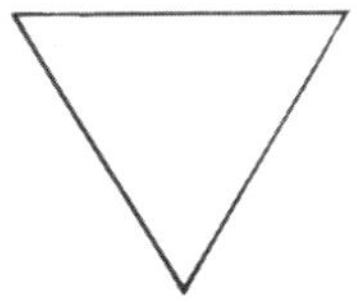

Sarva-siddhīprada-cakra

Das letzte *cakra, bindu,* nennt man *sarva-ānandamaya,* »das ganz aus Seligkeit Bestehende«; es ist das *Sanctum Sanctorum,* überströmend vor Freude, an dem der Eingeweihte in der Vereinigung teilhat. Der Punkt ist das Licht selbst, jenseits aller Farben, und wird aus diesem Grund farblos dargestellt.

Sarva-ānandamaya-cakra

Die neun Kreisformen des *śrī-yantra* werden auch mit neunundvierzig herrschenden Gottheiten, mit neun Klassen von Yoginīs (weiblichen Yogins) sowie mit Klangsilben, Mantra, und Gesten *(mudrā)* assoziiert; jede dieser Formen hat eine eigene charakteristische und eindeutige symbolische Funktion. Während der Ausführung von Ritualen wird die Identität zwischen diesen verschiedenartigen Aspekten gesucht, um durch eine visuelle Entsprechung ein kosmisches Bindeglied zu schaffen, das die Ganzheit der Existenz projiziert. Die meisten Yantras, wenn nicht alle, haben eine ähnliche symbolische Bedeutung, doch beziehen sich einige auch auf eine bestimmte schöpferische Kraft, die durch eine bestimmte

Gottheit oder durch ein Mantra dargestellt wird. Das *śrī-yantra* unterscheidet sich von den anderen darin, daß es »das All« projiziert. Seine mannigfaltige Symbolik mag durch sorgfältige Analyse begrifflich verstanden und seine optische Bewegungs-Ästhetik der Symmetrie und der Proportionen sofort aufgenommen werden; doch seine subtile Bedeutung und die Kraft, die es manifestiert, können nicht unmittelbar erfaßt werden.

Der Prozeß des Verstehens ist ein langsames Wachsen, bis die Identifikation vollzogen ist und man damit in den Kreis eintritt und die Ganzheit erfährt, die es in sich birgt. Aus diesem Grunde wurde es vielleicht am treffendsten beschrieben als »die ungeheuer ausgedehnte, dichte Masse des Bewußtseins [das zur] Seligkeit [führt]« *(Yoginī Hṛidaya)*. Das *śrī-yantra*, das die Wahrheit von André Malraux' Ausspruch bestätigt: »Jedes Meisterwerk ist eine Läuterung der Welt«, ist in seinen formalen Inhalten ein visuelles Meisterwerk der Abstraktion, und es ist anzunehmen, daß es eher durch eine Offenbarung entstanden ist, als daß es von menschlicher Erfindungsgabe und Geschicklichkeit geschaffen wurde.

Während das Yantra lineare Formen hat, ist das Mandala, insbesondere das der klassischen tibetischen Tradition, eine Komposition von komplexen Mustern und verschiedenen anthropomorphen Gestaltungen. Obwohl es unzählige Variationen und Konfigurationen des Mandala gibt, bleibt in den meisten von ihnen die formale Struktur, die aus einigen wenigen elementaren Formen besteht, konstant. Die vorherrschende Figur ist der Kreis oder mehrere konzentrische Kreise, die ein Quadrat einschließen, das manchmal in vier Dreiecke unterteilt ist; die grundlegende Komposition selbst befindet sich innerhalb eines Quadrats mit vier Toren. In die Zwischenräume sind mit feinen Pinselstrichen in feurigem Rot, zartem Smaragdgrün, sanftem Braunorange und Perlweiß labyrinthische Anlagen gemalt, ruhig-heitere und statische Bilder von Gottheiten in meditativer Stellung oder schreckenerregende Gottheiten, die Aureolen von Flammen

Chinnamastā: die Devī in ihrem zerstörenden und schöpferischen Aspekt. Sie ▷
ist flankiert von ihren zwei Yoginīs, Ḍākinī und Vārninī. Unter ihr stellen *ratī* und *kāma*, das weibliche und männliche Prinzip, die Transzendierung der Welt der Erscheinungen und die Aufhebung der Erfahrung der Dualität dar. Rajasthan, ca. 18. Jahrhundert. Gouache auf Papier.

Mandala-Diagramm. Nepal, ca. 1700. Gouache auf Stoff.

und Rauch ausstoßen. Ineinander verschlungene Blumenranken umschließen am äußeren Rand des Kreises oft himmlische Pavillons, zu denen die vier Tore ausgestaltet sind, und vielarmige Gottheiten inmitten von flackerndem, züngelndem himmlischem Feuer und wirbelnden Wolken; sie alle haben symbolische Bedeutung. Das Zentrum des Mandala stellt den kosmischen Bezirk dar, repräsentiert durch einen Lotosthron, als Sitz des Vajrasattva, der Verkörperung der höchsten Weisheit, vertieft in die Vereinigung mit seiner *prajñā* in einem unendlichen Ozean der Freude.

Das Mandala steht für den Brennpunkt der Ganzheit und stellt eine Analogie des Kosmos dar. Als eine Form des Zusammenwirkens von verschiedenen Elementen gibt das Mandala dem kosmogonischen Prozeß wieder und integriert harmonisch die Gegensätze, das Irdische und das Ätherische, das Kinetische und das Statische. Der Kreis dient als ein verdichtetes Zeitmotiv des Selbst; er ist ein Mittel, um das Bewußtsein zu zentrieren, die Konzentration zu disziplinieren und einen Zustand aufsteigen zu lassen, der zu mystischer Verzückung führt. Jede der fünf Komponenten des Mandala – die vier Seiten und das Zentrum – hat psychologische Bedeutung, und sie korrespondieren mit den fünf strukturellen Komponenten der menschlichen Persönlichkeit und den fünf Buddhas des »Diamant-Fahrzeugs«, Vairocana, »der Strahlende«, Akṣobhya, »der Unerschütterliche«, Ratnasambhava, »die Matrix des Juwels«, Amitābha, »das unendliche Licht«, Amoghasiddhi, »die unfehlbare Verwirklichung«. Durch Konzentration auf das Mandala kann der Eingeweihte höhere Ebenen der Integration berühren und die kosmische Kommunion verwirklichen, die mikrokosmisch-makrokosmische Einheit:

> »Die fünf Buddhas sind keine göttlichen Gestalten, die in fernen Himmeln wohnen. Sie steigen herab zu uns. Der Kosmos bin ich selbst. Die Buddhas sind in mir; ebenso wie in mir ein geheimnisvolles, kosmisches Licht gegenwärtig ist, auch wenn durch Irrtum verdeckt. In mir sind die fünf Buddhas. Sie sind die fünf Bestandteile der menschlichen Persönlichkeit.«[16]

Tucci berichtet ferner, daß »das reine Bewußtsein fünf Gesichter von verschiedener Farbe annimmt. Von ihm gehen fünf Richtungen aus, die den fünf »Familien« der buddhistischen Schulen entsprechen: der weiße Sadyojāta im Westen, der gelbe Vāmadeva im Norden, der schwarze Aghora im Süden, der rote Tatpuruṣa im Osten. Sie sind um das zentrale grüne Gesicht von Īśāna gruppiert.«[17] Die fünf Farben korrespondieren auch mit den fünf kosmischen Elementen: Weiß – Wasser, Gelb – Erde, Rot – Feuer, Grün – Äther und Blau – Raum.

Das Mandala ist ein psychisches Ganzheitsbild, das die Rückkehr der Psyche zu ihrem wirkkräftigen Kern ermöglicht. Demgemäß wird der Initiationsprozeß mit einem »Gehen zum Zentrum« gleichgesetzt, so daß der Eingeweihte das Mandala in seiner Ganzheit verinnerlichen und die einander entgegengesetzten Kräfte, die in seiner Symbolik ausgedrückt sind, ausgleichen kann, um schließlich in den kosmischen Raum, symbolisch durch den inneren Kreis dargestellt, wieder aufgenommen zu werden. Der Prozeß der Verinnerlichung beruht auf einer geordneten Entwicklung, in der jeder innere Kreis eine Phase des spirituellen Aufstiegs markiert. Der äußerste Rand bedeutet einen »Wall des Feuers oder des metaphysischen Wissens, das die Unwissenheit verbrennt«. Als nächstes kommt der Ring der Diamanten, der auf die Erleuchtung oder die Eigenschaft der Unveränderlichkeit hinweist, die nie mehr verlorengehen kann, wenn die Einsicht einmal erlangt ist. In Mandalas, die den schreckenerregenden Gottheiten geweiht sind, wird ein Bestattungsplatz innerhalb des Gürtels der Diamanten, aber außerhalb des inneren Kreises als fester ikonografischer Bestandteil eingezeichnet. Damit werden die »acht Aspekte des sich auflösenden Bewußtseins« bezeichnet. Da diese den Eingeweihten an den üblichen Lauf der Welt fesseln, müssen sie während der spirituellen Pilgerfahrt überwunden werden. Die vier Tore, die sich in der Mitte einer jeden Seite des Mandala öffnen, werden im allgemeinen von furchterregenden Gottheiten bewacht, hemmenden Kräften des Unbewußten, die überwunden werden müssen, bevor die eigentliche Verwirklichung angestrebt werden kann.

Die nächste Stufe wird üblicherweise durch einen Gürtel aus Blütenblättern von Lotos oder von ineinander verschlungenen Blütenranken gebildet, Symbolen der »geistigen Wiedergeburt«. Im Zentrum schließlich, im *vimāna*, befindet sich der Sitz der Gottheit oder der kosmische Bezirk, die letzte Stufe der spirituellen Integration.

Im Rahmen jeder tantrischen Aktivität ist der Prozeß des Zeichnens eines Mandala eine kontemplative Übung, ein Akt der Meditation, der unter Befolgung genau bestimmter mathematischer Prinzipien und Beibehaltung festgelegter Figuren und Muster vollzogen wird. Um das Universum des Mandala mit seiner umfassenden Symbolik in der richtigen Weise zu beschwören, muß der Künstler sich in der Imagination üben,

Zeitgenössischer Grundriß eines Tempels, der nach einem Mandala entworfen wurde. Gouache auf Papier.

womit manchmal schon in früher Jugend begonnen wird. Das Bild reflektiert wie ein Spiegel das innerste Selbst, und das führt letztlich zu Erleuchtung und Erlösung. In Tibet ist die Verwirklichung dieses Bewußtseins als »Befreiung durch Sehen« bekannt. Dieser Akt des Sehens, der eine Entsprechung zur Kontemplation bildet, ist selbst eine befreiende Erfahrung. In früheren Zeiten wurden Mineral- und Pflanzen-Farbstoffe wie zerstoßene Edelsteine und Kiesel, Gold, Silber, Türkis, Lapislazuli usw. für die Malereien verwendet; zeitgenössische Künstler benützen Gouachen, die ihren Werken ein glänzenderes Aussehen geben, jedoch die subtilen Farben und Tönungen der früheren Werke vermissen lassen.

Während der Feste und Zeremonien in Indien werden volkstümliche

Die kuṇḍalinī-śakti, Symbol der eingerollten psychischen Energie. Illustrierte Manuskriptseite, Rajasthan, ca. 18. Jahrhundert, Gouache auf Papier.

Formen von Mandalas in vielen verschiedenen Mustern gezeichnet und koloriert, häufig auf Fußböden und Wände. Sie werden auch als einfach gestaltete Miniaturen von den Frauen auf ihre Handflächen gemalt, auf daß sie Glück bringen oder Schutz gewähren mögen.

Im Westen wird das Mandala in den Werken von C. G. Jung häufig als ein aus dem uranfänglichen kollektiven Unbewußten befreiter Archetypus besprochen. Er beschäftigte sich damit als mit einer grundlegenden therapeutischen Kunstform, die vom Patienten auf der Suche nach Selbstverwirklichung geschaffen wird. In dieser Hinsicht ist das Mandala eine Darstellung der psychischen Ganzheit und deutet auf eine Festigung im Fortschreiten der Individuation hin. Dabei werden gegensätzliche Kräfte im psychischen Grundgefüge vereinigt, um die Ganzheit einer integrierten Persönlichkeit zu bilden. Solche individuellen Mandalas enthalten eine unbegrenzte Vielfalt von Symbolen und Inhalten, während rituelle Mantras auf ganz bestimmte Stile und Motive beschränkt sind. Eine weitere Ähnlichkeit findet man zwischen den Mandalas und den Sandmalereien der Navajos, die sie bei ihrem rituellen Heilen verwenden. Ihre wesentliche Struktur ist sehr ähnlich: der Kreis bezeichnet die Mitte des Kosmos, und um ihn herum sind an verschiedenen Punkten Symbole eingezeichnet, die die Elemente, die Jahreszeiten und die vier Richtungen darstellen, wobei die äußere Peripherie und das innere Motiv wechselseitig aufeinander bezogen sind.

In einem weiteren Sinne kann die Universalität der ganzheitlichen Konzeption des Mandala in der organischen Natur und im menschlichen Bewußtsein beobachtet werden. Die Struktur eines jeden Partikels, vom Atom bis zum Stern, repräsentiert eine potentielle Ganzheit, die sich gemäß seiner jeweiligen Natur in Raum und Zeit manifestiert. Es ist wahrscheinlich, daß die Inspiration, den Kosmos in der Kunstform eines Mandala wiederzugeben, diesem Urquell entsprang.

Der Feinkörper und seine Darstellung

In der Symbolik der tantrischen Kunst wird der Aufbau der verschiedenen psychischen Zentren im Feinkörper durch das Zeichen des Lotos dargestellt, was sodann *cakra* genannt wird. Die Bahnen der Energieströme werden in Form von Spiralen sichtbar gemacht. Dies ist sowohl aus der Buchmalerei wie auch von den Rollbildern her bekannt. Während die Mandalas und Yantras rituelle Motive von unmittelbarer Nützlichkeit für den Eingeweihten sind, kann man diese Malereien mehr im Sinne von belehrenden Kartografien verstehen. In einer symbolträchtigen Zeichensprache vermitteln sie die innere Struktur des Feinkörpers, wie sie vom Yogin erfahren und geschaut wird.

Der Lotos ist ein archaisches Symbol: »Wenn die göttliche Lebenssubstanz im Begriff ist, das All aus sich hervorzubringen, wächst aus den kosmischen Wassern ein tausendblättriger Lotos aus reinem Gold, strahlend wie die Sonne. Er ist Tür und Tor, Öffnung und Mund für den Schoß des Alls. Golden ist diese erste Hervorbringung des schöpferischen Prinzips zum Zeichen seiner unzerstörbaren Natur.«[18]

In dieser Machtfülle bezeichnet der Lotos in der tantrischen Kunst die Entfaltung des Selbst und des sich erweiternden Bewußtseins, das die psychische Stumpfheit überwindet und den Schüler schließlich aus den dunklen Tiefen der Unwissenheit zu den strahlenden Höhen des inneren Erwachens aufsteigen läßt. So wie die Lotospflanze aus der »Dunkelheit« des Sumpfes wächst und allmählich zur Oberfläche des Wassers emporblüht, unbefleckt von Schlamm und Wasser, die sie genährt haben, so transzendiert und verwandelt sich das Selbst, jenseits seiner körperlichen Begrenzungen, unverdorben und unberührt von Illusion und Unwissenheit. Während in der Darstellung der Yantras der Kranz von Lotosblättern im allgemeinen auf eine bestimmte Stufe in der Verwirklichung des spirituellen Weges hinweist und damit eine Woge von Zuversicht

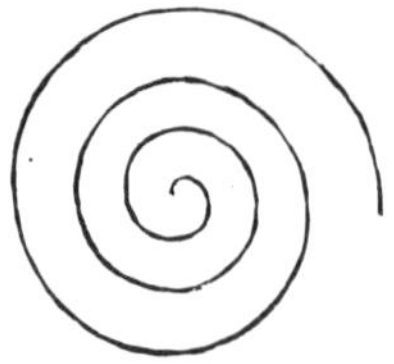

Die schöpferische Spirale, *kuṇḍalinī.*

Cakras oder psychische Zentren im ätherischen Körper eines Yogi. Die Energiezentren sind Kontaktpunkte zwischen dem psychischen und dem physischen Körper. Von den dreißig *cakra,* die in den Texten erwähnt werden, sind die sieben wichtigsten, von unten nach oben gezählt, folgende: *mūlādhāra, svādhiṣṭ-hāna, maṇipūra, anāhata, viśuddha, ājñā* und schließlich *sahasrāra* als über dem Haupte liegend gedacht. Rajasthan, ca. 18. Jahrhundert. Gouache auf Papier. ▷

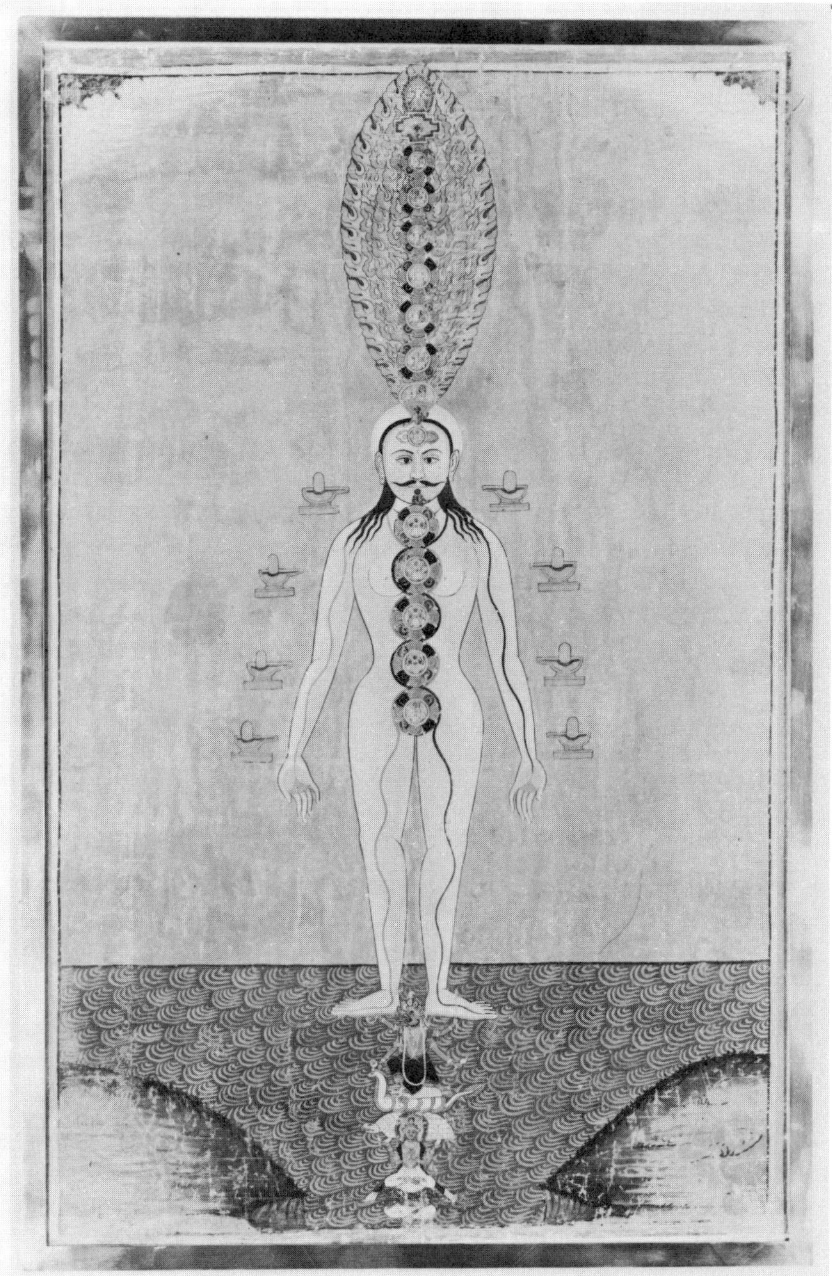

Fünfköpfige Schlangenkraft, das *brahmāṇḍa* umschließend. Südindien, ca. 19. Jahrhundert. Messing und Stein.

verströmt, bezeichnen die Lotosblüten in der Symbolik der *cakras* oder psychischen Zentren des menschlichen Körpers die Erfahrung der sich in aufeinanderfolgenden Stufen aufwärts bewegenden Energie. Jedes einzelne Blütenblatt deutet dabei auf die Entfaltung einer bestimmten Qualität oder einer geistigen Haltung hin, bis schließlich der Gipfel der spirituellen Wahrnehmung, das *sahasrāra-cakra*, symbolisiert durch den über dem Scheitel befindlichen tausendblättrigen Lotos, erreicht wird. So weist die

Lotosform im Feinkörper in artgemäßer Weise auf Bewegungsabläufe der inneren Natur hin. Seine optisch wahrnehmbare Natur wird noch weiter verstärkt, da die Lotosformen in jedem *cakra* zumeist durch das Symbol der Spirale dargestellt werden, den Fluß der Energie andeutend. Beide sind daher Symbole der Bewegungsabläufe. *Cakra* hat seine ihm entsprechenden Blütenblätter und dazugehörigen Farben:

Mūlādhāra, roter, vierblättriger Lotos; *svādhisṭhāna*, zinnoberrot mit sechs Blütenblättern; *viśuddha*, sechzehn Blütenblätter in rauchigem Purpur; *ājñā*, zwei weiße Blütenblätter, die Ähnlichkeit mit der Form des dritten Auges haben; und schließlich der tausendblättrige Lotos mit einem Licht wie von tausend Sonnen.

Puruṣakāra, das Yantra des Kosmischen Menschen. Die aufsteigenden Ebenen der Erfahrung werden *loka* genannt, und die absteigenden Ebenen heißen *tala*. Das Zentrum dieser Ebene ist die »Erd-Ebene« *(bhūrloka)*, hier als ein Kreis dargestellt. Blatt eines Manuskriptes aus Gujarat, ca. 16. Jahrhundert. Gouache auf Papier.

Der Lotos repräsentiert auch das allgegenwärtige feinstoffliche Element, den Raum, denn die Unendlichkeit des Raumes und die Unendlichkeit des Bewußtseins sind eins. Die *Chandogya-Upaniṣad* sagt: »Wahrlich, das, was *brahman* (Reines Bewußtsein) genannt wird...,ist das, was der Raum außerhalb der Person ist... ist das, was der Raum innerhalb der Person ist...« Wenn der Eingeweihte sich der Unermeßlichkeit des Raumes außerhalb seiner selbst bewußt wird, so erfährt er dies gleichzeitig als die ungeheure Weite des Raumes in seinem Herzen, die durch die Lotosblüten symbolisiert wird.

Die Spirale bezeichnet das Wachstum oder den spirituellen Aufstieg im Verlauf des Werdens. Die schöpferisch eingerollte weibliche Energie, *kuṇḍalinī-śakti*, und der Fluß der Energieströme nehmen als Symbol die geschmeidige, wellige Gestalt der Spirale an. Die noch nicht offenbare *kuṇḍalinī* wird symbolisch durch eine Schlange dargestellt, die in dreieinhalb Kreisen eingerollt ist und mit ihrem Maul das Schwanzende festhält. Spiralförmig windet sie sich um die Zentralachse oder um das *svayaṃbhu-liṅga*, das bereit ist, aufzusteigen und sich mit dem Kosmischen Bewußtsein zu vereinigen. Die sich längs der *suṣumṇā* (dem zentralen feinstofflichen Nervenstrang) bewegenden Energieströme sowie ihre Zusammenziehung und Ausdehnung, wenn die *kuṇḍalinī* erwacht, werden als Spiralform dargestellt. Die Spirale, symbolisches Bild für die innere Odyssee, ist eine mikrokosmische Spiegelung der kosmischen Rhythmen.

Auf den ersten Blick scheinen die Symbole des Tantra Bilder zu sein, die auf bloßer Annahme beruhen. Aber es wäre nicht überraschend, wenn diese spontanen und authentischen Zeichen Schlüssel zum Verständnis des eigentlichen Wesens des Universums liefern würden. Jung erwähnt das verblüffende Beispiel des Chemikers Kekulé aus dem 19. Jahrhundert, der seine wissenschaftlichen Entdeckungen der plötzlichen bildhaften Offenbarung des uralten Symbols einer Schlange mit ihrem Schwanzende im Maul (Symbol der schlafenden *kuṇḍalinī*-Energie) verdankt. Er verstand dies unmittelbar, so daß er die Struktur des Benzols als geschlossenen Kohlenstoffring erkannte, was er tatsächlich ist.

Die Steinformen der ovalen *brahmāṇḍa*, Śiva-*liṅga* und der sphäroiden *śālagrāma* symbolisieren die Ganzheit, in der das männliche und das weibliche Prinzip ewig miteinander vereint sind. In der unermeßlichen Ausdehnungsfähigkeit, die in einer einzigen Kurve eines Ovals oder eines

Ein kosmographisches Schema, das im Zentrum Jambudvīpa, den Inselkontinent mit seinen Energiefeldern und atmosphärischen Zonen, zeigt. Rajasthan, ca. 18. Jahrhundert. Gouache auf Stoff.

Kreises eingefangen ist, wird die Materie dazu veranlaßt, ihre eigentliche Natur zu unterwerfen, so daß das Träge lebendig wird. Da gibt es keine Übertreibung oder Entstellung. Die umfassende Universalität unpersönlicher Formen und Inhalte und die nahe Beziehung zur Natur garantieren, daß sie von vielen akzeptiert und verstanden werden können.

Die tantrische Bildgestaltung erreicht ein Höchstmaß an Abstraktion in dem Ausdruck des Reinen Bewußtseins, welches das gesamte geistige Universum durchdringt. Diese Malereien stellen das Absolute durch die völlige Abwesenheit jeglicher Form dar; seine spirituelle Anwesenheit wird durch ein satt-farbiges Feld angedeutet, das einen Widerhall des Unendlichen auslöst. Die »alogische Unermeßlichkeit« der Farbe ist das Kraftfeld der *śakti* in ihrem reinen Sein, wenn nämlich der kosmische Prozeß sich zur Entropie umgekehrt hat. Alle Formen, Gestalten und Strukturen sind aufgelöst; nur die ursprüngliche Essenz der belebenden Gegenwart der Energie verbleibt als Hinweis auf das Absolute. Solche Malereien verkörpern auch das höchste Ideal des meditativen Selbstgesprächs und bezeichnen deshalb die letzte Stufe der spirituellen Verwirklichung, oft von einer intensiven Wahrnehmung von Licht begleitet.

Kosmogramme

Verstreut in den verschiedenen Werken des Tantra finden sich Beschreibungen vom Ursprung des Universums; die verschiedenen charakteristischen Themen sind wiederholt in Miniaturen und auch Wandgemälden dargestellt worden. Von besonderem Interesse sind kosmologische und astrologische Diagramme sowie astronomische Berechnungen und Beobachtungen natürlicher Phänomene. Diese Darstellungen sind philosophische Konstruktionen eines Weltbildes und geben damit dem *sādhana* einen Hintergrund, indem sie solare und planetare Visionen konkretisieren: eine glänzend goldene Sonne, die Urflammen ausstrahlt; Sternenbahnen oder ein abnehmender Mond; ein kleiner zentraler Globus, der in konzentrischen atmosphärischen Bezirken und Energiefeldern plaziert ist. In einer anderen Serie gipfeln diese Bilder im *puruṣakāra-yantra*, einer herrlichen Konzeption des Kosmischen Menschen, dessen Körper mit karierten Mustern gefüllt ist, womit er an einige abstrakte Malereien von Paul Klee erinnert. Noch rätselhafter als diese und erregend in ihrer bildhaften Symbolik sind die Diagramme des Jambu-dvīpa, des innersten der Inselkontinente im traditionellen System indischer Kosmographie.

Die tantrischen Kosmogramme basieren eher auf intuitiver Einsicht denn auf erworbenem Wissen, und für einige von ihnen gibt es in der Welt der Phänomene vielleicht keine unmittelbaren Entsprechungen. Wie in einem himmlischen Spiegel leuchtet in ihnen das im Jetzt geschaute Universum auf. In diesen Gestaltungen will der Künstler vor allem den kosmogonischen Vorstellungen Form und Struktur verleihen. Der Kosmos ist inkarnierte Ordnung, und die verschiedenen Manifestationen werden durch ein mathematisches Gerüst zusammengehalten. Solche abstrakten Darstellungen basieren – wie überhaupt die ganze Welt – auf mathematischen Beziehungen. Doch wird der Kosmos mit seinen ungeheuren Galaxien und Systemen von Planeten nicht immer als eine Masse, geformt vom bloßen Intellekt, dargestellt; einige Malereien beziehen auch geheime, aus der Mythologie abgeleitete Symbole mit ein. Wie intensiv der visionäre Eindruck auch sein mag, so ist die Handhabung der Form doch frei von Schwülstigkeit oder Leidenschaftlichkeit.

Das Universum hat zum Beispiel entsprechend den kosmografischen und kosmogonischen Vorstellungen drei Zonen oder Lokas: die unterirdische Region, die Erde und die himmlischen Welten. Der mythische Berg Meru beherrscht das Zentrum des Universums, das von der Erde oder Jambu-dvīpa umgeben ist, dem Inselkontinent mit sieben konzentrischen Kreisen, die symbolische Darstellungen der kosmischen Felder, Sphären und atmosphärischen Bereiche sind. An den äußeren Kreis grenzt die kosmische Sphäre an, die die sichtbare Welt von der unsichtbaren trennt, und jenseits dieser schließlich liegt die Region des Nicht-Universum-Raumes oder *aloka*. Das Diagramm dieser Vorstellung ist eine kreisförmige Scheibe innerhalb sieben konzentrischer Kreise oder vertikaler Ströme, alle von asketischer Einfachheit, die zur Vermittlung der Botschaft unerläßlich ist.

Philip Rawson bemerkt, daß man im Tantra »die äußere Welt in einem einzigen kontemplativen Akt zusammenziehen sollte. Der Berg Meru in der Achse sollte mit dem Zentrum des inneren Körpers identifiziert werden, durch den ein feinstofflicher Kanal entlang der Wirbelsäule namens *merudaṇḍa* oder *suṣumṇā* als Achse verläuft. Aus diesem Diagramm ist zu schließen, daß das virtuelle Bild des Universums, das jeder Mensch in sich trägt, ein flacher ›Kreis‹ ist, der von seinem eigenen axialen Zentrum ausgeht.«[19]

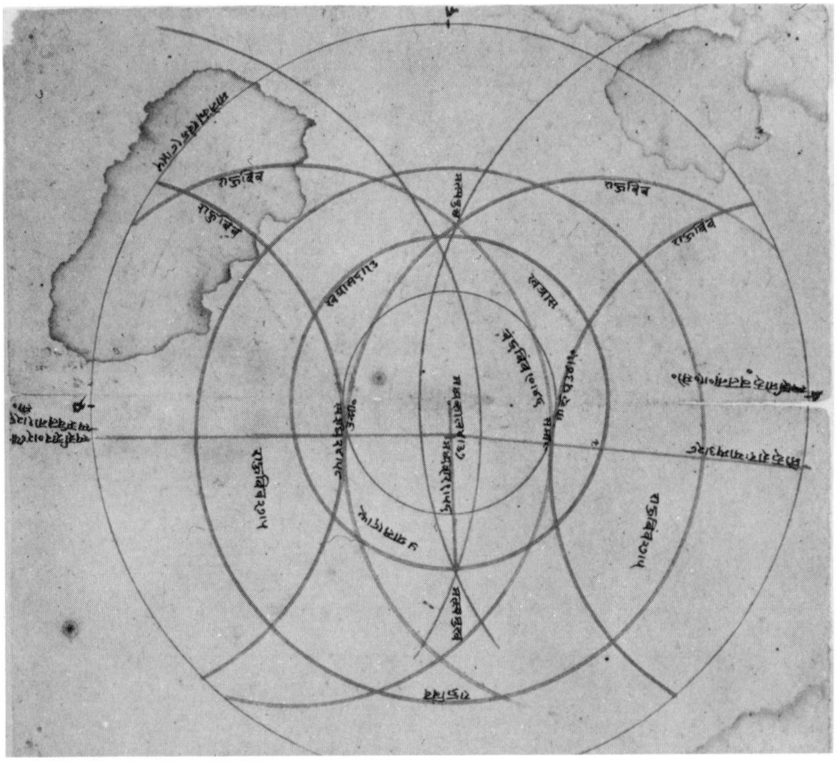

Kosmogramm für astronomische Berechnungen. Rajasthan, ca. 19. Jahrhundert, Tinte auf Papier.

Viele Kosmogramme stammen aus der alten Literatur der Jainas. Eine ihrer ansprechendsten Ideen findet sich in dem Diagramm des Kosmischen Menschen *(puruṣakāra-yantra)*, das die ungeheure Macht im menschlichen Körper veranschaulicht, die nicht weniger groß ist als der Kosmos. Von einer anderen Sicht aus stellt es auch den Menschen dar, der zum Universum oder – metaphorisch – zum Vollendeten geworden ist. Der kosmische Mensch steht aufgerichtet in seiner vollen Größe da. Die Darstellung enthält das gesamte Ebenbild des Universums: die Kategorien und Substanzen, Raum, Zeit, Bewegung, Ruhe, Materie, seine kosmografischen Schemata und die Sphären der dichten und der subtilen Bereiche der Welt. Der ganze Kosmos ist zusammengedrängt in einer großartigen mikro-makrokosmischen Vision.

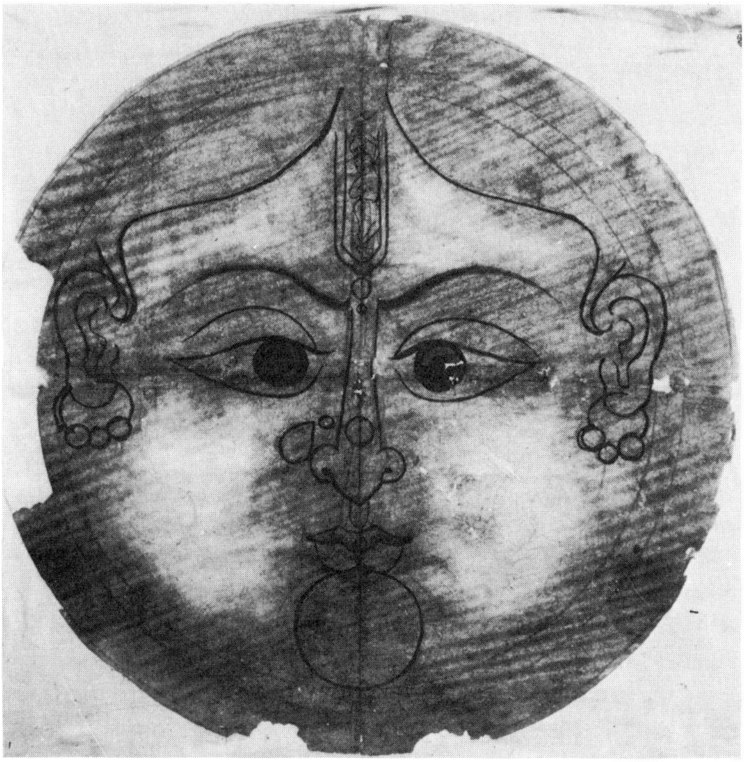

Sūrya- oder Sonnen-Mandala, Rajasthan, ca. 19. Jahrhundert. Tinte auf Papier.

In den Jaina-Texten wird die Gestalt des Universums als menschliches Wesen dargestellt, das mit gespreizten Beinen und in die Hüften gestemmten Händen dasteht. Der obere Teil besteht aus sechzehn Himmeln mit dreiundsechzig Schichten. Die mittlere Welt, die der irdischen Ebene entspricht, enthält zahllose konzentrische Ringe von Kontinenten und Ozeanen, die Jambu-dvīpa umgeben. Der untere Bereich, in der Gestalt einer Halbtrommel, besteht aus sieben Erden und neunundvierzig Schichten der unterirdischen Regionen. Die mannigfaltigen Elemente, die gemäß einer hierarchischen Ordnung kombiniert sind, erhalten eine architektonische Struktur, so daß mittels Form und Farbe eine rhythmische Komposition entsteht. So wird die Homogenität des Kosmos in der Kombination von roten und ockerfarbenen Quadraten ausgedrückt, aus denen der Körper des kosmischen Menschen zusammengesetzt ist. Aufgrund ihrer monumentalen Größe vermitteln diese Bildrollen majestätische Kraft; der Betrachter wird in ihren lebendigen Raum hineingezogen und erfaßt so ihre verborgene Ganzheitlichkeit. In ihnen hat die Form eine rein analytische Funktion und demonstriert das, was in unserem eigenen Körper geschieht – ein nachdrücklicher Hinweis darauf, daß der Mensch das Maß aller Dinge ist. Wir müssen in unseren eigenen Schoß hinabtauchen, um uns selbst zu finden.

Die Astronomie hatte als Wissenschaft von den himmlischen Körpern einen entscheidenden Einfluß auf das Tantra. Himmlische Gezeiten und die Bewegung der Planeten bestimmten die Zeit für alle möglichen Riten. Da die planetarischen Zeichen Ausdruck unausweichlicher Konsequenzen sind, haben sie ihren Weg in die Kosmogramme gefunden und geben damit den tantrischen Diagrammen eine große Vielfalt von geometrischen Figuren.

Als man astronomische Karten zu zeichnen begann, vernachlässigte man die bildhafte Darstellung völlig und betonte fast nur die Schilderung der natürlichen Phänomene und ihrer Grundlagen. Raum, Zeit, Licht und Bewegung wurden vor dem Hintergrund sphärischer Phänomene gesehen und verstanden. Astrologische Berechnungen sind, wie die meisten tantrischen Diagramme, ebenfalls durch mathematische Proportionen gekennzeichnet: Gittermuster in matten Farben wirken mosaikartig und deuten auf Gleichzeitigkeit hin; kinetische Kurven, die solare und lunare Bahnen bezeichnen, führen zu starken Empfindungen im Sinne der Gestaltpsychologie. Planetarische Zeichen sind in reichem Maße vorhanden: Die Sonne ist eine rote solare Scheibe; der Mond ist ein schillernder Halbmond; der Mars wird als zinnoberrotes Dreieck dargestellt; Merkur ist ein saftiggrüner Tropfen; eine gerade, gelbe Linie stellt Jupiter dar; ein blauer Stern mit fünf Spitzen bezeichnet Venus; und Saturn ist durch Purpur, die dichteste aller Farben, repräsentiert. Zahllose andere biomorphe Gestalten und geometrische Formen entstanden aus der Verschmelzung von verschiedenen einfachen Figuren bei dem Versuch, astronomischen Vorstellungen sichtbaren Ausdruck zu verleihen. Innerhalb der Observatorien-Bauten erreichten das Jantar-Mantar von Jaipur und das Dakṣina-Vṛitti-Yantra, das in den Kalkputz einer Wand im Observatorium von Ujjain – erbaut im frühen 18. Jahrhundert – eingraviert wurde, nicht nur funktionale Schönheit, sondern sie sind auch bemerkenswerte Beispiele abstrakter Gestaltung.

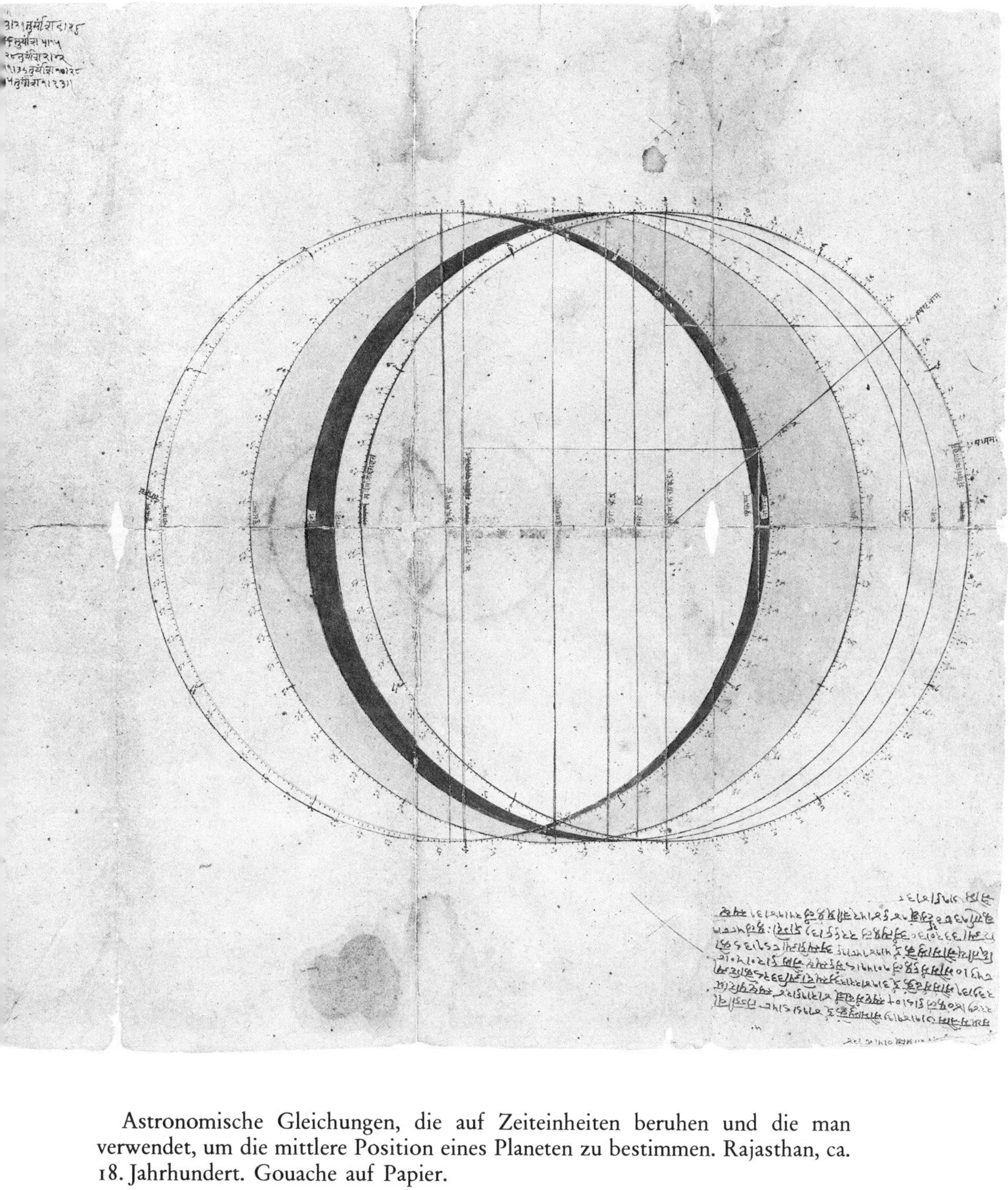

Astronomische Gleichungen, die auf Zeiteinheiten beruhen und die man verwendet, um die mittlere Position eines Planeten zu bestimmen. Rajasthan, ca. 18. Jahrhundert. Gouache auf Papier.

Kosmogramme sind, im Gegensatz zu Psychogrammen, in charakteristischer Weise nach außen orientiert. Sie sind eher wie Landkarten, die natürliche Phänomene wiedergeben, und wollen vor allem die äußere Wirklichkeit einordnen. So wie in der zeitgenössischen Kunst Raum, Zeit, Licht und Bewegung durch moderne wissenschaftliche Entdeckungen wie etwa Einsteins Relativitätstheorie oder Minovskiys Nicht-Euklidische Geometrie und andere Erkenntnisse der Nuklearphysik unmittelbar beeinflußt worden sind, so sind tantrische Kosmogramme gleicherweise vor allem Interpretationen einer komplexen Wirklichkeit, die auf wissenschaftlichen Normen basiert. Die Psychogramme dagegen sind nach innen gerichtet: durch sie versucht der Eingeweihte zur Ausgeglichenheit seines Selbst mit Hilfe von Symbolen und Schaubildern (Yantra, Mandala usw.) zu gelangen, bis er schließlich vollständig im Kunstsymbol aufgegangen ist. Das Psychogramm ist »hier drinnen«, innerhalb; das Kosmogramm als ein bildhaftes Modell ist »dort draußen«, außerhalb des Eingeweihten. Das *puruṣakāra-yantra* und die Diagramme von Jambu-dvīpa sind jedoch eng mit dem Prozeß der inneren Verwirklichung verbunden und werden deshalb als den Psychogrammen verwandt betrachtet.

Polarität

Im Gegensatz zu der Ruhe der abstrakten Figuren sind die anthropomorphen Bilder, welche die schreckenerregenden Aspekte der *prakṛiti* wiedergeben, leidenschaftliche, aufwühlende Darstellungen. Die grundlegende Philosophie des Tantra beruht auf einer dualistischen Vorstellungswelt, und das schreckenerregende Bild spiegelt den negativen Aspekt der schöpferischen Lebenskraft wider. In ihrem schöpferischen Aspekt erscheint die *śakti* als Zauberin – »die Holdeste der drei Welten«, die ihre gnädige Macht ausübt. In ihrem negativen Aspekt ist sie entschleiert und verwandelt. Ihr Bild ist von verletzender Nacktheit und so grimmig, daß das Unausdrückbare fortan kein Mysterium mehr ist. Kālī, eine der wichtigsten tantrischen *daśamahāvidyā* (»die zehn großen Wissen«), erscheint in ihrem negativen Aspekt wie eine Anhäufung schreckenerregender Elemente.

Obschon das Bildfeld mit furchterregenden Symbolen angefüllt ist, liegt ihre wahre Bedeutung nicht in dem, was man zunächst wahrnimmt; ihre Aussage ist vielmehr zweideutig. Kālī ist das Symbol der aktiven

Kosmographisches Schema, das in der Mitte Jambudvīpa, den Insel-Kontinent, zeigt. Rajasthan, ca. 18. Jahrhundert. Gouache auf Stoff.

Kālī. Volkstümliche Madhubani-Malerei. Bihar, zeitgenössisch. Gouache auf ▷ Papier.

kosmischen Kraft, der immerwährenden Zeit *(kāla)*, und in diesem Aspekt bedeutet sie Vernichtung. Aus dem Tod oder der Zerstörung geht die Schöpfung, der Keim des Lebens, hervor. So wie die Zerstörung des Samens zur Geburt des Baumes führt, so ist die Auflösung ein normaler und notwendiger Schritt der Natur, die sich in steter Veränderung oder Entfaltung bewegt. Kālī ist die Verkörperung der Schöpfung, Erhaltung und Vernichtung. Sie ruft Erschrecken und Liebe zugleich hervor. Als auflösende Tendenz wird Kālī in Schwarz dargestellt: »So wie alle Farben im Schwarz verschwinden, so verschwinden alle Namen und Formen in Ihr« *(Mahānirvāna-Tantra)*. Die Dichte der Schwärze wird auch mit dem

Sarvabuddha Ḍākinī, Nepal, 18. Jahrhundert. Bronze.

Śiva als *naṭarāja,* Herr des Tanzes, stampft im Tanz des Universums auf den Zwerg der Illusion, während er in seiner oberen rechten Hand die Trommel der Schöpfung und in der dazugehörigen Linken das Feuer der Zerstörung hält. Seine untere rechte Hand ist in einer Geste des Schutzes *(abhaya)* ausgestreckt, während die Geste der linken Hand Erlösung symbolisiert. Der äußere Feuerkranz (der hier fehlt) symbolisiert das Universum. Tiruvelangadu, Tamil Nadu, 11. Jahrhundert. Bronze.

starken, ungeteilten, unvermischten Reinen Bewußtsein identifiziert. In den tantrischen Hymnen an die Göttin Kālī wird sie *digambarī,* »Raum-Bekleidete«, genannt, denn in ihrer Nacktheit ist sie von allen Schleiern der Illusion befreit. Sie ist vollbrüstig, ihre Mutterschaft ist eine nie endende Schöpfung, womit die Dauer derselben zum Ausdruck kommt. Ihr aufgelöstes Haar, *elokeṣī,* bildet einen Vorhang des Todes, der das Leben mit einem Mysterium umgibt. Ihre Girlande aus fünfzig menschlichen Köpfen, von denen jeder einen der fünfzig Buchstaben des Sanskrit-Alphabets repräsentiert, symbolisiert den Speicher von Kraft und

Wissen; die Buchstaben sind Elemente des Urklanges, die Kraft der Mantra symbolisierend. Sie trägt den »Gürtel aus menschlichen Händen«, denn Hände sind die vorrangigen Instrumente der Arbeit. Sie bezeichnen deshalb das Karma, d. h. die angesammelten Taten, die im darauffolgenden Leben ihre Wirkung zeigen, weshalb sie unablässig daran erinnern, daß die höchste Freiheit durch die Früchte der eigenen Taten bedingt ist. Ihre drei Augen beherrschen die drei Kräfte: Schöpfung, Erhaltung und Zerstörung. Ihre weißen Zähne, Symbol für Sattva, die Transparenz ihres Erkennens, beißen auf ihre vorgestreckte rote Zunge, die *rajas*, eine nach unten, zur Trägheit *(tamas)* führende Ebene der Existenz, bezeichnet. Kālī hat vier Hände: eine linke Hand hält einen abgeschlagenen Kopf und bezeichnet damit die Zerstörung; die andere Linke trägt das Schwert der physischen Vernichtung, mit dem sie die Bande der Knechtschaft durchschneidet. Ihre beiden rechten Hände vertreiben die Furcht und ermahnen zu spiritueller Beharrlichkeit. Sie ist die keinem Wechsel unterworfene, unbegrenzte, ursprüngliche Kraft *(ādyāśakti)*, die im großen Drama, den verborgenen Śiva, den passiven Betrachter, zu erwecken, mit Wildheit agiert. Ihrer beider untrennbare Einheit spiegelt die Nicht-Dualität wider.

Die Vorstellung von Kālī läßt sich mit der herrlichen Darstellung von Śiva als *naṭarāja* vergleichen, der die Gegensätze von Schöpfung und Zerstörung in sich vereint und harmonisiert und somit die eigentliche Natur jeglicher Existenz bedeutet.

Diese Bilder der personifizierten Zerstörung scheinen einem surrealistischen Traum entsprungen zu sein. Naturalismus und Intuition verschmelzen zu einem einzigen Impuls, und so vermag ihre grimmige Erscheinungsform das Auge zu erregen und den Betrachter in eine übernatürliche Welt zu versetzen. Vom ästhetischen Standpunkt aus weisen sie auf ein Verlassen der Realität und auf das Gewahrwerden einer grundlegend anderen Welt hin, die erschütternd, unruhig und aggressiv ist. Diese Bilder entschleiern die Wirklichkeit, so daß sie bis zur Blöße entkleidet ist, und sie haben die bewußtseinsverändernde Kraft, außergewöhnliche Erfahrungen anzuregen, durch die beeindruckende innere Zustände mit reichem spirituellem Gehalt hervorgerufen werden können. Ihr Charakteristikum ist, daß diese Bilder offensichtlich einer nicht-rationalen Quelle entsprungen sind und dennoch eine rationale Basis innerhalb festgelegter Grenzen besitzen. Zum Beispiel hält Chinnamastā, die enthauptete Göttin, ihren abgetrennten Kopf: Abgesehen von seiner symbolischen

Kālī, dargestellt in ihrem zerstörerischen Aspekt als Cāmuṇḍā. Detail aus einem Skizzenbuch. Kangra, ca. 18. Jahrhundert. Gouache auf Papier.

Bedeutung sollte die Zerstückelung ihres Körpers nicht mit einer tatsächlichen Entstellung dieser Art verwechselt werden, obschon das Bild nicht von der nächstliegenden Bedeutung, der es ja auch seine Entstehung verdankt, zu trennen ist. Wo eine Verschiebung auftritt, dient dies einer Verstärkung der optischen Wirkung.

Die schreckenerregenden Aspekte dieser Bilder fehlen dagegen völlig in den tantrischen *āsana*-Darstellungen, und zwar sowohl in der Skulptur wie in der Malerei. In den Reliefs der Tempel von Konarak und Khajuraho ist die sinnliche Qualität bis zu ihrem Höhepunkt weiterentwickelt worden, so daß die ästhetischen Grenzen fast völlig gesprengt sind und die Erkenntnis erzwungen wird, daß das Leben selbst Kunst ist. Was im Leben grundlegend und berechtigt ist, das muß auch in der Kunst grundlegend und berechtigt sein. Es geht nicht um die »herausfordernde Zügellosigkeit« der weiblichen Gestalt, vor der Roger Fry mit puritanischem Schauder zurückprallte. Wir begegnen hier einer Ekstase der Freude in allen ihren bildnerischen Möglichkeiten. Diese Männer und Frauen in Vereinigung werden von schöpferischer Kraft zueinander und zum Erwachen des inneren Geistes hingezogen und schaffen dabei neue dynamische Āsanas. Erfüllt von ekstatischer Gewißheit sind sie nicht länger dem Widerspruch zwischen Leben und sozialer Existenz ausgesetzt.

Betrachtet man die Skulpturen, die Gruppen von Menschen in verschiedenen Koitus-Haltungen darstellen *(mithuna)*, besonders jene an den Wänden des Lakṣmana-Tempels bei Khajuraho, so wäre es ein großer Irrtum, wollte man die Bedeutung der Figuren auf dem unteren, den Tempel umlaufenden Fries mit jenen, die auf dem oberen Fries dargestellt sind, verwechseln.

Die *mithuna*-Figuren an der Basis des Tempels zeigen die gesamte Stufenleiter des weltlichen Lebens einschließlich verschiedener sexueller Akte; blickt man jedoch nach oben, so sieht man sich ineinander verschlungenen Figuren gegenüber, die das Prinzip der Antinomie, der moralischen Widersprüchlichkeit, repräsentieren. Sie sind Symbole transzendentaler Vereinigung und keineswegs auf den bloßen sexuellen Verkehr bezogen, der im unteren Teil des Tempels als Sinnbild für die erdgebundene Existenz dargestellt ist. Außerdem können die Figuren, die sich zu beiden Seiten der oberen Hälfte des Tempels befinden, aus tantrischer Sicht symbolisch als der Weg der zwei psychischen Kanäle interpretiert werden, als *iḍā* und *piṅgalā*, die zu beiden Seiten der *suṣumṇā*, dem zentralen Kanal, der – übertragen auf die Tempelarchitektur – zur inneren Kammer des Tempels führt, verlaufen. In der echten tantrischen Tradition stellen diese Figuren den Aufstieg der sexuellen Energie dar, wenn sie ihren angestammten Sitz auf der gewöhnlichen Ebene verläßt und sich zu einer höheren hinaufbewegt, wobei sie sich in sublimierte Energie verwandelt, welche die schlafende *kuṇḍalinī* erweckt. So ausdrucksvoll sind diese ineinander verschlungenen Figuren, daß ihre geschwungenen Kurven das bloße sinnliche Vergnügen bei weitem überschreiten. Sie weisen in aller Deutlichkeit darauf hin, daß tantrische Yoga-*āsanas* dazu geeignet sind, durch Vereinigung mit einem weiblichen Partner, *śakti*, die Vollendung zu erlangen – und das ist möglicherweise der Grund, weshalb diese Haltungen so unkonventionell und kompliziert sind.

Die *mithuna*-Skulpturen von Konarak sind ebenfalls großartig, ihre formale Qualität, die Fülle der Formen, ihr lebendiger Rhythmus und ihre dralle Plastizität wurden hier – ganz abgesehen von ihrem rituellen Wert – vielleicht zum ersten Mal in vollkommener Meisterschaft über das Material gezeigt. So haben sowohl die friedvollen wie die schreckenerregenden Bilder des Tantra die indische Kunst um einige der lebendigsten und erhabensten Werke bereichert.

Die indische ästhetische Theorie von *rasa*, durch Abhinavagupta im 10. Jahrhundert n. Chr. weiterentwickelt, liefert uns den Schlüssel zum Verständnis der verschiedenen Stimmungen und Gefühle, die auch in den tantrischen Bildwerken angesprochen werden. *Rasa*, ein Ausdruck, für den es im Westen keine genaue Entsprechung gibt, bedeutet soviel wie »Aroma«, »Geschmack«, »Stimmung« oder »Gefühl«. Alle Werke der Kunst, wie begrenzt sie auch sein mögen, haben die Fähigkeit, bestimmte emotionale Zustände hervorzurufen. Die Theorie von *rasa* betont den Wert eines Kunstwerkes, der unmittelbar erfahrbar ist, indem sie die Erfahrung selbst betont. Wenn eine bestimmte Emotion geweckt ist, wird ein dementsprechendes *rasa* erfahren. Alle klassischen Bilder in der indischen Kunst, einschließlich der tantrischen, können weitgehend unter die neun grundlegenden *rasa*-Kategorien eingeteilt werden. Schreckenerregende Bilder wecken *tamas*, die Qualität, die mit dem Gefühl von Wut und scheuer Furcht verbunden ist; diametral entgegengesetzt dazu sind Schweigen und Mitleid, die mit *sattva*, der Qualität der Reinheit, assoziiert werden. Die ovalen und sphäroiden *brahmāṇḍa*, die als Teile von vergeistigter Materie betrachtet werden und deren emotionale Entsprechung die unzerstörbare Ruhe ist, gehören zu diesem Bereich. Der *rasa* von Liebe, Tapferkeit, Lachen und Verwunderung entstammt *rajas*-Tendenzen. Die Serie von sana, die hauptsächlich dazu dienen, die Tendenz der dynamischen Gegensätze zur Vereinigung hin aufzuzeigen, kann unter Rajas eingeordnet werden. Diese Einteilung, die allerdings keinen absoluten Charakter hat, hebt hervor, wie die weitreichenden ästhetischen Ausdrucksformen des Tantra durch unsere Sinne wahrnehmbar sind, indem sie unsere inneren Stimmungen anrühren.

Alice Boner weist in ihren Forschungen, die sie über die Prinzipien anstellte, die die Komposition der Skulpturen in den Höhlentempeln im Westen und Süden Indiens (600–900 n. Chr.) bestimmen, nach, daß sie auf geometrischen Prinzipien beruhen, die denjenigen gleichen, nach denen die Yantras zusammengesetzt sind. Der Aufbau dieser Kompositionen basiert auf einem Mittelpunkt, in dem alle Teile zusammenlaufen; das Prinzip der Zentralität als Basis der Komposition entspricht der tantrischen Vorstellung vom *bindu*. Die Nervenlinien, die das Zentrum durchkreuzen und sich in konzentrischem Aufbau weiterentwickeln, können als Yantra gesehen werden, deren Linien sich zur figuralen Komposition hin entwickeln und erweitern. Alice Boner deutet dies auf folgende Weise: »Die Analyse der Wandskulpturen in den alten Höhlentempeln hat geometrische Diagramme von gleicher konzentrischer Konstruktion enthüllt. Sie haben jedoch ihre besonderen Eigenarten, in denen sie sich von den devotionalen Yantra unterscheiden, und dies macht sie für figurale Kompositionen geeignet. Der Unterschied besteht darin, daß der kreisförmige Bereich, anstatt mit sich kreuzenden geometrischen Figuren gefüllt zu sein, durch eine Anzahl von Durchmessern in regelmäßige Sektoren eingeteilt ist. Eine weitere Unterteilung geschieht durch Bänder, die parallel zu den Durchmessern laufen und solche, die deren Kreuzungspunkte mit dem Kreis in Verbindung bringen. Alle Formen innerhalb der Grenzen des Kreises sind in bezug zu manchen der Durchmesser oder ihren Parallelen gesetzt, und so haben sie, entweder direkt oder indirekt, teil am konzentrischen Entwurf des Diagramms. Auf diese Weise sind alle Teile der Komposition mit dem Mittelpunkt verbunden.«[20]

Yantra und Mandala haben auch die Grundrisse der Hindu-Tempel und die Anlage der Städte beeinflußt. Schon im dritten Jahrhundert v. Chr. basierte die Gestalt des buddhistischen Stūpa, ursprünglich ein Monument über den Reliquien des Buddha, auf Kreis und Quadrat.

Figuren im *yoni-āsana* auf dem Sūrya-Tempel. Konarak, Orissa. 1238–1264 n. Chr.

Grundrisse von späteren Tempeln zeigen, daß sie auf einer regelmäßigen Anordnung von Quadraten auf einem festgelegten Netzplan beruhten. Die drei grundlegenden geometrischen Formen, Quadrat, gleichschenkeliges Dreieck und Kreis, wurden aufgrund ihrer Symmetrie zueinander in Beziehung gesetzt, wie etwa in einem Yantra-Diagramm. In einer der frühesten Beschreibungen in den Handbüchern der Architektur findet sich das *vāstu-puruṣamaṇḍala,* das laut dieser Abhandlung in zweiunddreißig verschiedenen Arten gezeichnet werden kann. Die einfachste besteht aus einem Quadrat, wogegen man alle anderen durch eine Teilung des Quadrates in vier, neun, sechzehn, fünfundzwanzig usw. bis 1024 kleine Quadrate herstellen kann. Entsprechend der ursprünglichen These des Tantra hatte die räumliche Gestaltung das Ziel, einen Mikrokosmos nach dem Bild des Makrokosmos und der ihn regierenden Gesetze zu schaffen.

Während dies nur einige wenige Beispiele des tantrischen Einflusses auf die indische Kunst sind, ist es zukünftigen Forschungen überlassen, alle Aspekte ans Licht zu bringen, in denen die tantrischen Lehren auf diesem Gebiet ihre Spuren hinterlassen haben.

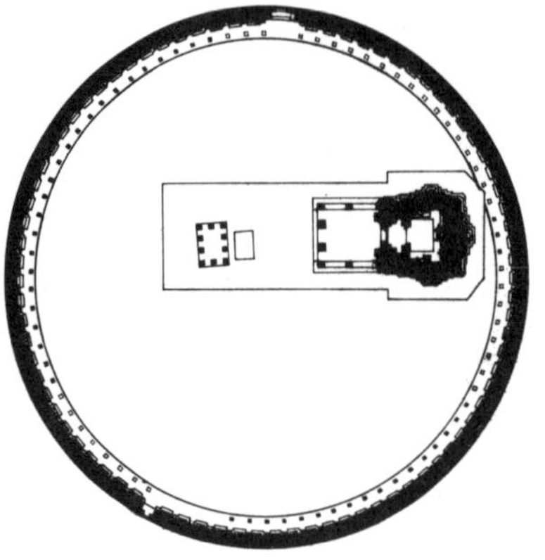

Grundriß des Tempels der 64 Yoginīs *(chauśatti yoginī),* Bheraghat, Madhya Pradesh, ca. 12. Jahrhundert.

Die Decke des Adi-Nāth-Tempels in Ranakpur ist mit kristallähnlichen Mustern bedeckt, welche die Entfaltung von *śabda,* dem Klangelement, in einem Mandalafeld symbolisieren. Westliches Indien, ca. 13. Jahrhundert. ▷

Das Herstellen tantrischer Bildwerke

In der tantrischen Kunst muß das Bildwerk mit den ursprünglichen kanonischen Texten übereinstimmen; jede Auslassung, jeder Fehler oder jede Unklarheit wird einer mangelhaften Vertiefung zugeschrieben oder als ein Zeichen für ungenügende Aufmerksamkeit betrachtet. In solch einem Fall wird das Bildwerk beiseite gelegt und der Prozeß des Gestaltens aufgeschoben. Der erste Anstoß zur Visualisierung wird grundsätzlich mit Hilfe eines *dhyāna-mantra* empfangen, beziehungsweise seiner hörbaren Entsprechung, das die Konzentration erhöht und als eine Formel wirkt, die zur Trance führt. Die Trance-Formel der Göttin Bhuvaneśvarī, eine der tantrischen *daśa-mahāvidyā* (»die zehn großen Wissen«), lautet zum Beispiel folgendermaßen:

»Ich bete unsere sanfte Herrin an, Bhuvaneśvarī, die wie die aufgehende Sonne ist, lieblich und siegreich, die die Unvollkommenheiten der Gebete zerstört, mit einer strahlenden Krone auf ihrem Haupt, dreiäugig und mit schwingenden Ohrgehängen, sie bete ich an als Lotos-Herrin, mit ihrem Überfluß an Schätzen, die die Gesten der Barmherzigkeit und der Zuversicht zeigt. Dies ist das *dhyānam* der Bhuvaneśvarī.«

Die Visualisierungen des Künstlers beginnen mit geistigen Vorstellungen, und es wird kaum ein Versuch unternommen, eine passende Form zur Sichtbarmachung in äußeren Modellen zu finden. Zum Beispiel hat Śilpi-Yogin das anthropomorphe Bild der Kālī in ein einfaches geometrisches Muster aufgelöst – ein Dreieck innerhalb eines Kreises. Das *bīja*-Mantra krīṃ, das dasselbe ausdrückt, ist eine weitere Vereinfachung, in der die Essenz der Idee latent vorhanden ist.

Über den Erfolg der Yoga-Vision lehrt Śukrācārya des weiteren: »Wenn das Bewußtsein dahin gebracht worden ist, in der Form *(nāma, »Name«, »Idee«)* zu ruhen und nur noch die Form sieht, dann wird die Wahrnehmung der einzelnen Aspekte in dem Maße aufgehoben, in dem es in der Form ruht, und nur die äußere Erscheinung bleibt übrig; daraufhin erlangt man eine Wahrnehmung, die die Welt jenseits aller Einzelaspekte zeigt. Mit weiterer Übung erreicht man die Befreiung von allen Hindernissen.« Diese tiefgreifende Übung läßt den Künstler den höchsten Grad der Abstraktion innewerden. Dies führt zu jenen Abstraktionen, die aus farbigen Flächen bestehen, wo alle Bilder in einem strukturlosen Bildfeld verlöschen.

Dabei können Kunst und spiritueller Akt nur noch künstlich voneinander getrennt werden. Der Prozeß des Bildgestaltens, der neben anderen Methoden der Yoga-Disziplin eine umfassende Reihe von inneren Aktivitäten beinhaltet, schafft die psychologischen Voraussetzungen, die nötig sind, um die spirituelle Erlösung zu verwirklichen. Die Kraft des Impulses verlagert das Ziel der Kunst, das im Selbstzweck liegt, dahin, Mittel zum Zweck zu sein. Der Künstler verfolgt seine Arbeit wie ein distanzierter Beobachter, der frei ist von allem, was seiner Eitelkeit schmeicheln könnte. Sein Weg ist der des selbstlosen Tuns und der völligen Verleugnung seines Ichs, denn es ist seine feste Absicht, nicht sich selbst auszudrücken, sondern das, was ausgedrückt werden soll – das heißt, eine »Idee« zu offenbaren. Eine Kunst dieser Art, in der das

Ein junger Schüler lernt die Kunst traditionelle Bildwerke zu meißeln von seinem Guru, einem *sthapati* aus Südindien. Das Palmblattmanuskript enthält Vorschriften und Anleitungen bezüglich der Technik und der spirituellen Haltung.

Unvollendetes Bild der Durgā, von einem volkstümlichen Künstler bei Kālīghāt (Calcutta) hergestellt. Ton.

Individuum danach strebt, die Fesseln des Ich zu durchtrennen, auf daß es um der spirituellen Erleuchtung willen mit dem universalen Bewußtsein verschmelze, muß immer anonym bleiben. Selten sind die Werke der Śilpi-Yogis signiert oder tragen ein Zeichen individueller Eigenart, denn jeder Anflug von Selbstdarstellung macht die ganze Bemühung vergeblich. Die Ausübung dieser Kunst allein wirkt bereits auf die Persönlichkeit des Künstlers so stark ein, daß viele, die sich ihr unterzogen haben, schließlich zu Heiligen wurden.

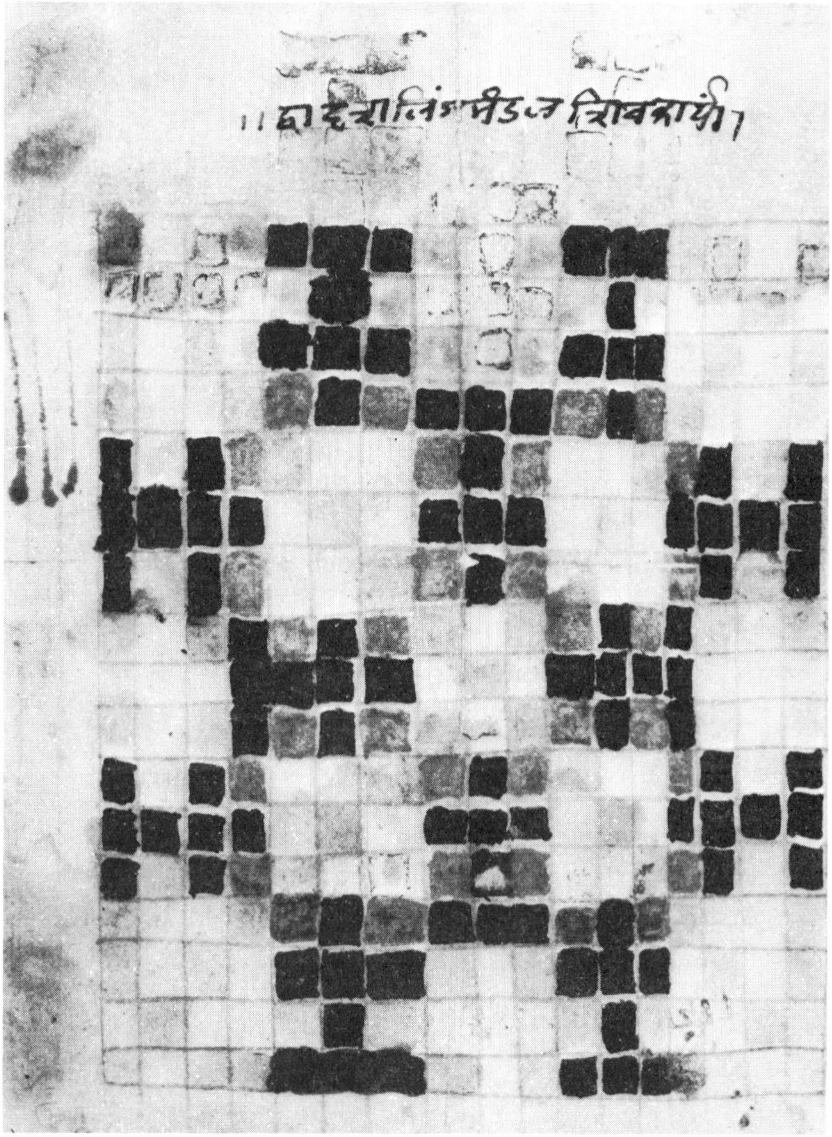

Linga-maṇḍala. Das *linga* als das Symbol Śivas bedeutet auch den allesdurchdringenden kosmischen Raum. Das Diagramm wird für Ritual und Meditation verwendet. Rajasthan, ca. 18. Jahrhundert. Gouache auf Papier.

Bālā-yantra. Rajasthan, ca. 18. Jahrhundert. Gouache auf Papier.

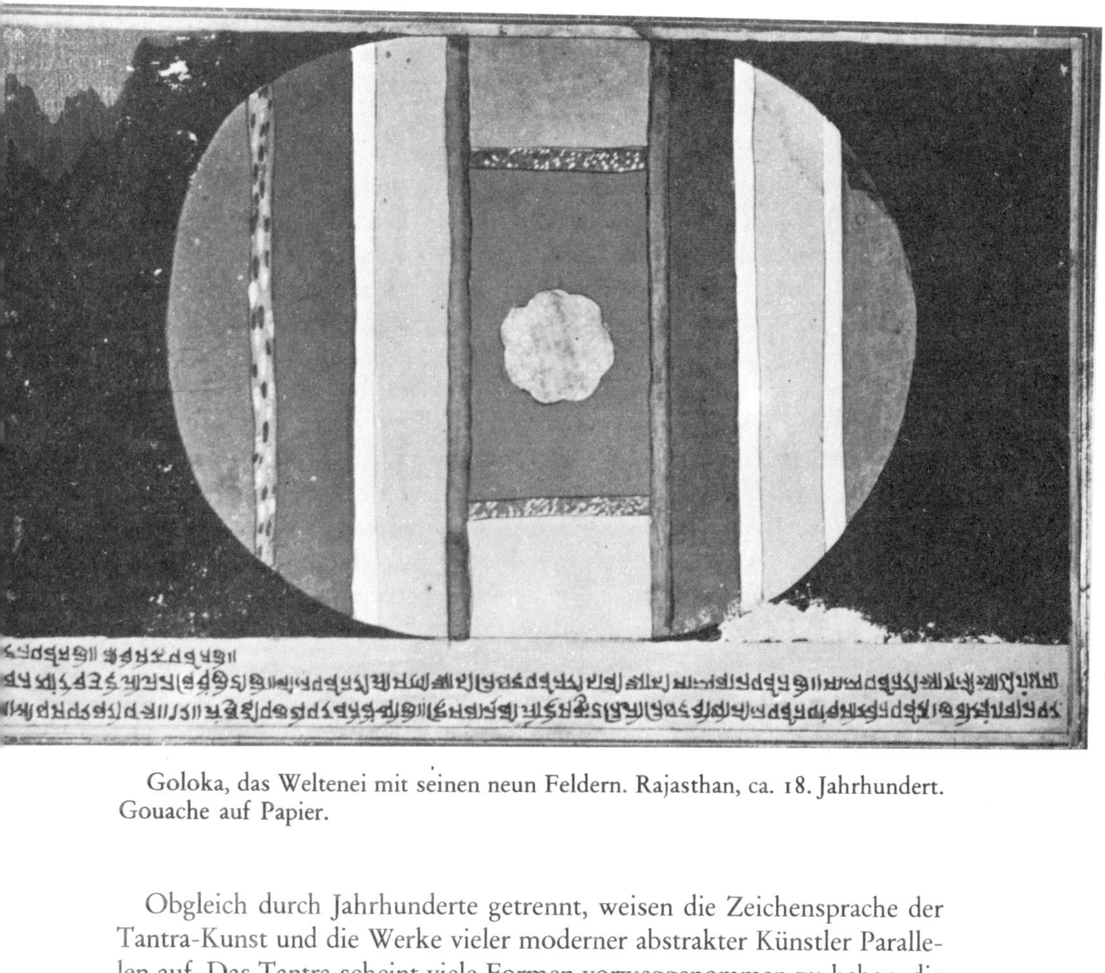

Goloka, das Weltenei mit seinen neun Feldern. Rajasthan, ca. 18. Jahrhundert. Gouache auf Papier.

Obgleich durch Jahrhunderte getrennt, weisen die Zeichensprache der Tantra-Kunst und die Werke vieler moderner abstrakter Künstler Parallelen auf. Das Tantra scheint viele Formen vorweggenommen zu haben, die erst vor kurzer Zeit in den Arbeiten zeitgenössischer Künstler wiederaufgetaucht sind. Es ist interessant festzustellen, daß das, worum sich ein moderner Künstler auf dem Wege der Entfaltung seines individuellen Bewußtseins bemüht, in der ästhetischen Schau des tantrischen Künstlers, und zwar im Rahmen seines festgelegten über-individuellen Zeichensystems, spontan entsteht.

Es gibt auch eine große Ähnlichkeit zwischen den spirituellen Aspekten der tantrischen Kunst und den Arbeiten der verschiedenen abstrakten Künstler des 20. Jahrhunderts wie Klee, Mondrian und Brancusi. Für diese

Künstler war Kunst nicht nur eine optische Sache, sondern eine Offenbarung bestimmter metaphysischer Inhalte. Mondrians Hauptanliegen war zum Beispiel, das Einzelne zu transzendieren, um das Universale auszudrücken. Während seines ganzen Lebens hatte er Interesse an der hinduistischen Philosophie und war so sehr von mystischen Ideen inspiriert, daß er die »plastische« Ausdrucksweise der »spirituellen« gleichsetzte. Das Thema der Vertikalen und der Horizontalen spiegelt das Wechselspiel von gegensätzlichen Kräften wider: männlich und weiblich, aktiv und passiv, Geist und Materie. Er selbst drückt es als »statisches Gleichgewicht« oder »dynamisches Gleichgewicht« aus, aus denen die Wirklichkeit besteht. Mondrian identifizierte die Vertikale mit dem männlichen und die Horizontale mit dem weiblichen Prinzip. In einer ähnlichen Weise erforschte Paul Klee die räumliche Energie mit Hilfe der Konzeption der Polarität: »Eine Konzeption ist nicht denkbar ohne ihren Gegensatz – jede Konzeption hat ihren Gegensatz mehr oder weniger in der Art von These–Antithese.« Um die ewigwährende Dialektik des Statischen und Dynamischen in ihrer Essenz auszudrücken, setzte er die Idee der Polarität auf der Ebene der Geometrie um und schuf eine unendlich variable Harmonie von farbigen Ebenen. Die bildhaften Affinitäten dieser Künstler zur tantrischen Kunst und ihren metaphysischen Ideen deuten auf eine Verbindung mit der dualistischen Philosophie des Tantra hin. Eine auffallende Ähnlichkeit ist in den Skulpturen der Ur-Ovale von Brancusi und den *brahmāṇḍa* des Tantra zu erkennen. Metaphysisch gesehen befinden sich beide Formen auf der gleichen Ebene – der Projektion einer vollkommenen Einheit. Und tatsächlich gab 1933 der Maharadscha von Indore Brancusi den Auftrag, ein Modell für den Tempel der Befreiung zu entwerfen, das auf der ovalen Ur-Form basierte. Auch Kandinski erinnert an die Dialektik von Klang und Form in den Tantra, wenn er sagt: »Der Klang ist die Seele der Form, die nur durch den Klang, der von innen nach außen tritt, Leben erhält.« In jüngster Zeit haben Delaunay, Rothko, Reinhardt und Newman im Westen und vor allem Biren De in Indien eine beeindruckende gestalterische Beziehung zwischen der tantrischen Kunst und ihrer eigenen demonstriert. Diese Künstler wurden wie ihre Vorgänger von demselben inneren Impuls, einen Traum in eine Vision zu verwandeln, getrieben.

Kann die Vision, die in den verschiedenen Denkweisen des Tantra enthalten ist, dem Künstler dazu verhelfen, sich selbst neu zu schöpfen? Jede schnelle und leichtfertige Antwort wird zum Selbstbetrug führen.

Lebendiges Tantra ist eine Sache bestimmter kultureller Disziplinen, und die Erschaffung seiner ästhetischen Formen kann nicht von seiner ursprünglichen Zielsetzung getrennt werden. Die Geschichte pflanzt sich selbst durch und in vielen Ereignissen fort – durch Kriege, Frieden, sozialpolitische Umwälzungen – aus sich selbst entwickeln sich neue Strukturen und führen zu veränderten Situationen. Im eigentlichen wird jedoch immer ein roter Faden der Einheit beibehalten, dessen Wesen nie verlorengeht. Auf ähnliche Weise könnte vielleicht eine gegenseitige Befruchtung zwischen tantrischen Ideen und der zeitgenössischen Welt der Kunst eine neue Weltschau hervorbringen, deren äußere Strukturen und Rhythmen variieren mögen, wobei jedoch die zugrunde liegende Einsicht dieselbe bleiben wird. Die tantrische Kunst hat die Pforten unserer Wahrnehmung geöffnet und wie alle großen Epochen der Welt eine ästhetische Kreativität gegeben, die zu einer neuen Schau der Welt führt. Einige der Kunstformen, die, eingehüllt in anonyme Legenden, überliefert worden sind, werden in der Geschichte der indischen Kunst wie auch im größeren Zusammenhang der Kunst verschiedener Kulturen beispiellos bleiben.

Wissenschaft

Die wissenschaftlichen Konzeptionen des Tantra weisen Parallelen zu den metaphysischen auf. Letztere sind in eine Teleologie und in einen ontologischen Rahmen eingespannt, die hauptsächlich mit dem Sāṃkhya-System, das auf vedischen und nach-vedischen Gedanken basiert, in Verbindung stehen, wobei hier noch Ritual und Kunst mit aufgenommen wurden. Die tantrische Wissenschaft verhalf zur Befreiung von Dogmen und verlieh den tantrischen Ritualen eine empirische Dimension der Erfahrung. Die Tantriker experimentierten hauptsächlich im Bereich der Chemie, besonders was die Herstellung von Heilmitteln betraf, die häufig aus Quecksilber und Schwefel bestanden. Andererseits entwickelte das Tantra kein eigenes wissenschaftliches Denksystem, sondern machte für seine Zwecke beliebige Anleihen bei den verschiedenen Richtungen der alten wissenschaftlichen Weisheit Indiens. Besonders jene Aspekte der Wissenschaft, die von praktischem rituellem Interesse waren, gewannen an Bedeutung.

So schufen Astronomie und Astrologie, die die Bewegung der himmlischen Körper und ihre Beziehung zum Menschen enthüllten, Karten des Himmels und legten die zeremoniellen Zeiträume fest. Gleicherweise nutzte man Vorstellungen von molekularen und atomaren Strukturen im Nyāya-Vaiśeṣika-System für die Erstellung chemischer Formeln; und das Polaritätsprinzip des Tantra wurde durch die Theorie der kosmischen Evolution unterstützt, die sich größtenteils aus dem Sāṃkhya-Patañjali-System ableitete. Mathematisches und geometrisches Wissen lieferte wertvolle Schlüssel zur Konstruktion der verschiedenen Arten von Yantras. Diese synkretistische Haltung machte das Tantra zu einem beweglichen und aufnahmebereiten System und einem Schmelztiegel vieler Wissensgebiete.

Schöpfung des Universums; Darstellung der Energiekreise im Verlauf der Evolution, die von einer einzigen transzendenten Quelle ausstrahlen. Gujarat, ca. 18. Jahrhundert. Gouache auf Papier. ▷

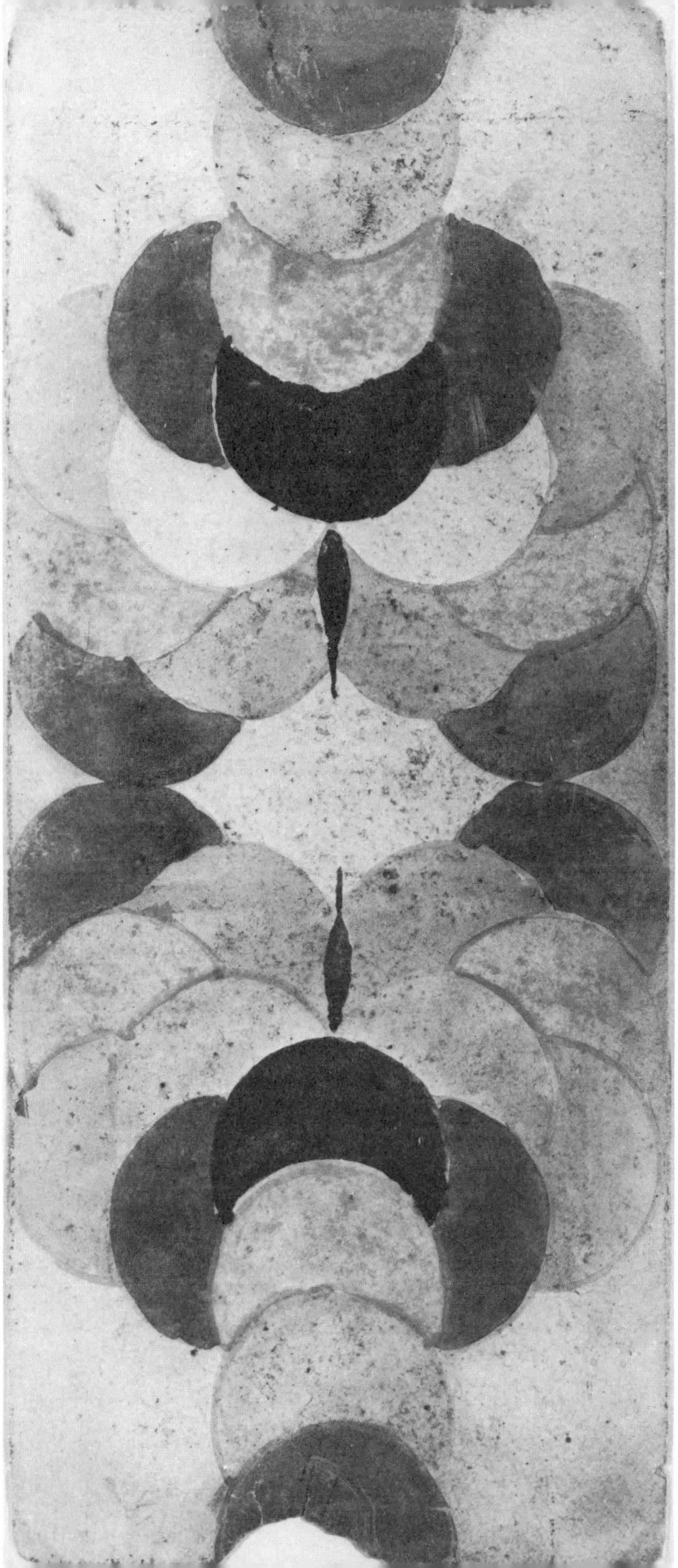

Die Fragen des Menschen nach dem Ursprung und dem Wesen des Kosmos sind nicht neu; nur der Kontext und die Methoden der Suche nach endgültigen Antworten können außergewöhnlich sein. Die Wissenschaft stützt – entsprechend der Definition ihrer Zielsetzung – ihre Untersuchungen auf Beobachtungen und experimentelle Methoden, die eine Beweisführung möglich machen. Es ist das Reich der nachträglichen Erkenntnis aufgrund empirischer Fakten, und in diametralem Gegensatz dazu steht eine andere Domäne des Wissens, in der die Forschung grundsätzlich einer Linie des vorwegnehmenden Wissens folgt. Paradoxerweise besitzt das empirische und das intuitive Wissen einen gemeinsamen Nenner: Beide transzendieren die Erscheinungen der phänomenalen Welt und begeben sich in den Bereich des Unbekannten, um die Mysterien des Universums zu enträtseln. Beide Methoden wurden von den alten Hindus angewandt. Manche Schlüsse wurden auf der Grundlage einer systematischen Methode gezogen: Fakten wurden beobachtet, Beispiele einer sorgfältigen Analyse und Klassifizierung unterzogen, und die Ergebnisse erhielten durch empirische Mittel ihre Beweisbarkeit. Diese Methode führte dann zu den physikalisch-chemischen Theorien der Inder und bestimmter astronomischer Verallgemeinerungen, die in erstaunlichem Grad den Zahlen der Laplaceschen Tabelle nahekommen. Diese Ähnlichkeit kann nur dadurch erklärt werden, daß die Resultate durch Nachprüfen und Vergleichen des Berechneten mit dem Beobachteten erzielt wurden. Es gab bei diesem methodischen Vorgehen auch Ausnahmen, vor allem dann, wenn quasi-empirische Erklärungen gesucht wurden.

In früheren Zeiten wurden philosophische Lehren mit naturwissenschaftlichen Theorien vermischt; folglich beruhten viele naturwissenschaftliche Aussagen auf intuitiver Einsicht. Ein plötzlicher Eindruck oder ein flüchtiges Bild einer unterschwelligen Erfahrung mag im bewußten Geist sich erheben. Diese Eindrücke, die zunächst ganz persönlich und einmalig erscheinen mögen, werden objektiven Fakten gegenübergestellt, bevor irgendeine systematische empirische Forschung vorgenommen werden kann. So haben zum Beispiel laut Manu (ca. 300 v. Chr.) »Bäume und Pflanzen Bewußtsein und fühlen Freude und Schmerz«; diese Haltung wurde später durch Udayana wie auch von Guṇaratna durch Beispiele belegt. Es hieß in ihrer Deklaration (ca. 1350 n. Chr.), daß es in einem Pflanzenleben außer Kindheit, Jugend, Alter und regelmäßigem Wachstum auch verschiedene Arten der Bewegung oder des Verhaltens gibt, die

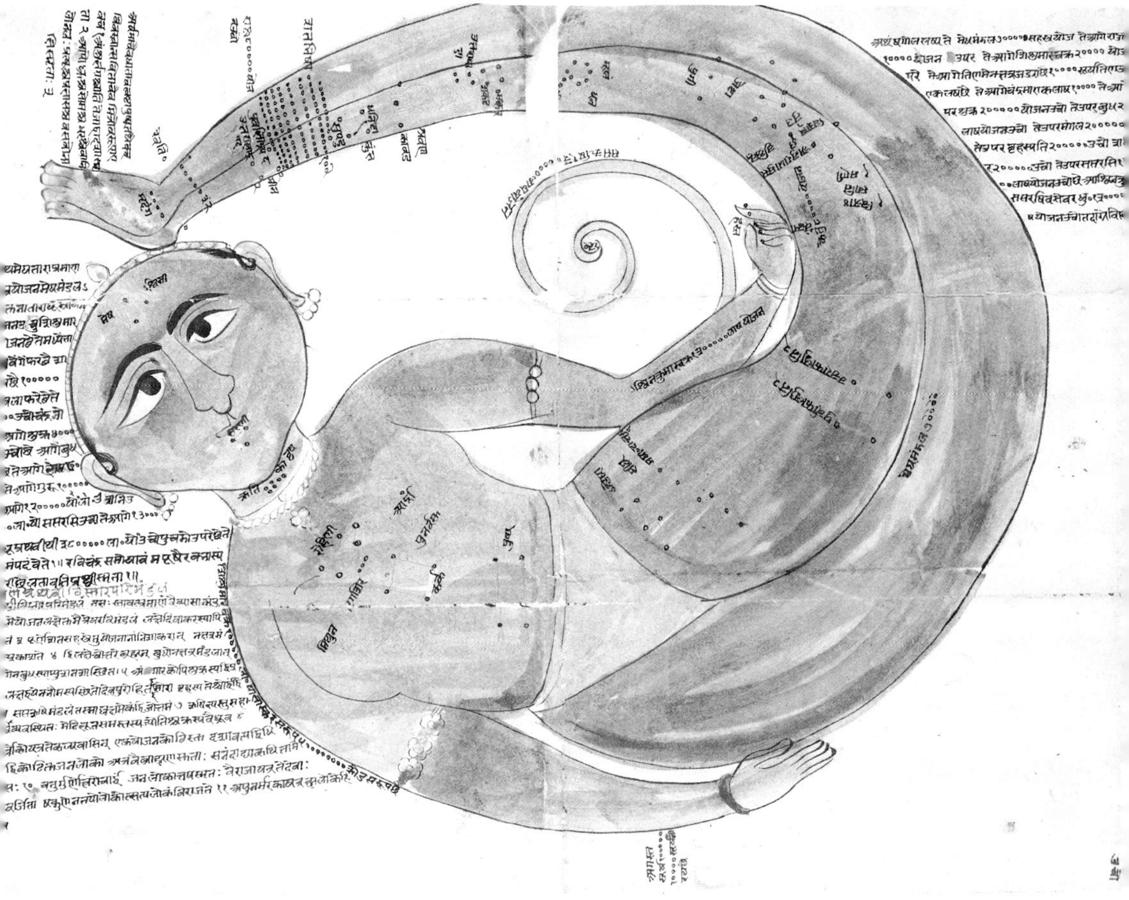

Astrogramm. Diese Malerei zeigt die Verschmelzung von Astronomie und Astrologie. Die auf den verschiedenen Teilen des Körpers dargestellten Symbole sind eine Kartografie der Wechselwirkungen zwischen den achtundzwanzig *nakṣatra* oder lunaren Häusern im mikrokosmischen Selbst. Der Körper, der in der Gestalt eines Bogens oder des *dhanu-āsana* dargestellt ist, repräsentiert die spannungsvolle Einheit des riesigen Makrokosmos. Rajasthan, 19. Jahrhundert. Gouache auf Papier.

mit Schlaf und Wachen zusammenhängen, wie auch Zusammenziehung und Ausdehnung als Reaktion auf Berührung usw. Diese Feststellungen wurden als »okkulte Phantasien« und Mythen angesehen, bis sie von dem Physiker J. C. Bose durch seine Entdeckung der sensitiven Reaktionen und physiologischen Prozesse der lebenden Pflanze wissenschaftlich bewiesen wurden. Mit Hilfe des Crescographen, eines Instrumentes, das von ihm entwickelt wurde, um die Reaktionen der Pflanzen auf einen Stimulus zu messen, gelang ihm die Entdeckung, daß Pflanzen ein sensitives Nervensystem besitzen und daß sie Freude und Schmerz »empfinden« können.

Beispiele dieser Art deuten darauf hin, daß es andere Erkenntniswege gibt, die von der naturwissenschaftlichen Methode qualitativ verschieden sind. Intuitive Erfahrungsmethoden postulieren, ebenso wie die Wissenschaft, bestimmte Fakten; doch anders als die Wissenschaft stützen sie sich auf spontane, außergewöhnliche Bedingungen, wobei das Resultat universale Bedeutung haben kann, wenngleich die Methode in individuellen Situationen getestet wurde. Weiterhin kann eine Entdeckung auch einer Folgerung entspringen, die nicht von irgendwelchen feststehenden Gesetzen abgeleitet wurde.

Vom tantrischen Standpunkt aus beruht die Brauchbarkeit von wissenschaftlichen Normen nicht so sehr auf empirischer Beweisführung, sondern auf psychischen Experimenten durch Arbeit am eigenen Selbst. Die verschiedenen Hypothesen, die vorgebracht werden, um die Welt mittels wissenschaftlicher Theorien zu erklären, sind Stationen auf dem spirituellen Weg des Schülers. Sie sind als Postulate gedacht, die dazu verhelfen sollen, das gesamte Gebäude von rituellen Techniken zusammenhängend in einen theoretischen Rahmen zu bringen. Für einen Tantriker liegt ihre Gültigkeit in der Wirksamkeit des Rituals. Wenn der Eingeweihte den Kern der Verwirklichung erreicht hat, sind die Axiome für ihn ipso facto »wahr«, und es gibt keine Notwendigkeit mehr zu Spekulationen und haarspalterischem Experimentieren unter Bedingungen wie im Laboratorium. Das experimentelle Feld eines Eingeweihten ist immer er selbst. Aber es bestehen auch gegensätzliche Meinungen nebeneinander; so erklären zum Beispiel die tamulischen Siddhas ihre übernatürlichen Kräfte als »eine Art Spiel mit Antimaterie«. Diese Anschauung ist derjenigen der zeitgenössischen Wissenschaftler sehr ähnlich, die besagt, daß ein ganzes Universum von Antimaterie existieren könne; andere Tantriker bieten vielleicht eine andere Erklärung für dieselbe Tat an, indem sie diese auf die Wirkungskraft eines Mantra zurückführen. Diese zwei verschiedenen Bezugssysteme, in denen das gleiche Geschehnis unterschiedlich erklärt wird, sind als komplementär zu verstehen.

Kosmogenese

Man kann laut dem Sāṃkhya-System, das die Tantras grundlegend beeinflußt hat, die Geschichte der kosmischen Evolution als mit allen Eigenschaften einer wissenschaftlichen Hypothese versehen betrachten, die sich auf die Prinzipien von Erhaltung, Umwandlung und Zerstreuung der Energie stützt. Bevor wir diese Theorie jedoch untersuchen, müssen wir einige ihrer Hauptzüge in einfachen Begriffen besprechen. Eine weitverbreitete kosmogonische Anschauung vertritt die Meinung, daß die gröberen Elemente der greifbaren Welt aus feineren Elementen hervorgegangen seien; die feineren wiederum werden als aus noch feinstofflicheren, homogenen Substanzen zusammengesetzt betrachtet. Ferner wird ein psychophysischer Parallelismus festgestellt und postuliert, daß Materie und Geist sich gleichzeitig entwickelt haben. Schließlich stellte man die Theorie der sich wiederholenden Zyklen des Universums auf, nach der die Zerstörung auf eine bloße Umkehrung des evolutionären Prozesses hinausläuft und zum ursprünglichen Ausgangspunkt zurückführt. Das Universum entfaltet sich zum Beispiel »Schicht über Schicht«; als erstes emaniert von *ākāśa* ein schwingendes Element, und dieses bewirkt das Entstehen von Hitze; Hitze verwandelt sich in gasförmige Substanz und verflüssigt sich, und zuletzt wandelt das Gas sich in feste Materie um. Ist dieser Kreislauf vollendet, so kehrt er sich um: Festes löst sich in Flüssiges auf und geht schließlich in den Schwingungszustand über; dann beginnt wiederum der Kreislauf von Ausdehnung, Zusammenziehung und Auflösung. So wird durch diese Anschauungsweise die Möglichkeit einer ständigen Geburt der Materie und einer ununterbrochenen Schöpfung des Universums nahegelegt.

Detail des Kandariya Mahādeva-Tempels, Khajuraho. Die Außenseite dieses Tempels, der Śiva gewidmet ist, ist mit Hunderten von Figuren geschmückt; das Innere dagegen ist schmucklos und dunkel – die Dunkelheit des Schoßes *(garbhagṛiha)*. 950–1050 n. Chr. (Siehe Beschreibung S. 104.) ▷ ▷

Der Kosmos entfaltet sich aus einem nicht-manifesten Urgrund, der *prakṛiti* genannt wird, gedacht als eine Gesamtheit von drei unbestimmbaren und unbegrenzten Kategorien, die mit dem Begriff *guṇa* bezeichnet werden. Wörtlich bedeutet *guṇa* Qualität, doch da Qualität und Substanz im Sāṃkhya-System identisch sind, kann man unter den *guṇas* substantielle Einheiten verstehen. Sie sind: *sattva*, die Essenz oder die Substanz der Intelligenz, das Prinzip der Manifestation des Bewußtseins; *rajas*, die

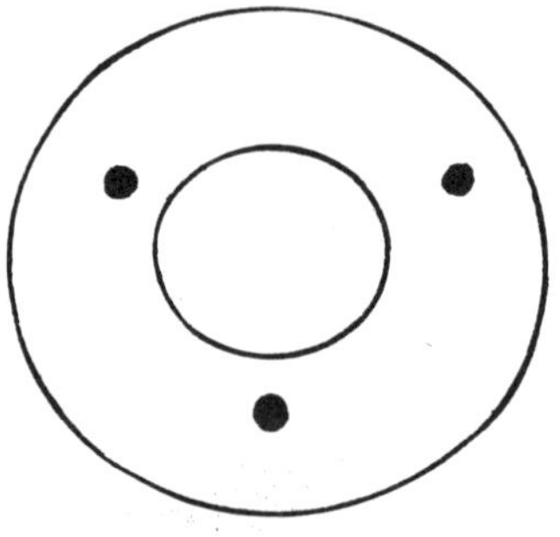

Die drei *guṇas* – *sattva*, *rajas* und *tamas*.

Substanz der Energie, die Bewegung, Kraft, Menge und Ausweitung hervorbringt und den Widerstand überwindet; und *tamas*, die Substanz der Materie, die als Masse oder Trägheit den gegensätzlichen Kräften Widerstand bieten. Zu Beginn eines kosmischen Kreislaufs ruht der Prozeß der Evolution. Die drei *guṇas* befinden sich in einem vollkommenen Gleichgewicht und durchdringen sich gegenseitig im unendlichen Sein, der *prakṛiti.* Sie treten weder in Wechselbeziehung zueinander noch zeigen sie ein eigenes Sein. Nach der Sāṃkhya-Lehre besitzen sowohl die Energie als auch die Materie die Eigenschaften von Menge und Dauer, eine Ansicht, die mit den modernen Vorstellungen von Energie und Materie übereinstimmt.

Die Evolution beginnt mit der Störung dieses ursprünglichen Gleichgewichts durch den transzendentalen bzw. gewissermaßen magnetischen Einfluß von *puruṣa* (das Universum des Bewußtseins) auf *prakṛiti*, die sich in einem Zustand des Gleichgewichts oder der gleichgewichtigen Trance befindet. Ungleichgewicht unterbricht die gleichmäßige gegenseitige Durchdringung der drei *guṇas* und drängt sie zu einem Zustand, in dem eines oder zwei den anderen relativ überlegen sind, wodurch eine schöpferische Verwandlung und damit die Entfaltung von Bewegung *(parispanda)* angeregt wird.

Die Vielfalt der Phänomene ergibt sich aus der besonderen Kombination der *guṇas*, die sich ununterbrochen vereinigen und trennen. Obwohl sie zusammenwirken, um die Welt der Bedingtheiten hervorzubringen, verschmelzen sie nicht miteinander. Alle *guṇas* sind in jeder Manifestation in einer potent-latenten oder sublatenten Form gemeinsam gegenwärtig: zum Beispiel im materiellen System, in welchem *tamas*, die Substanz der Materie, vorherrscht, ist die Masse potent, die Energie latent und die Substanz der Intelligenz sublatent. Die Gesamtheit der *guṇas*, ob im verwirklichten oder potentiellen Zustand, bleibt immer gleich, da sie weder erschaffen noch zerstört werden können, was sowohl auf das Prinzip der Erhaltung der Energie-Substanz und der materiellen Substanz als auch auf deren Verwandlung hinweist.

Evolution basiert auf der Anerkennung eines Naturgesetzes, nach dem jede Entwicklung »von einer relativ weniger differenzierten, weniger festgelegten, weniger zusammenhängenden zu einer relativ differenzierteren, festgelegteren, zusammenhängenderen Ganzheit« verläuft. Daraus ist zu schließen, daß, obwohl es fortlaufende Verwandlungen und Weiterentwicklungen der Kategorien gibt, die Substanz sich nicht ändert; mit anderen Worten, die Differenzierung in Kategorien läuft innerhalb eines geordneten Ganzen ab. Dieser Zustand hält an, bis das instabile Gleichgewicht dazu neigt, den Lauf des Geschehens und die Anordnung der Abfolge umzudrehen, um zum ursprünglichen stabilen Gleichgewicht der *prakṛiti* zurückzukehren, wobei alle *guṇas* die gleiche Durchdringung aufweisen. Dies entspricht einem Zustand, in dem sich Energie und Masse in völliger Auflösung befinden. Damit ist der Prozeß der Evolution dank den unabänderlichen kosmischen Prinzipien eine unaufhörliche Manifestation eines zwiefältigen Ablaufs.

Die Sāṃkhya-Lehre stellt die Behauptung auf, daß im Laufe der Evolution Materie und Geist sich gleichzeitig aus dem ursprünglichen Fluß der Energie heraus entwickelt haben. Zuerst entwickelt sich das Erkennen als Essenz des Kosmos, das sich in zwei aufeinander abgestimmte Linien verzweigt, um die Welt der Erscheinungen hervorzubringen. Diese zwei sind: die »Linie der Objekte«, die die grobe Materie und ihre Kräfte entstehen läßt, und die »Linie des Subjektes«, aus der alle Erscheinungsformen des Geistes ausgehen, wie Intelligenz, Wille, Sinneswahrnehmung, Ich-Empfindung und ähnliches, die alle unter dem allgemeinen Begriff »Geist-Substanz« zusammengefaßt werden können. In einem physikalischen Versuch, Materie und Geist miteinander zu verbinden, postuliert der hervorragende Astronom V. A. Firsoff die Existenz von extrem feinen Partikelchen der Geist-Substanz oder »Mindons« von quasi ätherischer Qualität. Er behauptet, daß der Geist »eine universale Entität oder Wechselbeziehung derselben Art wie die Elektrizität oder die Erdanziehungskraft sei und daß es einen ›Modus der Verwandlung‹ geben müsse, der der berühmten Einsteinschen Gleichung $E=mc^2$ entspricht, wonach ›Geist-Substanz‹ mit anderen Entitäten der physikalischen Welt gleichgesetzt werden könnte.«[21]

Nach einer Reihe von subtilen Verwandlungen erfolgt eine weitere Differenzierung und Integration, wodurch die universale Energie des Kosmos in verschiedene Kategorien von infra-atomaren potentiellen Einheiten der Energie, *tanmātras* genannt, verwandelt wird, die weder sichtbar noch meßbar sind. Die *tanmātras* ergeben sich aus der Einwirkung der Energie auf die feinstoffliche Materie, *bhūtādi*, die vollkommen einheitlich und träge ist, wenn das ursprüngliche Gleichgewicht sich seinem Ende nähert. Die infra-atomaren potentiellen Energie-Einheiten besitzen nicht nur Masse, Energie und Menge, sie werden darüber hinaus charakterisiert durch die Kräfte des Drucks, der abstrahlenden Hitze und der bindenden Anziehungskraft. Außerdem sind sie mit spezifischen Energien geladen: die Klangpotentiale – repräsentiert durch die Energie der Schwingung; Berührungspotentiale – die Energie des Anstoßes oder des mechanischen Druckes; Farbpotentiale – die Energie von abstrahlender Hitze und Licht; Geschmackspotentiale – die Energie von zäher Anziehungskraft; Geruchspotentiale – Energie von bindender Anziehungskraft. Aus diesen entstehen durch einen Prozeß des »Verdichtens und Ordnens« der korrespondierenden *tanmātras* die fünf grobstofflichen Atom-Kategorien: Raum *(vyoman)*, Luft *(marut)*, Feuer *(tejas)*, Wasser *(ap)* und Erde *(kṣiti)*.

Der Grundgedanke dabei ist, daß das Universum sich nicht aus Atomen entfaltet, sondern daß die Atome das dritte Stadium in der Gestaltung des Universums sind. Alle Arten von infra-atomaren Kräften werden mit dem grobstofflichen Element aufgeladen, das seinerseits zusammen mit der Ur-Einwirkung der Energie auf *bhūtādi* das nächste infra-atomare Potential erzeugt. Zum Beispiel ist das erste, was ausströmt, das Klangpotential, welches das Proto-Atom des Raumes erzeugt; dann erzeugt das Atom des Raumes zusammen mit der Ur-Einwirkung der Energie das *tanmātra* des Berührungspotentials und das Atom der Luft; das Atom der Luft erzeugt dann zusammen mit der Ur-Einwirkung das

Bindu. Das Universum in seiner unmanifestierten Form wird als kleinster Punkt gedacht, von dem die Expansion der Welt ausgeht und in den sie, den kosmischen Kreislauf vollendend, wieder zurückkehrt. Rajasthan, ca. 18. Jahrhundert. Gouache auf Papier.

Farbpotential usw. Die grobstofflichen Elemente sollten nicht mit den elementaren Substanzen verwechselt werden; diese repräsentieren abstrakte Prinzipien auf der Basis ihrer Eigenschaften.

Dr. B. N. Seal stellt die aufeinanderfolgenden Stufen der Kosmogenese sozusagen aus der Vogelperspektive dar: »Aus der alles durchdringenden rudimentären Materie *(bhūtādi)* taucht *ākāśa* (Äther) auf, zuerst als ein *tanmātra* (feinstoffliche Materie), das mit der potentiellen Energie des Klanges (Schwingungspotential) geladen ist, und dann als eine atomare Zusammenballung von mono-*tanmātrischer* Struktur, das *ākāśa*-Atom, das ebenfalls allgegenwärtig und umfassend ist. Im nächsten Stadium finden wir eine neue Art von *tanmātras,* Systeme von infra-atomaren Schwingungspartikeln, die so arrangiert sind, daß sie eine neue Form der Energie manifestieren, jene des Anstoßes oder des mechanischen Druckes, und diese *tanmātras,* die sich mit den Schwingungspotentialen *(ākāśa-tanmātra)* verbinden, ergeben eine neue Art von Atomen, das di-*tanmātrische vāyu*-Atom, das durch Aggregation eine gasförmige Hülle bildet, zusammengesetzt aus aufeinanderprallenden (antreibenden) Schwingungspartikeln *(vāyu)*. Als nächstes erscheint die dritte Klasse von *tanmātras*, infra-atomare Systeme von aufeinanderprallenden Schwingungspartikeln, die durch ihre Anordnung eine neue Form der Energie entwickeln – die Energie abstrahlender Hitze und Licht. Diese *tanmātras*, die sich mit den Potentialen *(tanmātra)* der Schwingung und des Anstoßes vereinigen, produzieren eine neue Art von Atom – das tri-*tanmātrische tejas*-Atom, die Licht- und Hitze-Partikel, die durch Aggregation die gasförmige Welt in riesige Flammen einhüllt. Im nächsten Stadium haben wir die vierte Kategorie von *tanmātras*, neue und komplexe infra-atomare Systeme von abstrahlenden aufeinanderprallenden Schwingungspartikeln, aus denen sich die Energie der flexiblen Anziehungskraft wie auch das Energiepotential des Geschmacks-Stimulus entwickeln. Diese *tanmātras*, die sich mit den drei vorhergehenden vereinigen, lassen eine andere Kategorie von Atomen entstehen, das *tanmātrische ap*-Atom. Darauf schlagen die flammenden Gase sich in Form kosmischer Massen von zähflüssiger Materie *(ap)* nieder. Schließlich erscheint die fünfte Kategorie von *tanmātras*, infra-atomare Systeme von zähflüssigen, strahlenden, aufeinanderprallenden Schwingungspartikeln, die eine neue Form der Energie entwickeln – die Energie der bindenden Anziehungskraft wie auch die potentielle Energie des Geruchreizes. Diese *tanmātras*, die sich mit den vier anderen Arten von infra-atomaren feinstofflichen Partikeln vereinigen, bilden eine weitere Kategorie von Atomen, das penta-*tanmātrische* Erd-Atom. So wird die zähflüssige Materie zum Erd-*bhūta* verdichtet und verwandelt, das den größten Teil der sogenannten Elemente der Chemie enthält. «[22]

Die Evolution des stofflichen Universums wird immer in Beziehung zu Raum, Zeit und Kausalität betrachtet. Zeit ist ein eindimensionales Kontinuum, das zwischen »damals« oder »dann« und »jetzt« unterscheidet. Ein Moment oder ein Augenblick ist die absolute, nicht weiter reduzierbare Einheit dieses Kontinuums. Ein Moment stellt auch den absoluten Augenblick des Wechsels oder den blitzschnellen Übergang eines Atoms von einem Punkt des Raumes zum anderen dar. Im Ablauf der Zeit ist nur ein einziger Moment jeweils wirklich, und das gesamte Universum entfaltet sich in diesem einzigen Moment; das übrige – Vergangenheit und Zukunft – sind potentielle oder sublatente Phänomene. Zeit ist relativ und hat keine objektive Realität, da sie immer nur in Beziehung zu etwas Vorhergehendem oder Folgendem gedacht werden kann. Raum wird, wie die Zeit, ebenfalls als nur relativ betrachtet, da er

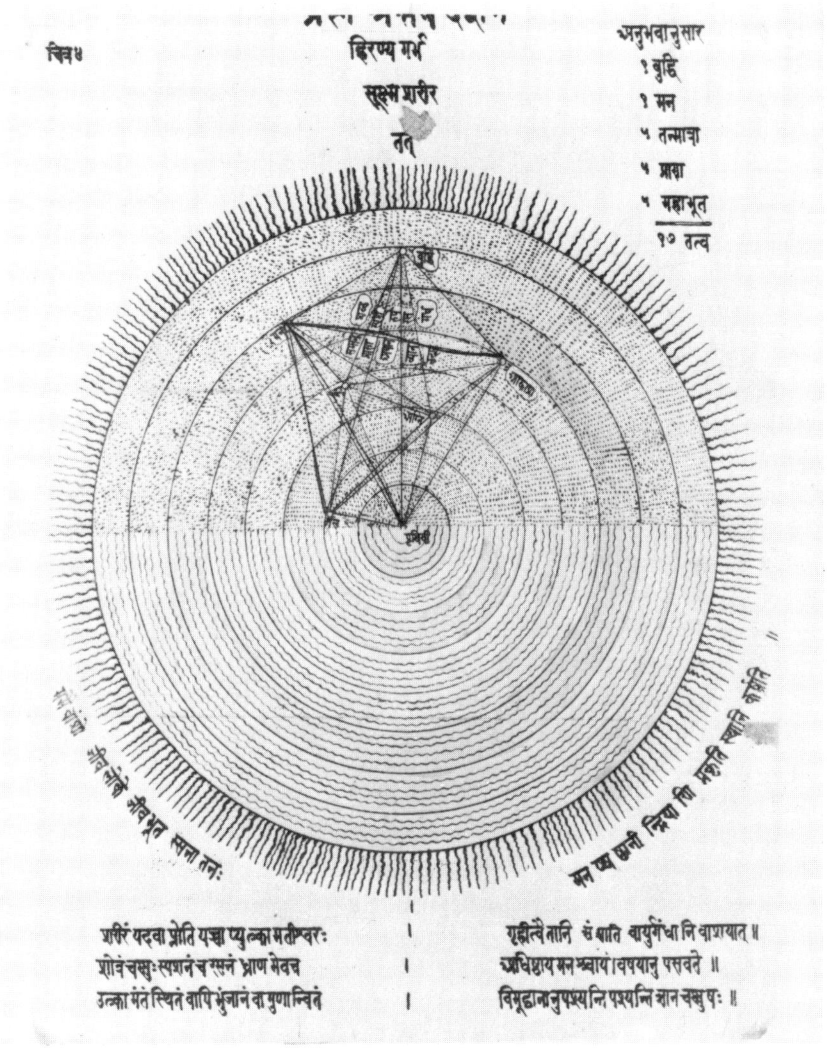

Kosmischer Plan, der die Wechselbeziehung zwischen den elementaren Kräften und den Energiekreisen, von denen die Erde umgeben ist, darstellt. Rajasthan, frühes 19. Jahrhundert. Tinte auf Papier.

auf der Grundlage von Beziehung und Position beruht. Diese beiden Kategorien sind Formen der Intuition unseres empirischen Bewußtseins und sind nur im Rahmen endlicher Begrifflichkeit wirklich. Die Widersprüche und Unstimmigkeiten der alten wissenschaftlichen Theorien zwangen Einstein, dem Raum-Zeit-Kontinuum neue Eigenschaften zuzuschreiben. Nach ihm sind Raum und Zeit keine absoluten Qualitäten, die dem Universum auferlegt sind, sondern haben nur dann eine Bedeutung, wenn Beziehungen zwischen Geschehnissen und Systemen festgelegt werden sollen. Die alten indischen Denker haben diesen Aspekt ebenfalls besonders hervorgehoben.

Im Sāṃkhya-System sind Ursache und Wirkung mehr oder weniger entwickelte Formen derselben Ur-Energie. Die Summe der Wirkungen existiert potentiell in der Summe der Ursachen. Das Hervorbringen von Wirkungen bedeutet nur einen inneren Wechsel in der Anordnung der Atome, die schon in potentieller Form in der Ursache gegenwärtig sind. Das materielle Universum ist – als Produkt – nur eine Veränderung der Erscheinungsform der *prakṛiti* und der drei *guṇas.* Nach dem Physiker Joseph Kaplan ist das hier enthaltene Prinzip identisch mit dem, was in der westlichen Physik als das Prinzip der Schichtung bekannt ist: »In unserer modernen Beschreibung der Natur gehen wir folgendermaßen vor: Wir wollen zum Beispiel ein Molekül des Nitrogen beschreiben. Anstatt einen genauen Bericht über seine Struktur zu geben, wie wir es tun würden, wenn es darum ginge, einen Stuhl oder ein Haus zu beschreiben, sagen wir, daß das Molekül am besten für experimentelle Zwecke beschrieben wird, indem alle möglichen Energiezustände angegeben werden, in denen sich das Nitrogen-Molekül befinden kann, und indem dann jedem dieser Stadien eine Zahl beigegeben wird, die sein relatives Gewicht angibt, also die relative Anzahl, wie oft dieser Zustand im Vergleich zu den anderen Zuständen auftritt. So ist das Molekül nicht etwas, das nacheinander verschiedene Zustände annimmt, sondern es ist die Zustände selbst. Ein Würfel ist die Summe der Möglichkeiten, in denen sie auftreten können. Dieses Prinzip nennt man das Prinzip der Schichtung. In dieser Weise repräsentieren die drei *guṇas* das Universum, und so wie diese drei in verschiedenen relativen Stärkegraden auftreten können, so sind die Eigenschaften der Dinge determiniert.«[23]

Die Anschauung des Sāṃkhya-Systems, daß es einem Element möglich ist, sich in ein anderes zu verwandeln, befindet sich in Übereinstimmung mit der modernen Physik. Kaplan kommentiert weiter: »Die Wandelbarkeit der Elemente hat sich auf vielerlei Weisen bewiesen. Es ist zum Beispiel möglich, bestimmte Elemente durch Bombardieren mit extrem schnell sich bewegenden geladenen Partikeln in andere umzuwandeln und sogar Elemente herzustellen, die in der Natur nicht auftreten, weil sie instabil, d. h. radioaktiv, sind. Wir gehen sogar noch weiter. Es ist möglich, Materie, wie etwa Elektronen, aus Strahlung (Licht) zu produzieren. So ist der letzte Baustein des Universums, nach Ansicht des Physikers, die Energie der Strahlung, d. h. Licht. Somit befindet sich die Sāṃkhya-Theorie in völliger Übereinstimmung mit den neuesten Erkenntnissen der Physik. Hier ist folgende Anmerkung von Interesse: Die Atomtheorie ist das Produkt des westlichen Denkens. In seiner naiven Art verallgemeinert der westliche Wissenschaftler die Erfahrung, daß die Materie bis zu einem letztmöglichen Teilchen spaltbar ist, zu einer Atom-Theorie, die viele Elemente voraussetzt. Der Hindu-Philosoph geht viel weiter und reduziert alles auf ein einziges Element.«[24]

Klang

Die Bedeutung des Klanges und seiner grundlegenden Schwingungen wurde im indischen Denken bis in die Einzelheiten erforscht und erklärt. Im Nyāya-Vaiśeṣika-System beruht die hypothetische Analyse des Klanges in bezug auf seinen physikalischen Aspekt und die Weise seiner Ausdehnung auf folgendem: Der Klang wird als eine spezifische Qualität des Raumes betrachtet. Die physikalische Basis des Klanges wird bis zu einem mechanischen Anstoß zurückverfolgt, der bestimmte Schwingungen in den Molekülen des angestoßenen Objektes erzeugt, die dann ihrerseits gegen die sie umgebenden Moleküle der Luft prallen und so den Klang hervorbringen. Der Klang verbreitet sich im Raum wie Wellen im Ozean, und es heißt, er nehme in den aufeinanderfolgenden konzentrischen Schichten der Sphäre zu, und zwar in der Art von Linien, die auseinander hervorgehen. Ferner nimmt man an, daß der Klang entsprechend einer absteigenden Skala der Feinheit unterschieden werden kann: *sphoṭa* oder transzendentaler Klang; *nāda* oder Hochfrequenz-Klang, der hörbar ist, aber nicht unbedingt gehört wird; und *dhvani*, der normalerweise hörbare Klang. Der deutlich hörbare Klang, den wir alle wahrnehmen, ist Dhvani.

Die Basis für diese Auffassung vom Klang ist eine Lehre, die in Tantras als *Sphoṭavāda* beschrieben wird. Sie ist die Grundlage der tantrischen Mantras, die einen wesentlichen Teil der Rituale bilden. Durch Wiederholung von Klangsilben werden Schwingungsrhythmen im Körper erzeugt, um psychische Felder zu aktivieren. Alles, von der subtilsten Idee bis hin zur gröbsten Form der Materie ist ein Produkt der Verdichtung von einfachen oder komplexen Schwingungsverbindungen. Jedes Objekt hat sein Klangmuster als eine Begleiterscheinung seiner Energie. Darum sind Schwingungen eines der vielen Ergebnisse des Klanges, nicht aber, wie so oft angenommen wird, seine Ursache.

Die Lehre des *Sphoṭavāda* postuliert die nicht erklärbare Feststellung, daß es einen transzendenten Klang ohne Schwingung im Ultraschall-Bereich gäbe, der deshalb in den Grenzen des normalen Spektrums unseres physiologischen Ohres unhörbar ist. Dieser nicht-schwingende Klang wird als »schweigender Klang«, »statischer Klang«, »nicht angeschlagener

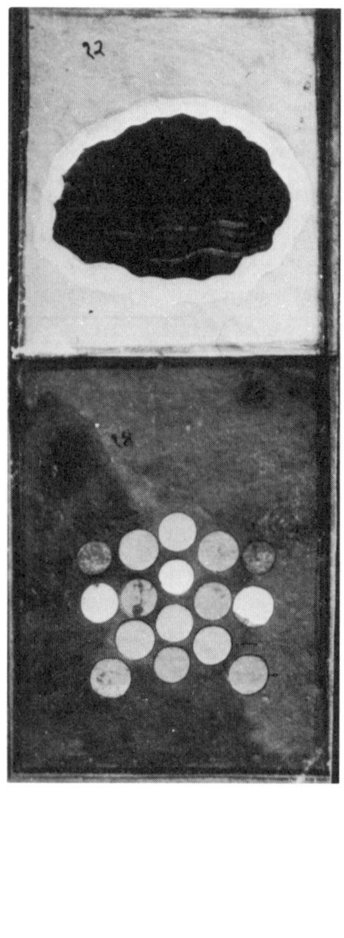

Payodhi-jala, Ur-Wasser. Die Kraft des manifestierten Universums, ob Ur-Gewässer oder Ur-Atome, ist der Ursprung allen Seins. Rajasthan, ca. 18. Jahrhundert. Gouche auf Papier.

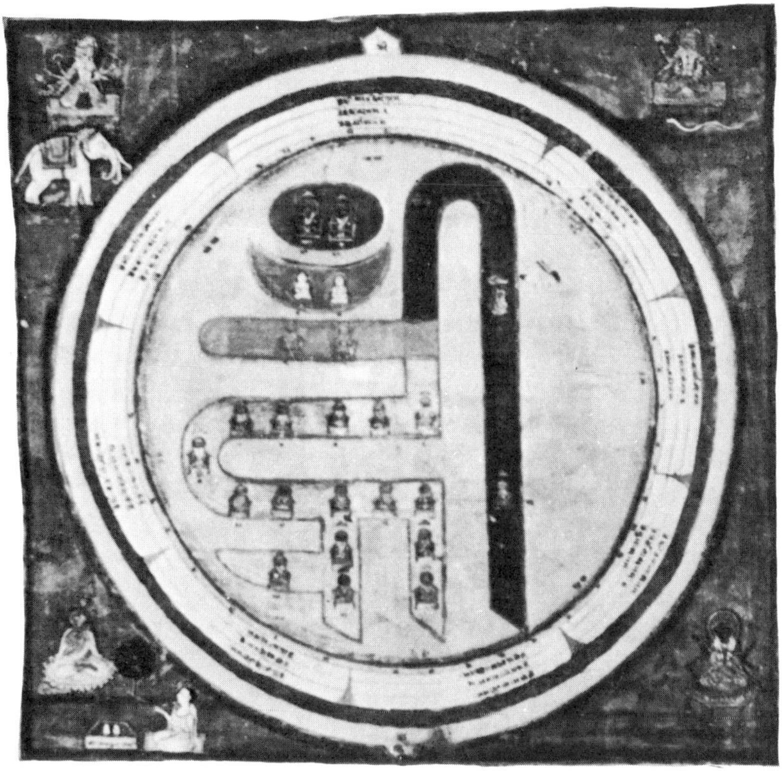

Oṃ. Rajasthan, ca. 18. Jahrhundert. Gouache auf Papier.

Klang« oder *anāhata-dhvani* bezeichnet. Dieses Postulat führt uns zu der Annahme, daß es nirgendwo ein Vakuum gibt. Das Universum ist ein Kontinuum von unbedingter Vollständigkeit, ein Zustand in der Schwingungsskala, der mit dem vor-kreativen Zustand der *prakṛiti* gleichgesetzt werden kann. Der allererste Klang, der durch eine verursachende Spannung erzeugt wird, heißt *parāśabda.* Diese Lehre vertritt auch die Ansicht, daß, obwohl die absolute Qualität des Klangpotentials »Schweigen« ist, es auf der endlichen Ebene verschiedene Schwingungsgrade erzeugt, die Licht und Raum entstehen lassen. Jede Schwingung besitzt ihr eigenes Volumen und ihre eigene Struktur, die entsprechend der Dichte des Klanges variieren. Es heißt, daß der Klang sich je nach Tonhöhe, Rhythmus, Volumen, Frequenz, Geschwindigkeit und Harmonie mehr und mehr differenziert. Wenn darum der passende Akkord der Oktave eines Objekts angeschlagen wird, kann dieses damit belebt, umgebildet oder zerstört werden. Aufgrund dieser Konzeptionen werden Techniken und Abläufe von Klangsilben und ihre visuellen Entsprechungen in den Mantra- und Yantra-Ritualen verwendet.

Atome

Die Atom-Hypothese des Nyāya-Vaiśeṣika erklärt die Eigenschaften der Materie und das Wesen der Atome und Moleküle. Das Atom, im Sanskrit *aṇu,* ist unsichtbar und ungreifbar, wird aber, wenn es einen Zustand der Greifbarkeit annimmt, *paramāṇu* genannt. Das *paramāṇu* oder die kleinstmögliche Dimension eines elementaren Teilchens wird im allgemeinen als zwischen 1/1.000.000 und 1/349.525 eines Zolles liegend gerechnet. Anhäufungen von Atomen produzieren das Molekül oder *sthūla bhūtani,* welches das sichtbare Universum hervorbringt. Vier Arten von Atomen werden im Vaiśeṣika-System unterschieden, und jedes besitzt charakteristische Eigenschaften wie Zahl, Menge, spezifische Eigenart, Masse, Gravitation, Fließbarkeit, Geschwindigkeit und bestimmte Fähigkeiten der Sinnesanregung. Diese vier Arten von Atomen entsprechen den grobstofflichen Erscheinungsformen der Materie: Erde, Wasser, Feuer und Luft (das fünfte Element, Äther oder Raum, wird in seiner Struktur als nicht-atomar betrachtet, es dient nur als Ort des Klanges). Die Atome, die von sphärischer Gestalt sind, haben eine charakteristische Schwingungs- oder Rotationsbewegung. Sie haben einen ihnen innewohnenden Impuls zur Vereinigung, um Moleküle zu bilden, und solange sie nicht dem Einfluß von Hitzekorpuskeln unterworfen sind, vereinigen sich Atome derselben elementaren Substanz, um homogene, binäre Moleküle zu bilden.

Unter dem Einfluß ihrer grundsätzlichen Tendenz, sich zu größeren Aggregaten zu vereinigen, verbinden sich binäre Moleküle, um dreifältige oder vierfältige Moleküle zu bilden. Auf diese Weise ergibt sich die Vielfalt von Substanzen, die derselben Kategorie von Elementen angehören, aus der molekularen Kombination der Atome dieses Elements. Andererseits werden Zusammensetzungen von mehreren Elementen *(bhūta)* durch die Vereinigung von Atomen derselben heterogenen Substanzen gebildet.

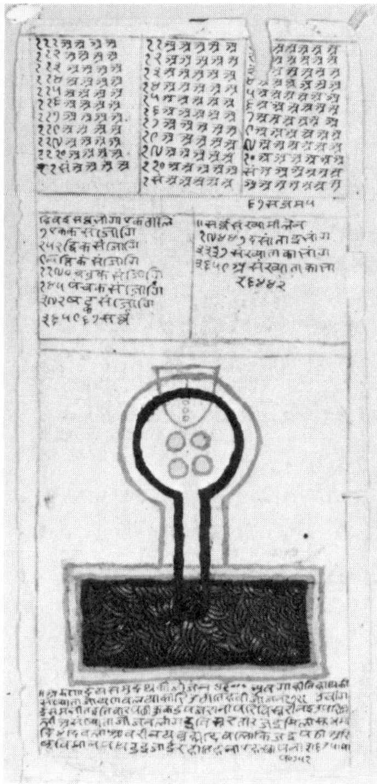

Diagramm einer astronomischen Berechnung. Rajasthan, ca. 18. Jahrhundert. Tinte und Farbe auf Papier.

Die Atomtheorie des Jaina-Systems bietet eine interessante Hypothese über die Bildung von chemischen Verbindungen. Laut dieser Theorie, die kurz nach der Zeitenwende formuliert wurde, reicht ein bloßer Kontakt zwischen zwei Atomen oder Molekülen nicht aus, um eine Verbindung hervorzubringen. Eine solche beruht eher auf einer Verhakung miteinander, die der Verbindung als solcher vorhergehen muß. Diese Verhakung kann nur zwischen zwei Teilchen von gegensätzlicher Art stattfinden; es ist jedoch keine Verbindung möglich, wenn die gegensätzlichen Eigenschaften zu schwach oder zu mangelhaft ausgeprägt sind. Andererseits können sich Teilchen mit homogenen Eigenschaften nur dann zu Molekülen vereinigen, wenn die Stärke und Intensität des einen Teilchens mindestens doppelt so groß ist wie die des anderen. Das Verhaken bildet die Basis aller qualitativen Umwandlungen der Atome. Diese Anschauung ist der dualistischen Hypothese, die von dem schwedischen Chemiker Berzelius über chemische Verbindungen aufgestellt wurde, sehr ähnlich.

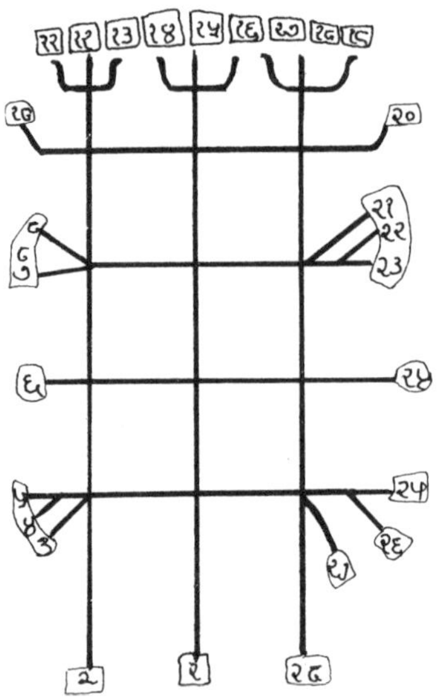

Sūryakālānala-cakra.

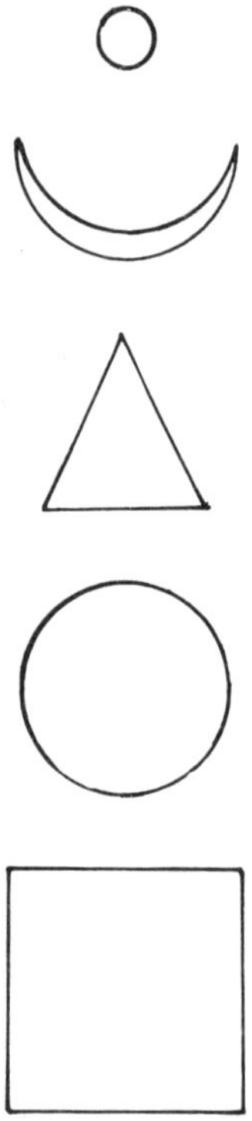

Die fünf Elemente in aufsteigender Anordnung.

So entwickelten verschiedene Systeme des indischen Denkens unterschiedliche Theorien über den Ursprung, die Zusammensetzung und die Struktur der Materie. Diese Vielfalt trug wesentlich zum Erstellen wissenschaftlicher Konzeptionen bei, die sich unabhängig von methodischer Erforschung des stofflichen Universums anwenden ließen, wie auch zur Entwicklung von Wissenszweigen wie etwa Chemie, Alchemie und Medizin.

Alchemie

Alchemie und Medizin entstanden als notwendige Hilfsmittel zur Erfüllung der spirituellen Zielsetzungen. Das Hauptanliegen der Alchemie war neben der Umwandlung von Substanzen die Gewinnung des Lebenselixiers, um einen Zustand des physischen Gleichgewichts und der unveränderlichen Dauer zu schaffen, so daß alle Energien des Körpers vereinigt waren. Man muß hinzufügen, daß die psychischen Veränderungen, die der Einnahme von alchemistischen Präparaten folgten, nicht um ihrer selbst willen, sondern für höhere spirituelle Zwecke herbeigeführt wurden.

Die hinduistische Alchemie kann bis zur vedischen Periode zurückverfolgt werden. Im *Ṛig Veda* wird der Saft der Somapflanze *(soma rasa)* als *amṛita* beschrieben, das dem griechischen Ambrosia verwandt ist. Trotz der unterschiedlichen Meinungen über die Merkmale und die Eigenschaften des Soma wird im allgemeinen anerkannt, daß er ein außerordentlich wirkungsvolles Euphoricum gewesen sein muß. Fachleute stimmen darin überein, daß es sich um eine milchige Kletterpflanze handelte, höchstwahrscheinlich Asclepias acida oder Ephedra oder eine Art wilden Weines. Um den Saft auszupressen, wurden Somapflanzen zwischen zwei Steinen zerstoßen oder in einem Mörser zerstampft; die so gewonnene Flüssigkeit wurde dann durch Schafwolle gefiltert und mit Milch, Butter oder Honig vermischt. Die Texte beschreiben die Wirkung auf den Körper eindrucksvoll als das »Brüllen eines Stieres«. Der Soma war eine unerschöpfliche Quelle der Kraft und Vitalität; er erhöhte die sexuelle Energie, regte die Sprache an und hatte heilende Eigenschaften.

Obwohl das alchemistische Wissen im alten Indien weitentwickelt war, erreichte es wie der Tantrismus in der Zeit vom 7.–13. Jahrhundert seinen Höhepunkt. Die Tantriker hatten ein tiefes Wissen vom Körper und seinen kosmischen Bezogenheiten; sie kannten die vielen verschiedenen Techniken, durch die sie den Körper mittels Quecksilber, Medikamenten, Atemübungen und helio-therapeutischer Meditation anregten.

In den alchemistischen Experimenten befaßte man sich hauptsächlich mit der Rückführung der Elemente in ihre ursprüngliche Form und mit ihrer anschließenden Verwendung. Man nahm an, daß es einen Ur-Stoff gäbe, eine erste Substanz, aus der das ganze Universum gebildet sei. Dieses Ur-Element konnte man zu Pulver verwandeln oder ausfällen – als Asche eines Stoffes oder als das zurückbleibende Sediment einer Flüssigkeit – und durch Brennen und Erhitzen des Elements greifbar machen, so daß alle Zusatzstoffe beseitigt werden konnten. Deshalb wurde diese Reduktion von Substanzen zu Asche als eine Form der Reinigung betrachtet. Und so ist Asche auch das grundlegende bindende Element bei der Zubereitung des Lebenselixiers. Zur weiteren Reinigung muß Asche in einer noch elementareren Substanz aufgelöst werden, die als Flüssigkeit *(rasa)* bezeichnet wird. Die ursprüngliche Form aller Dinge war an das kosmische Meer oder an das nasse Element gebunden, und nahezu alle Formen des Flüssigen – Saft, Wasser, Blut – wurden als Medizin verwendet.

Die chemische Theorie von organischen und anorganischen Verbindungen in den vorherrschenden medizinischen Schulen, besonders jener des Caraka (80–180 n. Chr.), trug viel zum Wissen bei, wie die Eigenschaften von Substanzen sich miteinander verbinden lassen. Die physikalischen Charakteristika der fünf feinstofflichen Elemente und ihre isometrischen Erscheinungsformen wurden wie folgt klassifiziert:

Erd-Substanzen: schwer, grob, hart, träge, dicht, undurchsichtig; den Geruchssinn anregend.

Wasser-Substanzen: flüssig, klebrig, kalt, weich, schlüpfrig; den Geschmackssinn anregend.

Feuer-Substanzen: heiß, durchdringend, subtil, leicht, trocken, klar, dünn und leuchtend.

Luft-Substanzen: leicht, kalt, trocken, durchsichtig, dünn, anprallend.

Äther-Substanzen: unwiegbar (oder leicht), dünn, elastisch; klangfähig (Schwingungen).

Jede dieser Substanzen weise, so nahm man an, eine fünffache Zusammensetzung auf, die das Normale weit überschreite, so daß sie in diesem Sinne eine Kombination der fünf ursprünglichen feinstofflichen Elemente sei, von denen ein jedes in einem kleineren oder größeren Verhältnis in einer bestimmten Substanz gefunden werden kann. So ist Äther der Träger von Luft, Hitze, Licht und Wasser; Luft ist eine Kombination von Wasserdampf, Licht, Hitze und sogar von fünf Teilchen Erde, die in einem nicht festgelegten Zustand gehalten werden. Die Farbe und die sinnlichen Qualitäten einer Substanz resultieren aus ihrer Struktur, der Anordnung ihrer psysikalisch-chemischen Eigenschaften, die ein Ergebnis der relativen Vorherrschaft einer spezifischen Substanz in ihrer Zusammensetzung sind.

Die Quintessenz aller Substanzen war Quecksilber. In allen alchemistischen Abhandlungen des Tantrismus bedeutet der Begriff *rasa* soviel wie Quecksilber; die medizinischen Präparate bestanden hauptsächlich aus Quecksilber. Obwohl man annahm, daß die Quecksilberverbindungen theoretisch durch das Verschmelzen von Quecksilber und Luft, Quecksilber und Blut, Quecksilber und Samen oder Quecksilber und verschiedenartiger Aschen hergestellt werden sollten, wurden auch verschiedene andere Bestandteile verwendet, wie Glimmer, Schwefel, Gildpigment, metallische Sulfide, Zinnober, Zinkspat, diverse Alkaloide, Bitumen und Metalle wie Gold, Silber, Zink, Kupfer, Arsen und verschiedene Säuren.

Eine wichtige Abhandlung, das *Rasaratnākara*, das dem Tantriker Nāgārjuna (ca. 800 n. Chr.) zugeschrieben wird, ist eine Fundgrube vieler chemischer Informationen und alchemistischer Rezepturen. Der Text liefert wertvolle Hinweise über die verschiedenen Behandlungsformen des Quecksilbers, einschließlich des roten kristallinen Quecksilbersulfats, sowie über die Techniken für das Extrahieren von Quecksilber und Zink aus Zinkerz. Auch werden mehr als zwei Dutzend Apparaturen für Experimente im physikalisch-chemischen Bereich beschrieben. Ein anderes bedeutendes tantrisches Traktat, das *Rasārnava* (1200 n. Chr.) beinhaltet weiter Wissenswertes über die Chemie und ist damit ein direkter Wegbereiter der Iatrochemie. Eine sorgfältig ausgearbeitete Beschreibung der Lage, Konstruktion und Ausrüstung von chemischen Laboratorien findet sich im *Rasaratna-samuccaya,* einem iatrochemischen Traktat aus dem 13. Jahrhundert. Ein späteres Werk, das *Rasasāra* (dessen Name wörtlich »Quecksilber-Meer« bedeutet), befaßt sich ausschließlich mit Chemie und beschreibt achtzehn mit Quecksilber verbundene Prozesse.

Mehrere spezielle Vorgänge, bei denen Quecksilber benützt wird, und Beispiele von chemischen Zusammensetzungs- und Scheideverfahren mittels Verkalkung, Destillation, Abscheiden, Verdampfen, Verdichten und so weiter werden in den Texten, die sich mit Alchemie und Chemie befassen, genauestens besprochen; desgleichen verschiedene metallurgische Prozesse – Extraktion, Reinigung, Vernichtung, Verkalkung, Einäscherung, Pulverisierung, Lösung, Niederschlag, Spülen oder Waschen, Trocknen, Verdampfen, Schmelzen, Gießen und Füllen. Es folgt ein typisches Beispiel einer Rezeptur für einen Quecksilbertrank und der Apparatur, um diesen zu Asche zu reduzieren: »Quecksilber wird mit dem gleichen Gewicht Gold verrieben und dann [als Amalgam] weiterhin mit Schwefel, Borax usw. vermischt. Die Mixtur wird dann in einen Schmelztiegel gegeben und mit aufgesetztem Deckel leicht geröstet. Durch die Einnahme dieses Elixiers erlangt der Jünger einen Körper, der nicht dem Verfall unterliegt ... [Die Apparatur, das *garbha-yantra,* wird wie folgt beschrieben:] Stelle einen Schmelztiegel aus Ton her, vier Fingerbreit hoch und drei Fingerbreit weit, mit einer runden Öffnung. Nimm zwanzig Teile Salz und ein Teil Bedellium und zerstampfe sie fein, füge hin und wieder Wasser zu; bestreiche sodann den Schmelztiegel mit dieser Mixtur und mache darunter ein leichtes Feuer aus Reishülsen.«

Ein Text spricht von »getötetem Quecksilber«: »Wenn das Quecksilber sich färbt, nachdem es seinen flüssigen Zustand verloren hat, nennt man es ›in Ohnmacht gefallen‹. ›Getötetes Quecksilber‹ ist das, was kein Zeichen von Flüssigkeit, Beweglichkeit oder Glanz mehr zeigt. Wenn das Quecksilber, das die Farbe und den Glanz der aufgehenden Sonne angenommen hat, die Prüfung des Feuers besteht (d. h. noch nicht völlig verdampft ist), kann es als gebunden betrachtet werden.« (Rasaratnākara des Nāgārjuna).

Der *Siddhayoga* von Vṛinda ist ein ayurvedisch-tantrisches Traktat, das die äußeren und inneren Verwendungsarten des Quecksilbers erläutert. Ein Quecksilber-Präparat zur inneren Anwendung namens Parpatitamram gewann man, indem man Schwefel- und Kupfer-Sulfide zusammen mit Quecksilber zerstampfte und die Mischung in einem geschlossenen Schmelztiegel röstete. Das so gewonnene Produkt wurde mit Honig verabreicht. Durch dieses Verfahren entstanden wahrscheinlich Sulfide von Kupfer und Quecksilber. Quecksilbersulfide waren auch der Hauptbestandteil eines anderen Präparates namens Rasāmṛita-churan. Um es herzustellen, wurde ein Teil Schwefel mit halb soviel Quecksilber verrieben und dann mit Honig und geklärter Butter verabreicht. Getötetes Kupfer, Blauvitriol, Steinsalz und einige pflanzliche Bestandteile gaben zusammengemischt eine Salbe für die Augen.

Viele ausländische Indienreisende, vor allem Marco Polo, Al-Biruni und François Bernier beobachteten, daß bemerkenswerterweise Quecksilber als stärkendes Medikament und Anregungsmittel verabreicht wurde. Marco Polo berichtet in seiner Beschreibung »der ›chugchi‹ (= Yogis), die einhundertfünfzig bis zweihundert Jahre leben«, folgendes: »Diese Leute machen von einem fremdartigen Getränk Gebrauch, denn sie stellen ein Gemisch aus Schwefel und Quecksilber her und trinken dieses zweimal im Monat. Sie sagen, daß sie dadurch ein langes Leben gewinnen, und sie sind es gewohnt, diesen Trank von frühester Kindheit an einzunehmen.«

Trotz der scheinbaren Einfachheit dieser Rezepturen und Zubereitungsweisen soll man nicht glauben, daß die bloße mechanische Mischung bestimmter Ingredienzen eine sofortige Wirkung hervorbringe. Die Wirksamkeit dieser Formeln beruht in Wirklichkeit nicht auf wörtlichem Befolgen der alchemistischen Texte, sondern auf streng geheimen Prinzipien. Den Forschungen des zeitgenössischen Alchemisten Armand Barbault wurde mit einem Skeptizismus begegnet, der sich auf äußerst simple Meinungen stützt: »Armand Barbault, ein zeitgenössischer Alchemist, erreichte nach zwölf Jahren des Forschens, was er in seinem Buch *L'Or du millième matin* (Paris 1969) das ›Pflanzen-Gold‹ oder das Elixier des ersten Grades nennt. Dieses Elixier wurde von deutschen und schweizerischen Laboratorien eingehendst analysiert und geprüft. Es bestätigte seinen großen Wert und seine Wirksamkeit, besonders in der Behandlung von schweren Herz- und Nierenleiden. Aber es konnte nicht völlig analysiert und deshalb auch nicht synthetisiert werden. Seine Herstellung erforderte eine so große Sorgfalt und nahm so viel Zeit in Anspruch, daß schließlich alle Hoffnung auf kommerzielle Auswertung aufgegeben werden mußte. Die Wissenschaftler, die es überprüften, erklärten, daß sie sich einem neuen Zustand der Materie gegenübersähen, der geheimnisvolle und vielleicht zutiefst bedeutungsvolle Eigenschaften habe.«[25]

Das ist kein alleinstehender Fall. Dr. P. C. Ray betont in seiner *History of Hindu Chemistry* (»Geschichte der Hindu-Chemie«) nachdrücklich die Unerforschbarkeit der alchemistischen Zubereitungen und erzählt, daß Nāgārjuna, der Vater der indischen Alchemie, sich zwölf Jahre lang der Askese unterziehen mußte, bis er das verborgene Geheimnis erkannte. «[26]

Astronomie

Wie andere Richtungen des indischen Denkens kann auch die Astronomie in ihren Ursprüngen bis zu den Veden zurückverfolgt werden. Die natürlichen, regelmäßigen Kreisläufe der Himmelskörper waren den vedischen Ariern wohlbekannt. Das Gewölbe des Himmels wurde zum Beispiel ihrer Meinung nach von der ewigen Ordnung eines ihm innewohnenden universalen Prinzips regiert, von *ṛita* (wörtlich: der Lauf der Dinge), das die Bahnen und Phasen des Mondes und der Planeten, den Kreislauf von Tag und Nacht und das Auftreten von Eklipsen bestimmt.

Im *Jyotiṣa-Vedāṅga* und im *Sūrya-Prajñāpati* (ca. 400 v. Chr. bis 200 n. Chr.) finden sich die frühesten Hinweise auf die Astronomie der Hindus. Im Altertum entwickelte sie sich aus einem pragmatischen Nachsinnen über den Lauf der Gestirne, um die richtigen Zeiten für die jeweiligen Riten und Opfer berechnen zu können. Deshalb war die Astronomie von so zentraler Bedeutung und Notwendigkeit. Die wichtigsten Abhandlungen über die indische Astronomie waren die *Gārgī-saṃhitā* (ca. 230 n. Chr.), das *Āryabhaṭṭiya* von Āryabhaṭa (499 n. Chr.), das *Siddhāntaśek-*

hara von Śrīpati und das *Siddhānta-śiromaṇi* von Bhāskara II. (1114 – 1160 n. Chr.).

Zu Beginn der christlichen Ära führte ein gewaltiger Aufschwung in der astronomischen Forschung dazu, daß sie in einer Reihe von methodischen Studien feste Formen annahm; viele Werke von großer Bedeutung wie etwa die fünf *Siddhāntas,* von denen der *Sūrya-Siddhānta* wahrscheinlich am bekanntesten ist, wurden von dem Astronomen und Mathematiker des 6. Jahrhunderts, Varāhamihira, in seiner 550 n. Chr. herausgegebenen *Pañchasiddhāntikā* (die fünf astronomischen Systeme) gesammelt und zusammenfassend geordnet. In seinem hervorragenden Werk *Bṛihatsaṃhitā* (Das große Kompendium) beschreibt er die Bewegungen und Konjunktionen von himmlischen Körpern und ihre Bedeutung als Omen.

Die klassische Periode der alten indischen Astronomie wird mit Brahmagupta als beendet betrachtet, der das *Brahmasiddhānta* im Jahre 628 n. Chr. und das *Khaṇḍakhadyaka,* eine praktische Abhandlung über astronomische Berechnungen, im Jahre 664 n. Chr. herausgab. Āryabhaṭas' neue Theorie von den Epizyklen und seine Postulate hinsichtlich der Kugelgestalt der Erde, ihrer Rotation um ihre Achse und ihres Umlaufs um die Sonne sowie seine Formeln zur Bestimmung der physikalischen Parameter verschiedener himmlischer Körper (so z. B. die Durchmesser der Erde und des Mondes), die Vorhersage von Eklipsen und die mathematische Berechnung der genauen Jahreslänge waren bedeutende Leistungen, die modernen Ideen vorausgriffen und mit ihnen übereinstimmen. Āryabhaṭa veröffentlichte erstmals grundlegende Definitionen von trigonometrischen Funktionen und gab den ältesten Hinweis auf die Bedeutung der Null.

Die Wissenschaft der Mathematik war mit der Astronomie eng verbunden. Um genaue Vorhersagen mit Sicherheit treffen zu können, mußten astronomische Daten mittels differenziert ausgearbeiteter mathematischer Berechnungen gesammelt werden, und die alten Inder entwarfen ein wirkungsvolles Berechnungs-System, so daß sie mit höchst komplexen astronomischen Kalkulationen umgehen konnten. Moderne Zahlenschrift und Berechnungsmethoden kommen in erster Linie aus indischen Quellen und beruhen auf der Kombination von zwei grundlegenden Faktoren, dem Stellenwert, der den Ziffern beigelegt wurde, und dem Zeichen für Null. Die alten Hindu-Mathematiker erkannten, daß die Zahl sowohl abstrakt als auch konkret ist, und waren daher mit der Zahlen-Menge von Objekten und von räumlicher Ausdehnung wohlvertraut, was

Astronomische Berechnung, die auf dem *sarvatābhadra-yantra* basiert; sie ist aus neun Feldern zusammengesetzt, von denen jedes einen Aspekt des Universums darstellt. Kangra, Himachal Pradesh, ca. 18. Jahrhundert. Tinte und Gouache auf Papier.

zur Entwicklung von Algebra unerläßlich ist. Sie bestimmten quantitativ die Idee von »Besitz« und »Schuld«, um positiv von negativ unterscheiden zu können und um damit die Existenz von gegensätzlichen Quantitäten zu verdeutlichen. Sie entwickelten auch eine umfangreiche Reihe von Zahlworten wie auch Symbole und arithmetische Zeichen. Astronomische Tabellen wurden in diesem System zu Versen verdichtet, und Zahlen wurden mit Hilfe von Dingen, Begriffen usw. ausgedrückt. So konnte die Zahl eins durch den Mond oder die Erde bezeichnet werden, zwei durch

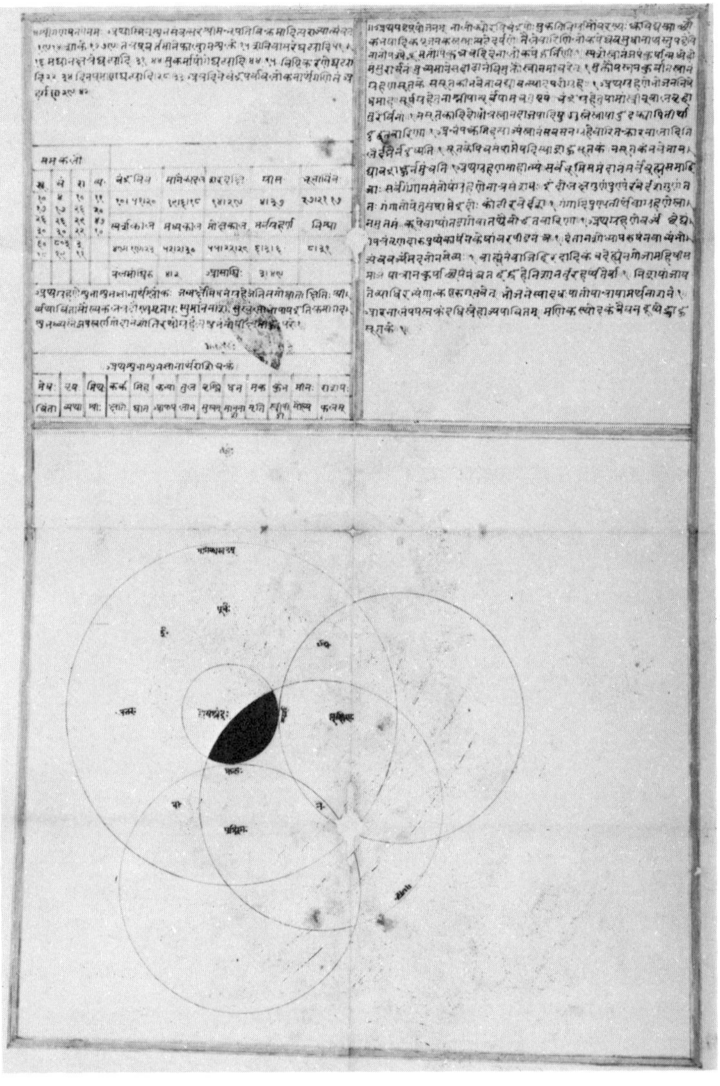

Astronomische Diagramme, die zur Bestimmung der mittleren Position eines Planeten benützt wurden. Rajasthan, ca. 18. Jahrhundert. Tinte und Farbe auf Papier.

Der Sonnenball. Eine astronomische Karte, die dazu dient, den Stand der Sonne, ihren Zenit, ihre Entfernung und ihre Neigung zu bestimmen, vor allem zur Ermittlung der geeigneten Stunden für Rituale. Rajasthan, ca. 18. Jahrhundert. Tinte und Farbe auf Papier. ▷

॥ अथ श्रीस्वस्य जन्मराशौ ग्रहत्वेन चैन्द्रग्रहणावलोकन ॥

धन	वृश्चिक	तुला	कन्या	सिंह	कर्क	मिथुन	वृष	मेष	मीन	कुंभ	मकर	राशी
१	२	३	४	५	६	७	८	९	१०	११	१२	चैनै
घा तक	द्रव्य व्यय	ज्ञा न	अंग दुःख	सेता नक्ष	सौख्य	स्त्री कष्ट	नि धन नष्ट	मान नाश	राज्य सुख	ज्ञा नघा तक	द्रव्य व्यय	फ ल
नेष्ठ	मध्य	श्रेष्ठ	नेष्ठ	मध्य	श्रेष्ठ	मध्य	नेष्ठ	मध्य	श्रेष्ठ	श्रेष्ठ	नेष्ठ	फल

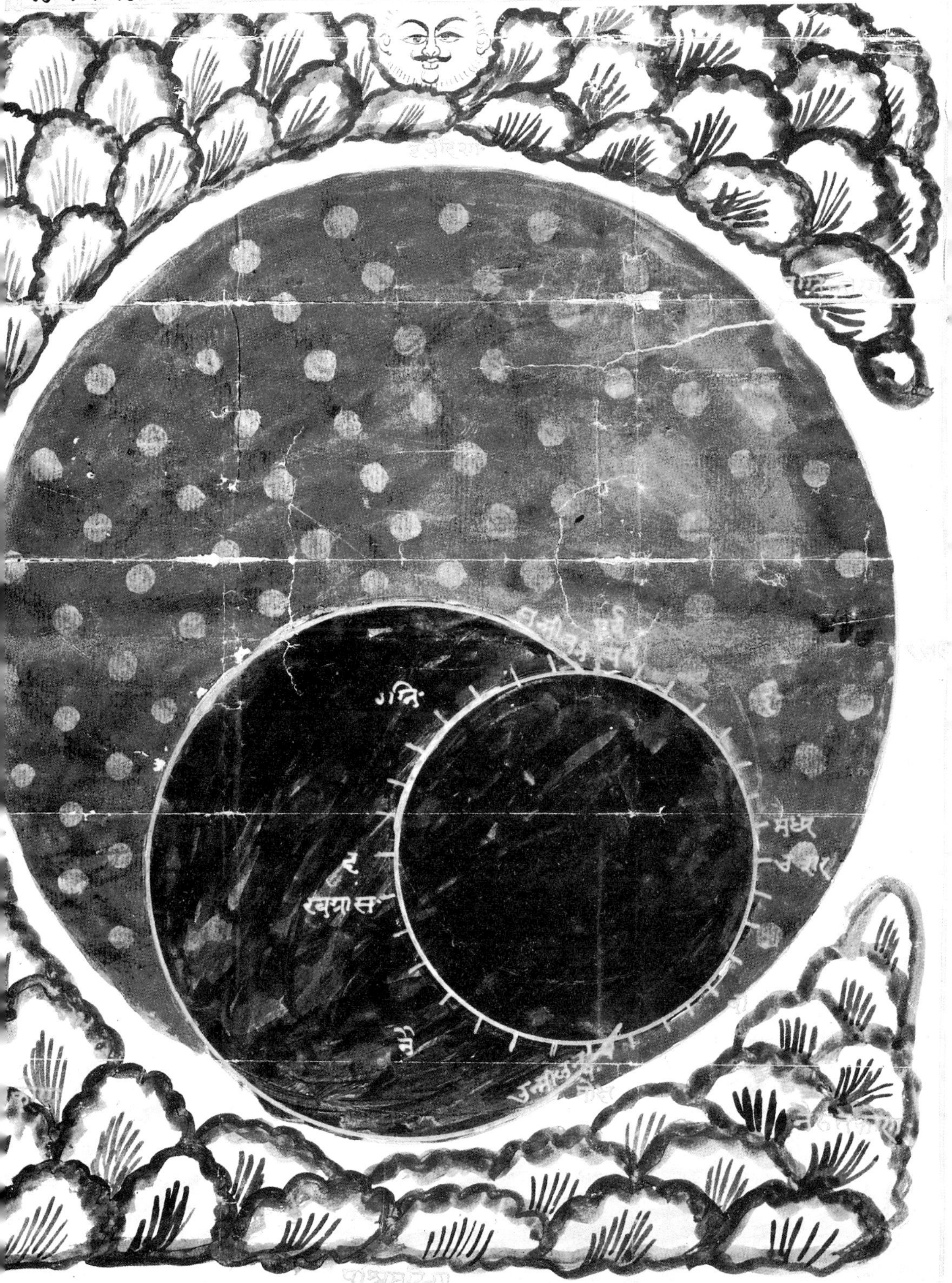

◁ Konjunktionen von Sonne und Mond mit dem Zodiakus.

श्रीगणेशाय नमः॥ अथास्मिन् शुभसंवत्सरे श्रीमन्नृपतिविक्रमादित्यराज्यात् संवत् १८८५ शाके १७५० प्रवर्तमाने वैशाखकृष्ण १० चंद्रवासरे घटी २१ पलानि १४ रेवतीनक्षत्रे घटी ५ पलानि ५२ विष्कुंभनाम्नि योगे घटी ४८ पलानि २१ नागकरणे घटी २१ पलानि १४ एवं पंचांगशुद्धौ सूर्यपर्वावलोकनार्थं ग्रहलाघवे गणितेन पंचांगानां शुद्धिः ३०८ चक्रे २८ अहर्गण ६३

लग्नकालो				रविबिंबं	चंद्रबिंबं	मानैक्यखंडं	शरच्छन्नं	ग्रास
त	चं	रा	क्षगु	१०।३९।१३	१०।५०।२१	१०।४४।४८	०।३।५०	१५।७।४
० ३ ७ १५	० ३ ७ १६	६ ४ ५६ ३२	५ २८ २० ४४	स्पर्शस्थिति	मध्यस्थिति	मोक्षस्थिति	वलनादि	अंगादि
				१९।६।८	२१।३६।३१	२४।२९।१०	०।१६।४६	०।३।०।४५
५८ ४	८।२ ६	३ ११		स्पर्शकाल २१।१०।४८	मध्यकाल २४।४५।२०	मोक्षकाल २८।८।३१	पर्वमान ६।५७।४३	विमर्द १८।४८।१४

अथ ग्रहणे शुभाशुभज्ञानार्थं श्लोकः। जन्मर्क्षे निधनं ग्रहे जनिभतो घातः क्षतिः श्रीर्व्यथा चिंता सौख्यकलत्रदौस्थ्यमृतयः स्युर्मानिनाशः सुखं लाभोपायइति क्रमात्तदशुभध्वस्त्यै जपः स्वर्णगोदानं शांतिरथो ग्रहं त्वशुभदं नो वीक्ष्यमाहुः परे॥१॥

अथ शुभाशुभज्ञानार्थं चक्रं

मेष	वृष	मिथुन	कर्क	सिंह	कन्या	तुला	वृश्चिक	धन	मकर	कुंभ	मीन	राशि
घातः	अपायः	लाभ	सुख	माननाश	मृति	स्त्रीपीडा	सौख्य	चिंता	व्यथा	श्रीः	क्षतिः	

अथ ग्रहप्रयोजनं। नालोकयेत् रविचंद्रयोः शुक्रतिथिश्चंद्रबिंबं ग्रस्तमास्यं कचिद्यत्नात् चक्षुर्भ्यां शुभकर्मसु तैलेनाश्रिते नीरे वा दर्पणे। नैलेवानिलोकयेत्स्व सुधांशुनिस्पृहं विना नोपलेपेन नमनोपि कुत्रचिदं नालोकयेत्कर्हिचित् १ अथ ग्रहणनिर्णयः। स्पर्शमुक्तिनिमित्तं स्नानं चग्रहणकाले कुर्वीत सर्वैर्नैर्मध्यादित्ययोर्ग्रहे १ यावन्मुक्तं न विंबं विधोर्वापि न दृश्यते तावन्नक्रियते स्नानं मोक्षं कंमनुरब्रवीत् १ स्पर्शे स्नानं जपं कुर्यान्मध्ये होमं सुरार्चनं मुच्यमाने सदा दानं विमुक्तौ स्नानमाचरेत् १ मुक्तौ यस्तु न कुर्वीत स्नानं ग्रहणसूतके स सूतकी भवेत्तावद्यावत्स्यादपरो ग्रहः १ अथ ग्रहणे भोजननिषेधमाह। सूर्यग्रहे तु नाश्नीयात्पूर्वं यामचतुष्टयं चंद्रग्रहे तु यामांस्त्रीन्बालवृद्धातुरैर्विना १ अथ बालवृद्धातुराणां ग्रहणयामात्पूर्वं भक्ष्यामो निषिद्धस्तु मार्कंडेयेन। सायाह्ने ग्रहणं चेत्स्यादपराह्ने न भोजनं अपराह्ने न मध्याह्ने न तु संगवे १ भुंजीत संगवे चेत्स्यान्न पूर्वं भोजनक्रिया न स्नानकादि दोषो न च दाने लोमनखादिषु ग्रहणे स्नानाद्युदकान्नित्यं तीर्थे उदकवारिणा १ अनेन पक्षमिद्यात्सर्वं स्नानं सवसनं ग्रहे वारिकारगालादिषु स्निग्धो भवेद्ब्रह्मन् १ न तु केवलं संप्राप्ते यदि स्याद्रूढमनकं न मतं कं न वेतावद्यावद्राहुर्न मुंचति अथ ग्रहणे माहात्म्यं सर्वं भूमिसमं दानं सर्वे ब्रह्मसमाद्विजाः सर्वं गंगासमं तोयं ग्रहणे नात्र संशयः १ इंदोर्लक्षगुणं पुण्यं रवेर्दशगुणं तु तत् गंगातीर्थे च संप्राप्ते कोटिगुणं भवेत् १ अथ स्नानमाहात्म्यं गंगादिपुण्यतीर्थेषु ग्रहणे स्नानमुत्तमम् कूपे वाप्यां तडागे वा नद्यां वा हृदवारिणा १ अथ ग्रहणे वर्ज्यं। भेदनं पत्रं तृणदारुपुष्पं कार्यं न केशांबरपीडनं च दंतानृतं चाशीतपरुषं वचनं चाव्यं भोगं च वर्ज्यं मदनोत्सवं च १ वाहनं वाजिद्विरदादिकं किंचित् रोहणं गोजागमहिषीसमाजं याचनं न कुर्याद्ध्यायनं च नक्षत्रे निशानर्तरस्पृश्यते वा १

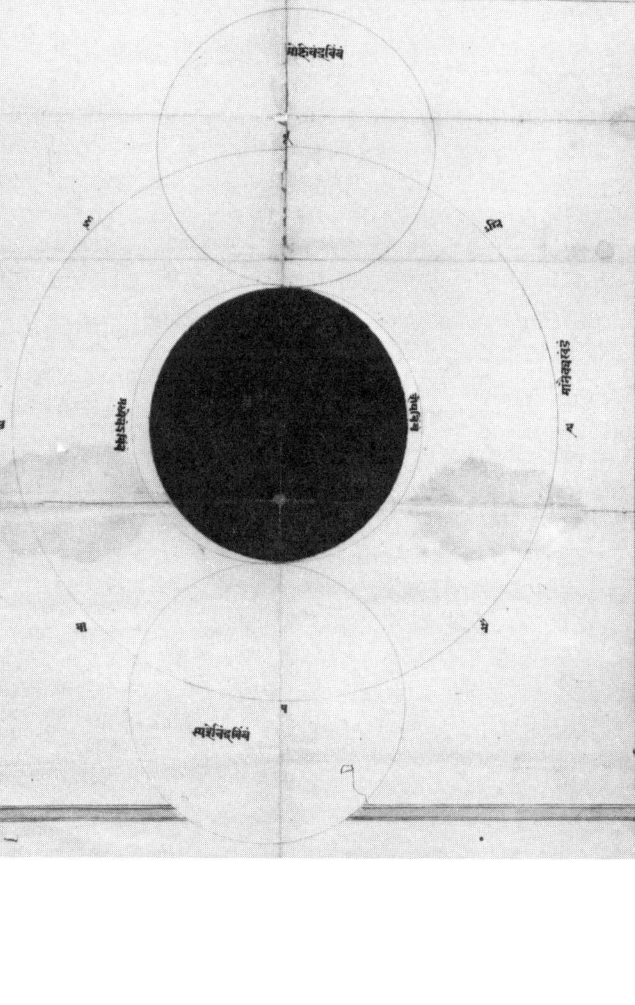

jedes Paar (Augen, Hände usw.), Null durch den Himmel, die Leere usw. Diese Methode wurde hauptsächlich angewandt, um in astronomischen Werken hohe Zahlenwerte auszudrücken. Wegen der größeren Kürze und Bündigkeit wurden die Chronogramme später durch ein alphabetisches Zeichensystem ersetzt, das hin und wieder in der beschreibenden Astronomie Verwendung fand.

Indische Mathematiker arbeiteten schon seit langer Zeit mit Zahlenordnungen in der Größe von Billionen, wobei sie sich auch die Unendlichkeit als Einheit vorstellten. Das kleinste Zeitmaß, das die indischen Astronomen benützten, war die *truṭi*, 1/33.750 Sekunde. Die Zeiteinheit, die für den Lauf der Sonne über ein Objekt von der Größe eines Atoms benötigt wird, wird im *Siddhānta-śiromaṇi* mit 17.496.000.000 *paramāṇus* berechnet; *parāmaṇus*, »Extreme Atome«, werden im allgemeinen als zwischen 1/1.000.000 und 1/349.525 Zoll liegend gerechnet.

Mathematische Zeiteinheiten galten als eine geschlossene Kategorie, mittels derer sich Beobachtungen einer Konstellation bis zu einer Sekunde genau aufzeichnen ließen. Es gab drei Rangordnungen der Zeit. Die erste war die kosmische oder epochale Zeit, die sich auf die ewigen, sich wiederholenden Zeitalter bezog. Die vier Zeitalter oder *yugas* werden in einer Verhältnisreihe von 4 : 3 : 2 : 1 gerechnet, wobei ein jedes dem anderen vorausgeht bis zur universalen Sintflut. Das erste kosmische Zeitalter, Kṛita oder Satya-Yuga genannt, dauert 1.728.000 Sonnenjahre, das zweite, Tretā-Yuga, ist 1.296.000 Sonnenjahre lang, das dritte, Dvāpara-Yuga, 864.000 Sonnenjahre und das letzte, Kali-Yuga, das gegenwärtige Zeitalter der Menschheit, 432.000 Sonnenjahre. Wir befinden uns im sechsten Jahrtausend des Kali-Yuga, das noch weitere 427.000 Jahre dauert, und danach wird sich der Kreislauf erneuern und die vier Zeitalter werden wieder von vorn beginnen. Die zweite Zeitordnung ist der Sonnen- und Mondkalender, der die Tage, Wochen, Monate und Jahreszeiten bestimmt. Die dritte Ordnung, die kleinste Zeiteinheit, ist die Stundenzeit. Um genaue Berechnungen vornehmen zu können, wurde die Spanne eines Tages in kleinste Zeit-Atome eingeteilt. So dauert ein Tag 86.400 Sekunden und wird unterteilt in 46.656.000.000 Momente, eine Zahl, zu der man durch folgende Zeitskala gelangt: 1 Tag = 60 *ghaṭīka;* 1 *ghaṭīka* = 60 *vig-ghaṭīka;* 1 *vig-ghaṭīka* = 60 *lipta;* 1 *lipta* = 60 *vilipta;* 1 *vilipta* = 60 *para;* 1 *para* = 60 *tatpara;* also besteht ein Tag aus 46.656.000.000 *tatparas* oder Momenten.

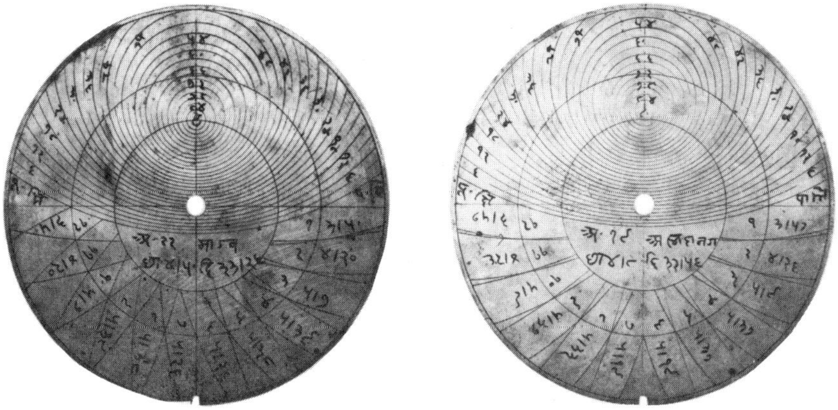

Astrolabium (Sternhöhenmesser). Zwei Scheiben oder Täfelchen mit eingravierten Scheitel- und Stunden-Kreisen für verschiedene Breitengrade etc. Jaipur, Rajasthan, ca. 18. Jahrhundert. Bronze.

Jaiprakāṣ-yantra, das Kronjuwel aller Yantras. Die Position der Sonne kann mit Hilfe des Schattens der radialen Streben auf seiner konkaven Seite, die auf seine Oberfläche fallen, berechnet werden. Jaipur, Observatorium, Rajasthan, 1728, Bronze.

Unter den verschiedenartigen Methoden zur Bestimmung der mittleren Position eines Planeten in seiner Umdrehung ist vielleicht die aufschlußreichste die sogenannte Gleichung des Zentrums, eine der am häufigsten angewandten Berechnungen Indiens. Diese verlangt beträchtliche Fertigkeiten, kann aber ganz einfach damit erklärt werden, daß sie sich auf die Grundlage angenommener Epizyklen stützt. Die mittlere Position eines Planeten wird in Beziehung zu der Anzahl seiner Umdrehungen während eines *yuga* oder Zeitalters berechnet. Um den »wahren Platz« eines Planeten zu finden, wurden bestimmte epizyklische Bewegungen angenommen, d. h. es wurde eine hypothetische zweite Kreisbewegung des Planeten angenommen, deren Mittelpunkt man sich auf dem Umfang des mittleren Kreises liegend vorstellte. Entsprechende Fehler korrigierte man mit dem Ergebnis der Kombination zweier Gleichungen, zu denen man wiederum mittels zweier getrennter Epizyklen gelangte. Es waren die Gleichung der Konjunktion (wenn zwei Körper denselben himmlischen Längengrad haben) und die Gleichung der »Apsis« (der Punkt der größten oder kleinsten Entfernung vom Zentralkörper). Auf diese Weise erhielt man durch das Kombinieren der Resultate dieser beiden Gleichungen den Durchschnitt, und damit ließen sich Unstimmigkeiten ausgleichen.

Bereits vorhandene astronomische Karten wurden benützt, um den Stand der Sonne, ihre Entfernung vom Zenith und ihre Deklination festzuhalten; des weiteren, um auch die Deklination eines Planeten oder Fixsternes herauszufinden; um die Koordinaten (Azimut) eines Planeten oder Fixsterns zu erhalten; zur Bestimmung himmlischer Längen- und Breitengrade und zur Berechnung von Positionen während einer Eklipse. Zum gleichen Zweck wurden in späterer Zeit durch Jai Singh II (1699–1744) astronomische Observatorien erbaut, die auch als Yantra bezeichnet wurden. Ihre Ausrüstung bestand aus dem gemauerten Quadranten, einer nach Süden gerichteten Mauer in einer Ebene mit dem Meridian und mit einer Schräge versehen, die zum Nordpol hin hochstieg; außerdem aus Karten der himmlischen Sphäre und einem riesigen Gnomon.

Astronomische Entdeckungen beeinflussen in hohem Maße die gesamte Skala der tantrischen Ritualistik. Alle Übungen, einschließlich der Herstellung von alchemistischen Mitteln, sind bedingt durch Zeit, Planeten-Stellung und die Beobachtung des Kalenders. Die Astronomie stellte auch die theoretischen Grundlagen für die praktische Anwendung der Astrologie bereit, die Wissenschaft vom Einfluß der Sterne auf menschliche und irdische Phänomene, was dann in logischer Folge zu anderen Denkrichtungen führte.

Astrologie

Die hinduistische Astrologie ist hauptsächlich eine Erweiterung der Astronomie, und zwar so weitgehend, daß viele alte Traktate der Astronomie eine Abteilung für Astrologie enthalten. Der *Sūrya-siddhānta* widmet ein Kapitel der Astrologie, und zwei Hauptwerke, das *Bṛihadjātaka* und das *Laghujātaka*, die Varāhamihira zugeschrieben werden, handeln ausschließlich von Astrologie. Viele wichtige Ideen wie die zwölf Zeichen des Tierkreises, die sieben Tage der Woche und die Einteilung des Tages zeigen eine bemerkenswerte Ähnlichkeit mit modernen westlichen Vorstellungen, von denen allgemein angenommen wird, daß sie zum großen Teil auf dem griechischen System beruhen.

Die Sphäre des Himmels mit ihren unendlichen Konstellationen ist immer eine wichtige und anregende Kraft im Leben der Inder ganz allgemein und für den Tantriker im besonderen gewesen. In jeder nur denkbaren Angelegenheit wurde die Zuflucht zur Astrologie genommen, vom Geburtshoroskop und den darauf aufbauenden Vorhersagen bis zur Bestimmung von glückbringenden Monaten, Tagen, Stunden und Momenten. Für eine große Unternehmung wurde dieselbe Methode angewendet wie zur Erstellung eines gewöhnlichen Horoskops. Sie beinhaltet gewöhnlich die Berechnung der Zeit mittels mathematischer Rechnungen, deren Resultate grafisch als komplexe planetarische Kombinationen aufgezeichnet wurden. Im Ablauf steht diese Methode in so enger Beziehung zur Horometrie, daß Astrologie ein System der Zeitmessung hinsichtlich stellarer und galaktischer Rhythmen und deren Wechselwirkung auf Verhaltensmuster wurde.

In der Praxis war die Astrologie weniger mit Esoterik beschäftigt als mit dem von der Sache her bestimmten Ziel, den möglichst günstigen Ausgang irgendeines Ereignisses zu bestimmen. Es wurde angenommen, daß jede Sache einen günstigen Ausgang haben müsse, und eines der machtvollsten Mittel, sich dessen zu versichern, besteht darin, das Ereignis nicht isoliert zu sehen, sondern es mit jeder Bewegung und dem gesamten Rhythmus des Lebens, einschließlich jener der fernen Sternkonstellationen oder Mondhäuser in Einklang zu bringen. Dieser Glaube basiert teilweise auf der Vorstellung von einer mikro-makrokosmischen Bezogenheit und zum anderen auf der Überzeugung, daß jedes Objekt der Natur, des Denkens, der Materie oder des Tuns einen bestimmten Grad von kosmischer Kraft ausstrahle. Die verschiedenen kosmischen Kräfte müssen in Harmonie gebracht und im geeigneten Augenblick verbunden werden, damit eine günstige gegenseitige Beeinflussung möglich ist. Ein typisches Beispiel ist die Tradition der Pilgerfahrten oder *yātrās,* die ein großes Ereignis und ein wichtiger Gegenstand astrologischer Arbeit sind, da eine solche Reise möglichst zu einer günstigen Stunde begonnen werden sollte. In den *Yoga-Yātrā*-Texten finden sich viele Angaben zu den astrologischen Konjunktionen, die das nötige Wissen für eine erfolgreiche Pilgerfahrt liefern. Eine *yātrā* wurde bei bestimmten Positionen der neun Mondhäuser *(nakṣatra)* – Aśvini, Punarvasu, Anurādhā, Mṛigaśiras, Puṣyā, Revatī, Hasta, Śrāvaṇā und Dhaniṣṭha – empfohlen. In seiner *Bṛihatsaṃhitā* widmete Varāhamihira diesem Thema 1100 Verse und verfaßte auch andere bedeutende Werke, wie die *Bṛihad-Yoga-Yātrā, Yoga-Yātrā* und die *Tikkānikā,* die sich ausschließlich mit diesem Thema befassen.

Bei der Berechnung der genauen Zeit müssen viele Faktoren in Betracht gezogen werden, von denen die wichtigsten unter anderem die Konjunktion der Planeten, die lunaren Häuser, die vierzehntägigen Perioden (die mit Neumond und Vollmond beginnen), die Jahreszeiten, der Tag des Monats und die exakte Zeit oder der günstige Moment, den man *muhūrta* nennt, waren. (Es gibt 30 günstige *muhūrtas* innerhalb eines Tages und 10.800 in einem Jahr.) Alle diese Kalkulationen sind aus dem indischen Almanach abgeleitet, der die methodischen Kombinationen von Tagen, Monaten und Jahren angibt, mittels derer astrologische und astronomische Phänomene festgestellt werden. In Indien sind zahlreiche Kalender in Gebrauch, die auf den Daten uralter Handbücher beruhen, und viele der darin angegebenen Zahlenwerte sind lediglich anhand neuerer Informationen, die sich auf beobachtete Tatsachen stützen, korrigiert und angeglichen worden.

Die bedeutungsvollste Hypothese der Astrologie ist die, daß die Planeten im Laufe ihrer natürlichen Kreisbewegung ihre magnetische Kraft freisetzen, die auf die belebte und unbelebte Welt einwirkt. Wir beschreiben diese Wirkungen mit unseren menschlichen Begriffen als »den Einfluß der Sterne«. Laut hinduistischer Meinung ist der Einfluß nie von einem einzelnen Planeten verursacht, sondern in jedem Falle ein Ergebnis

Hastakāra-yantra,
mit glückbringenden Zeichen auf der Innenhandfläche. Rajasthan, ca. 18. Jahrhundert. Gouache auf Papier.

der Wirkung von verschiedenen planetarischen Konjunktionen, einschließlich jener der 28 Mondhäuser oder Asterismen im Tierkreisgürtel. Jeder der Planeten steht mit den Tierkreiszeichen in siebenfältiger, neunfältiger oder zwölffältiger Weise in Beziehung. Ihr relativer Einfluß wird als wohltuend verstanden, wenn sie sich in Harmonie, und als schädlich, wenn sie sich in Disharmonie befinden. Außerdem haben die Hindus ebenso wie die Griechen jedem Planeten bestimmte Eigenschaften zugeordnet und die maximale Periode eines jeden einzelnen Planeteneinflusses festgelegt. Benjamin Walker faßt die Vorstellung folgendermaßen zusammen: »Die maximale Spanne eines Planeteneinflusses wird ebenfalls streng gemäß den astrologischen Gesetzen bestimmt. Es heißt, daß das volle Ausmaß aller planetarischen Einflüsse auf den Menschen 108 Jahre dauert. Im übrigen kann ein Mensch von jedem Planeten nur eine bestimmte Anzahl von Jahren lang beeinflußt werden.

Sūrya, die Sonne, für Reichtum, Ruhm und Erfolg: 6 Jahre
Candra, der Mond, für Religion, Philosophie, Mystik, Schreiben, Asketentum, Wahnsinn: 15 Jahre
Maṅgala, Mars, für Krieg, Streit, Prozesse, Zank: 8 Jahre
Budha, Merkur, für Reisen, Geschäfte, Landwirtschaft, Reichtum: 17 Jahre
Śani, Saturn, für Sorgen, Schwierigkeiten, Tod, Trauer, Tragödien: 10 Jahre
Bṛihaspati, Jupiter, für Herrschaft, Macht, Autorität, Regieren, Gerechtigkeit: 19 Jahre
Rāhu und Ketu, die aufsteigenden und absteigenden Mondknoten, für Gier, Zorn, Neid, Niederlage, Rückschläge: 12 Jahre
Śukra, Venus, für Freude, Liebe, Lust, sinnliche Vergnügungen: 21 Jahre

In der Theorie ist die längste glücklose Periode, die einem Menschen möglicherweise widerfahren kann, eine Aufeinanderfolge der ungünstigen Aspekte von Mars, Saturn und Rāhu und dauert damit 30 Jahre. «[27]

Die Kraft eines Planeten wird in Beziehung zu seinem Ort, seiner Richtung, seiner Aktivität und Zeit bestimmt, und von einem Planeten im Transit heißt es, daß er auf neun Arten wirken kann: »glühend«, wenn er erhöht ist, »ausgeglichen«, wenn er in seinem Haus steht, »freudig«, wenn er in einem freundschaftlichen Haus steht, »still« in seiner günstigen Position, »kraftvoll«, wenn er hell strahlt, »bedrückt«, wenn er durch einen anderen Planeten übermächtigt wird, »erschreckt«, wenn er im Tiefstand ist, »geschwächt«, wenn sich sein Licht im Licht der Sonne verliert, und »schädlich«, wenn er sich inmitten einer negativen Kraft befindet.

Das Hauptinteresse der indischen Astrologie gilt dem Bereich und den Einflüssen der zwölf Tierkreiszeichen, den Planeten und den zwölf astrologischen Häusern, von denen die letzteren ein bedeutendes Faktum sind, wenn nach indischem System das Horoskop gestellt wird. Horoskope werden in ein Quadrat oder in einen Kreis mit zwölf Abteilungen eingezeichnet und basieren auf dem Zeichen, das zur Zeit der Geburt am Horizont aufstieg *(lagna)*. Jedes dieser Häuser bezeichnet eine spezifische Funktion. Das Horoskop ist jedoch kein exakter Plan der Zukunft eines Individuums, sondern zeigt nur die Richtung an, in der die Geschehnisse seines Lebens sich entfalten können.

Astrologische Prinzipien finden auch in der Edelstein-Therapie Anwendung. Edelsteine werden als Träger von Energie betrachtet, die aus der

Konzentration kosmischer Strahlen besteht. Als kristallisierte Produkte unsichtbarer Strahlen besitzen sie die magische Kraft, kosmische Strahlen durch den Raum zu senden, und auf diese Weise sind sie den Planeten ebenbürtig. Edelsteine haben denselben Einfluß auf den menschlichen Körper wie die Planeten; als Verdichtungen von Energie stellen sie wohltuende Kräfte dar, die der Einwirkung von ungünstigen planetarischen Konjunktionen entgegenarbeiten, und somit wird jedem Planeten ein entsprechender Edelstein zugeordnet. Es heißt, daß durch das Tragen bestimmter Edelsteine ein negativer Einfluß der Planeten wesentlich eingeschränkt und gedämpft werden kann.

Neben der Astrologie wurden auch viele andere Methoden der Vorhersage angewandt wie etwa die Handlesekunst, die Deutung verschiedener Körpermerkmale, Prognosen durch Beobachtung der Einheit der Naturphänomene usw., doch nur die Astrologie widerstand dem Zahn der Zeit und ist nun auf dem Wege, als Wissenschaft anerkannt zu werden.

Wenn wir die Beziehung zwischen außerirdischen Strahlungen und Bedingungen und dem biologischen und menschlichen Leben verstehen wollen, ist es wichtig, daß wir ein vollständiges Bild der unsichtbaren Wirkkräfte haben. Erst vor kurzer Zeit hat die Wissenschaft das elektromagnetische Spektrum entdeckt, das für unser Auge nur in begrenztem Maße wahrnehmbar ist. Die Entdeckung des Magnetfeldes der Erde mit seinen verschiedenen Schichten, das sich gegenüber den solaren und kosmischen Schwingungen wie ein Schild verhält, liegt auch noch nicht lange zurück. Der »Van-Allen-Gürtel«, der zwischen 5000 und 15.000 km über der Erde liegt, wurde 1958 entdeckt. Und 1954 wurden auf dem Jupiter Ausbrüche von intensiver Radiostrahlung festgestellt. Obwohl die Wissenschaft in der Erkenntnis des breiten Spektrums kosmischer Schwingungen ungeheure Fortschritte machte, entzieht sich uns das Unbekannte immer noch. Immerhin nehmen die Beweise zu, die zeigen, daß solare und lunare Bewegungen viele vitale Funktionen bei Mensch und Tier, wie etwa Atmung und Fortpflanzung, beeinflussen. Ein tschechischer Wissenschaftler hat statistisch bewiesen, daß die fruchtbaren Perioden der Frau aufgrund der Stellungen von Sonne und Mond in ihrem Geburtshoroskop bestimmt werden können. Und es wurde festgestellt, daß Sonnenrhythmen die Wanderbewegungen der Zugvögel und Mondrhythmen den Zug der Austern beeinflussen. Erst kürzlich wurde die Vermutung aufgestellt, daß astrologische Wirkungen gewissermaßen auf einem Wellenmuster basieren: »Das Universum ist – ob auf kosmischer, biologischer oder molekularer Ebene – ein Komplex von Wellenformen, die sich in einem Bereich von Nanosekunden bis zu Millionen Jahren bewegen können, und Objekte, Geschehnisse, Menschen, Nationen und selbst planetarische Systeme können in einer Weise miteinander verbunden sein, die im Vorstellungsrahmen der traditionellen Astronomie und Physik unbegreiflich erscheinen, mit Hilfe der Astrologie jedoch eindeutig zu erkennen sind. «[28]

Diese Entdeckungen haben einen langen Weg zurückgelegt, bis sie der Astrologie eine empirische Grundlage zu geben vermochten.

Das Eine

Unter all den verschiedenartigen Aussagen des hinduistischen Denkens ist die Vorstellung von *prāṇa* als universaler Energie und Quelle jeglicher Manifestation von Kraft ganz zentral; diese Konzeption beeinflußte auch die Tantras in hohem Maße. Alle Kräfte im Universum, jede Bewegung, jede Anziehung, selbst das Denken, sind nur verschiedene Manifestationen von *prāṇa.* Seine grobstoffliche Manifestation im menschlichen Körper ist der Lebensatem, und obwohl *prāṇa* oft als Atem oder Luft mißverstanden wird, ist es weit mehr. Der Atem ist nur eine Wirkung des *prāṇa;* denn wenn *prāṇa* durch die Luft verursacht würde, »könnte ein Toter atmen«. *Prāṇa* wirkt auf die Luft ein, nicht die Luft auf *prāṇa. Prāṇa* ist eine vitale bio-motorische Kraft, welche die Funktionen des Körpers beherrscht und beeinflußt. Solange dieses vitale Prinzip im menschlichen Organismus existiert, hält das Leben an; wenn *prāṇa* den menschlichen Körper verläßt, hört das Leben auf. Alle lebendigen Organismen, vom Protoplasmateilchen bis zu Pflanzen und Tieren, werden durch das Zusammenwirken von *prāṇa,* der Lebenskraft, und Materie beseelt. Während alle Systeme des hinduistischen Denkens die mächtige Wirkkraft von *prāṇa* anerkannten, haben die Eingeweihten des Tantra-Yoga eine ganze Wissenschaft von der Metamorphose des *prāṇa* erarbeitet und verwenden es als ein Instrument, um die latenten psychischen Kräfte im menschlichen Körper zu wecken. Der bedeutende Physiker C. F. von Weizsäcker schreibt: »..., daß der Begriff des *prāṇa* mit unserer Physik nicht unvereinbar zu sein braucht. *Prāṇa* ist räumlich ausgedehnte

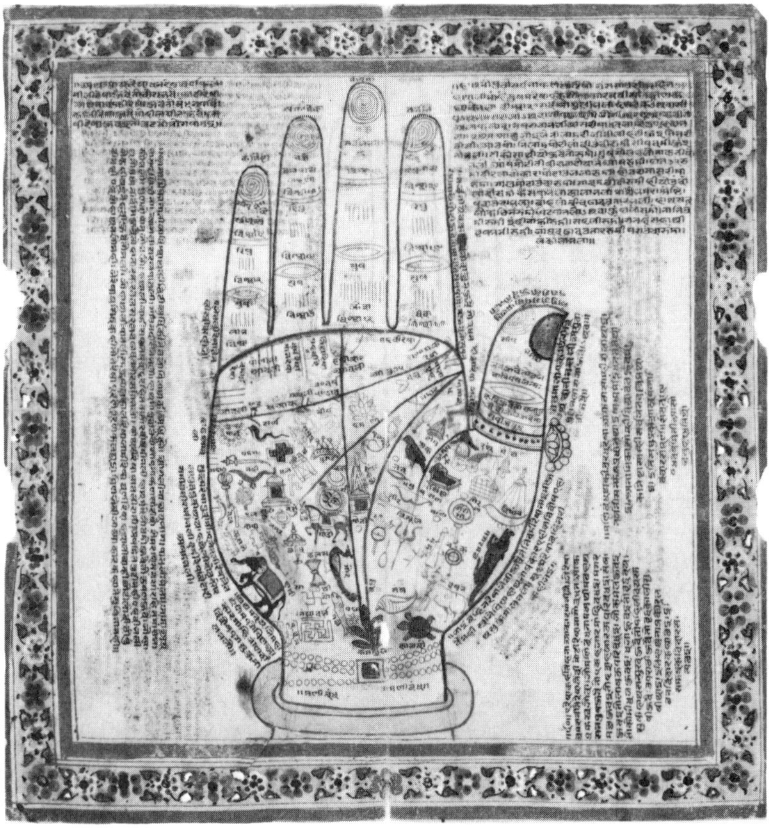

Hastakāra-yantra. Die glückverheißenden Zeichen auf der Handfläche weisen auf die umfassende Beziehung zwischen interplanetarischen Rhythmen und dem menschlichen Organismus hin. Rajasthan, ca. 18. Jahrhundert. Gouache auf Papier.

belebende, also zunächst einmal bewegende Potenz. Die Quantentheorie beschreibt etwas davon nicht völlig Entferntes unter dem Namen der Wahrscheinlichkeitsamplitude. Die Beziehung wird vielleicht deutlicher, wenn man Wahrscheinlichkeit streng als einen futurischen Begriff versteht, also als den quantifizierten Ausdruck dessen, wohin der ›Strom der Zeit‹ evolutiv drängt.«[29]

Im Aufbau des Kosmos ist *prāṇa* jedoch weder die höchste Kraft noch eine Grundlage für alles; es ist vielmehr ein Ausfluß der höchsten

Wirklichkeit. Die fundamentale These des Tantrismus ist die, daß, obwohl das Universum aus sich gegenseitig beeinflussenden Kräften zweier Prinzipien entsteht und besteht, diese beiden letztlich aus dem Einen kommen. Hinter der gesamten phänomenalen Welt, hinter Materie und Denken steht das ewig Eine ohne ein Zweites. Dieses monistische Prinzip durchdringt alles: die Dinge, ob physikalisch oder biologisch, sind endliche Versionen des Einen. Das Wesen der Wirklichkeit wird mit einem umständlichen Begriffs-Apparat beschrieben, wobei alle denkbaren Eigenschaften und Beziehungen des Einen vereint werden, aber seine wahre Natur entzieht sich jeder Beschreibung.

Das Eine sollte daher nicht mir irgendeinem theistischen Ausdruck wie der Vorstellung von einem gütigen Vater oder einem überirdischen Wesen, das im Himmel residiert, verwechselt werden. Die wahre Natur des Einen ist die, daß es ohne alle Eigenschaften ist, undefinierbar, doch allgegenwärtig, und bestenfalls läßt es nur annähernde Erklärungen zu. Man kann es zusammenfassen als ein immerwährendes Kontinuum von einer äußerst subtilen kosmischen Wirklichkeit, das die grobstofflichen Elemente der Natur entstehen läßt. Im Tantra wird es als *parā-prakṛiti* bezeichnet. Die quasi-monistische Form von *prakṛiti* oder *śakti* erscheint häufig in der Bilderwelt des Rituals, aber ihre wahre Natur ist mehr als empirische Existenz; obwohl sie alles umfaßt, transzendiert sie alles. Zu dieser Ur-Wirklichkeit, die die Spaltungen des Dualismus überbrückt, kehren alle Dinge zurück.

Nun, da sich dieses Jahrhundert dem Ende nähert, tendieren die zeitgenössischen physikalischen Forschungen mehr und mehr dazu, deutlich zu machen, daß das, was wir als grobe Materie der Welt bezeichnen, einfach die Erscheinungsform einer feineren Substanz ist. Auf ihrer Suche nach Einheit bewegt sich die Wissenschaft immer mehr zu einer monistischen Erklärung des Universums hin. Die klassische Physik betrachtete Masse und Energie als zwei unabhängige Wirklichkeiten. Die Relativitätstheorie löste diesen Dualismus auf und demonstrierte, daß Masse und Energie proportional und miteinander austauschbar sind. Die Vielfalt der Phänomene wird der bloßen Neuordnung einer einzelnen gemeinsamen »Essenz« zugeschrieben, die von den Wissenschaftlern Energie genannt wird. Obwohl die moderne Wissenschaft das Atom dematerialisiert hat und bewies, daß es teilbar ist, kann die kleinste vorstellbare absolute Einheit, das Neutron mit Null-Masse und ohne elektrische Ladung oder magnetisches Feld, nicht weiter geteilt werden.

Die Kommentare Heisenbergs sind ein Hinweis auf die paradoxen Vorstellungen von illusorischen Grund-Partikeln (Atom), wenn er sagt, daß jeder Versuch, es in visuellen Begriffen zu erklären, eine »Fehlinterpretation« sei: »Alle Eigenschaften des Atoms in der modernen Physik sind *abgeleitet;* es hat keinerlei unmittelbare und direkte Eigenschaften, d. h. jede Art von visueller Vorstellung, die wir entwerfen wollten, wäre *eo ipso* falsch.«[30] So sehen wir, daß sich auf der kosmischen und sub-atomaren Ebene das, was wir Masse nennen, als eine Illusion erweist. Materie wird in Energie und Energie wird zu Schwärmen von Wellenpartikeln und Schwingungen im multidimensionalen Raum zurückgeführt. In Wirklichkeit sind Atome, Sterne, Kometen, Meteore, die sich bewegenden Galaxien und das ungeheure Universum von Wellen wechselnde Gestaltungen der immer gleichen zugrundeliegenden Wirklichkeit. Doch eine Frage bleibt offen: welcher Art ist die Essenz dieser in Schwingung befindlichen Masse-Energie-Substanz? Die Antwort des Wissenschaftlers ist nicht weniger rätselhaft als die des Metaphysikers, denn die Grundsubstanz ist das »Unbekannte«. Dieses Unbekannte wurde von den Wissenschaftlern als das »Psi-Feld« bezeichnet, ein abstraktes, nicht-materielles Feld, das undefinierbar bleibt. Obwohl sie es nicht *parā-prakṛiti* nennen, haben die Wissenschaftler herausgefunden, daß nur eine Substanz oder ein einziges einheitliches Prinzip, dessen Natur gleichermaßen unfaßbar ist, die *causa sui* dieser Welt ist.

Tafel nach Seite 160:
Cakras oder psychische Zentren im ätherischen Körper des Yogi. Die Energiezentren sind Kontaktpunkte zwischen dem psychischen und dem physischen Körper. Von den in den Schriften erwähnten dreißig *cakras* sind die sieben vorrangigen von unten nach oben: *mūlādhāra, svadhiṣṭhāna, maṇipūra, anāhata, viśuddha, ājñā* und zuletzt *sahasrāra* als über dem Kopf liegend gedacht.

Rückseite der Tafel:
Die höchste Göttin als Leere, mit einem Projektionsraum für ihr Bild. Andra Pradesh. 19. Jahrhundert. Bronze.

Ritual

In den vorangehenden Kapiteln sind alle dargelegten Faktoren, die sich auf die grundlegende Lehre des Tantra, seine Metaphysik, Kunst und Wissenschaft beziehen, eine Ergänzung zu diesem zentralen Hauptteil – dem Ritual oder der spirituellen Wissenschaft von der Selbst-Werdung. Metaphysik, Kunst und Wissenschaft sind das Wissensgebäude und enthalten den Ursprung und das Ziel des tantrischen *sādhana;* die Rituale sind die methodischen Mittel. Das Ritual basiert auf zwei grundlegenden und voneinander unabhängigen Voraussetzungen: erstens, daß das Selbst potentiell göttlich ist und unbegrenzt entwickelt werden kann; zweitens, daß – aus ersterem folgernd – die Wirklichkeit oder das Absolute (Śiva-*śakti),* dessen Natur Glückseligkeit *(ānanda)* ist, das fundamentalste und wünschenswerteste Ziel der Suche darstellt. Am einen Pol befindet sich das Selbst oder das individuelle Streben nach Freiheit oder Erleuchtung; am anderen Pol ist das Ziel. Zwischen den beiden Polen liegt als Übergangsphase das Greifen nach dem Ziel mit Hilfe wirkungsvoller Techniken – des Rituals. Somit kann man das Ritual als ein »Zwischenglied« definieren, das die individuelle Psyche mit dem Numinosen verbindet. Das Tantra bietet ein gebrauchsfähiges Modell für die psychische Befreiung und umreißt innerhalb seines definierten Anschauungsspielraums einen wirkungsvollen *modus operandi,* weshalb das tantrische Ritual als ein Schlüsselfaktor der psychischen Entwicklung betrachtet werden sollte.

Der Zweck einer theoretischen Darlegung wie dieser ist es, die praktischen psycho-physischen Vorschriften des Rituals und ihre Bedeutung zu erläutern. Dies heißt, daß wir genötigt sind, etwas in Begriffen der Vorstellung und der Abstraktion zu erörtern, was in Wirklichkeit eine dynamische, außerlogische Einheitserfahrung ist. Deshalb sollte im Gedächtnis behalten werden, daß das Werkzeug der Sprache der tatsächlichen Erfahrung des Lebens im Ritual nicht gerecht werden kann. Die wahre Suche beginnt dort, wo die Sprache endet und man sich von einem nur an der Logik orientierten Positivismus löst: »Man befreit sich nicht von der Dunkelheit, indem man das Wort ›Lampe‹ ausspricht« *(Kulārṇava-Tantra).* Worte sind nicht in der Lage, die Dunkelheit des Ichs zu vertreiben. Selbstverwirklichung entspringt einer inneren Erfahrung – einer Gefühlswahrnehmung von etwas, das niemals mit Worten artikuliert werden kann. Das tantrische Ritual ist sowohl ein Hilfsmittel als auch ein psychologisches Experiment, das die innere Wahrnehmungsfähigkeit für höheres spirituelles Erwachen empfindsam macht und belebt. Dr. A. V. Gerasimov, ein tantrischer Gelehrter des Moskauer Instituts für orientalische Studien, stellt treffend fest: »Was aber seine (des Tantra) dauerhafte Stellung im indischen Leben erklärt, ist sein größeres Wissen um die menschliche Psychologie.«

Da das Tantra sich ausschließlich mit der praktischen Verwirklichung der Selbsterleuchtung beschäftigt, die über jeder Theorie und Spekulation steht, hat die spirituelle Übung *(sādhana)* eine einzigartige Wichtigkeit im gesamten System erlangt. Ein großer Teil der tantrischen Literatur befaßt sich mit dem systematischen Gleichstimmen des Körpers mit den psychischen Kräften als Voraussetzung für eine stufenweise Entwicklung, so daß die Tantras oft als ein Weg des Lebens, ein Weg der Freude zu ersehnten Zielen bezeichnet werden. Tantrische Rituale sind ein in seinem inneren Zusammenhang folgerichtiger Kodex von Übungen, die sich in logischer Konsequenz aus seinem Anschauungssystem ergeben. Sie haben klare symbolische Bedeutungen; alle Rituale werden zwar als symbolische Handlung vollzogen, haben jedoch die Kraft, Veränderungen im Bewußtsein hervorzurufen, und wenn sie wirken, werden sie zu Quellen der Manifestation dieser Kraft. Im Tantra hat das Ritual mehr als nur den Status des Gottesdienstes; es ruft nach Vereinigung, nach einer Verinnerlichung des Persönlichen und Spezifischen zum Zeitlosen, Abstrakten und Universalen hin. Auf diese Weise werden die Rituale im Tantra zu einer gebrauchsfähigen Idee, die Theorie und Praxis vereinigt. Sein Wert hängt von der korrekten Anwendung ab, denn nur dann kann es zu einer nachweisbaren Erfahrung eines bestimmten Bewußtseinszustandes kommen.

Die verschiedenen allgemein praktizierten Rituale sind grundsätzlich Methoden zur Erweiterung des Bewußtseins, insofern, als sie psychophysische Erfahrungen repräsentieren, die jeden Aspekt unserer Sinne ansprechen; wenn sie jedoch mechanisch für materielle Zwecke eingesetzt werden, führen die Riten vermutlich nicht zu höheren Ergebnissen.

Es besteht ein Unterschied zwischen einer vereinzelten rituellen Handlung und einem *sādhana.* Eine bestimmte rituelle Technik, die im alltäglichen Leben angewandt wird, kann künstlich von der ganzheitlichen Praxis getrennt sein und der gesamte Prozeß kann wertfrei bleiben, während das *sādhana* einen umfassenden spirituellen Übungsvorgang mit vielen nebeneinanderlaufenden Übungen enthält, von denen jede einzelne Rite einen in das ganze System integrierten Teil darstellt.

Wenn das Tantra von seinem am Kult orientierten Beiwerk befreit ist, das heißt, wenn es nicht um des hohen Zieles des *sādhana,* sondern um seiner selbst willen als Hilfsmittel zur Erweiterung des Bewußtseins angewandt wird, kann es zu einem Schlüssel für die Bedürfnisse des modernen Menschen werden.

Es gibt eine Vielzahl von Techniken, die in tantrischen Ritualen verwendet werden: das Medium des Klanges *(mantra)* und der Form *(yantra),* psycho-physische Stellungen und Gebärden *(nyāsa* und *mudrā),* Opferung von Blumen, Weihrauch und rituellen Gegenständen, Atemkontrolle *(prāṇāyama),* sexuelle Yoga-Übungen *(āsana)* und Konzentration *(dhyāna).* Diese verschiedenen Wege zur inneren Erleuchtung schließen einander nicht aus, sondern durchdringen einander. Sie werden immer in der Verbindung miteinander vollzogen, so daß zum Beispiel ein einziges Ritual die Verwendung von Mantras, *mudrās, prāṇāyama* und *dhyāna* beinhalten kann, wodurch alle Sinne miteinbezogen sind.

Rituelle Formen können sowohl äußerlich wie innerlich vollzogen werden. Äußere Mittel sind an Stimulantien gebunden, d. h., Meditation ist in diesem Falle nur möglich durch äußere Zeichen oder Situationen wie Yantra, *nyāsa, mudrā* oder Opfergaben. Dagegen ist die innerliche Orientierung unabhängig von Stimulantien; sie bedarf keinerlei äußerlicher Symbole, sondern verlangt die aktive Teilnahme des Aspiranten, der durch innere Hilfsmittel wie Mantras und Konzentration seine Spontaneität erweckt.

Tantrisches *sādhana* variiert hinsichtlich der Ziele, die angestrebt werden, aber das vorrangige Ziel seiner wichtigsten rituellen Übungen ist die Anregung der latenten Kräfte, die im menschlichen Organismus ruhen, um gewissermaßen zu einer Gipfel-Erfahrung von Glückseligkeit und Einheit zu gelangen. Das letzte Stadium kann ohne die Praxis verschiedener Arten von Techniken, von denen eine jede zu einem Zwischenziel des *sādhana* führt, nicht erreicht werden. Der *sādhaka* sollte keine einzige dieser Techniken auslassen, da sie die Voraussetzung für das letzte Ziel bilden.

Legenden der Tafeln s. S. 157.

Tantrischer Yogi, Lākṣmaṇa-Tempel, Khajuraho. Meditation ist vollkommene Sammlung des Geistes. Ein entsprechendes *āsana* (Yogastellung) erzeugt ein physisch-geistiges Gleichgewicht. 1059–1087 n. Chr., Stein.

Der Ablauf wird wie folgt vollzogen:

1. Reinigung und Heiligung: Der erste Schritt, um die Bedingtheit einer tief eingeprägten und programmierten Haltung gegenüber dem eigenen Körper aufzulösen, besteht aus einer hypothetischen Umwandlung des grobstofflichen Körpers in den feinstofflichen Körper, so daß die Hindernisse, die ihn bedrängen, aufgehoben werden. Der Körper wird durch physisches Training und bestimmte Körperhaltungen angeregt, so daß er bewußt das träge Stadium verlassen kann und nach dem Ebenbild der Gottheit »gereinigt« und »geheiligt« wird. Die Reinigung kann auf der geistigen Ebene vor sich gehen, wenn die Unreinheiten, die den feinstofflichen Leib behindern, durch Rituale wie *nyāsa, āsana-śuddhi, bhūta-śuddhi* und mit Hilfe der richtigen Rezitation von Mantras beseitigt worden sind.

2. *Identifikation und Verinnerlichung:* Dieser Schritt besteht in der Erfahrung der Integration, einer Verfassung, in der aufgrund einer unbewußten engen Verbindung der Eingeweihte eins mit dem Objekt seiner Hingabe wird. Die Identifikation besteht aus einer Projektion nach innen, was bedeutet, daß das Objekt der Anbetung wie ein Teil des eigenen Selbst behandelt wird. Rituale, welche die Identifikation fördern, sind *mudrā,* Meditation, Visualisierung, mantrische Konzentration, *prāṇāyama* u.s.w.

3. *Harmonie und Gleichgewicht:* Die Harmonie ist die Voraussetzung für die Verwirklichung. Harmonie ist der mittlere, das Gleichgewicht herstellende Punkt zwischen zwei Extremen, eine Brücke zwischen den Gegensätzen. Man findet ihn zwischen höheren und niedrigeren Energiezentren, zwischen positiv geladenen solaren und negativ geladenen lunaren Strömen, zwischen den Plus- und Minus-Kräften, die sich im Körper als männlich und weiblich, als bewußt und unbewußt manifestieren. Man könnte sagen, daß das Gleichgewicht auf verschiedenen Ebenen des menschlichen Bewußtseins erlangt werden soll. Auf der physischen Ebene sollte der Körper mittels entsprechender Haltungen in Ordnung gebracht werden; auf den geistigen und psychischen Ebenen werden die inneren vitalen Prozesse durch die Regulierung des Atems harmonisiert – das zerebrale Zentrum durch die Wiederholung des mantrischen Klanges und die ungerichteten geistigen Vorgänge durch die Übung der Konzentration und Meditation. Je größer das vereinheitlichende Zusammenschmelzen der ungerichteten inneren Energien ist, um so größer ist die Erfahrung der Einheit.

4. *Verschmelzen mit der Einheit:* Durch das Ausbalancieren der gezielten Wechselwirkungen wird eine drpte Qualität geboren: Einheit. Sie kann auch als das Unteilbare oder das Ganzheitliche beschrieben werden, mit dem der Prozeß der Selbstverwirklichung abschließt. Durch die Erfahrung des Gewahrseins dieses höchsten Zustandes und des komplementären Wechselspiels der Plus- und Minus-Kräfte in seinem Körper erlangt der Eingeweihte das *summum bonum.*

Orientierung und Vorbereitung

Der Guru

Eine wesentliche Bedingung in der Welt des tantrischen *sādhana* ist die Führung durch einen kompetenten spirituellen Lehrer, den Guru, der den Schüler in die korrekte Anwendung der Methoden, die seinem Temperament und seiner Eignung entsprechen, einweihen kann. So wie eine Reise in unbekannte Gegenden mit der Hilfe eines Führers leichter wird, so ist es am besten, sich mit der Hilfe eines Gurus auf die spirituelle Reise zu machen. Und wie Kosmonauten sich vor ihrer Reise in die unbekannten Tiefen des Raumes einer harten physischen und geistigen Ausbildung unter strenger Beobachtung unterziehen müssen, so muß sich auch der tantrische Schüler zur allmählichen Entfaltung seiner Möglichkeiten einem langen und mühsamen Prozeß des Trainings und des Lernens unterwerfen.

Ein Guru ist jemand, der diesen Weg bereits gegangen ist und die verschiedenen Stadien der spirituellen Entwicklung in seinem eigenen Leben erfahren hat. Der erste Schritt der Initiation ist das von einem Guru verliehene Mantra, *paśyācāra* (gewöhnlich); darauf folgt als zweites *vīrācāra* (zu *rajas* gehörig), drittens *mahāvidyā* (höhere Erkenntnis) und schließlich *brahmayoga* – das Höchste, die Erkenntnis des Absoluten. Diese verschiedenen Grade der Initiation können durch verschiedene Gurus verliehen werden, von denen jeder nur für einen Grad zuständig ist. Es ist jedoch auch möglich, daß ein einzelner Guru von hohem Rang befähigt ist, das geheime Wissen auf allen Ebenen des *sādhana* zu vermitteln.

Der Guru weist manchmal im Laufe der Entwicklung auf die Methoden und Hilfsmittel schweigend hin, selten durch einige Worte; der Schüler muß selbst entdecken, was er benötigt. Viele meditative und rituelle Techniken sind schwierig und oft gefährlich und bedürfen der umsichtigen Anleitung durch einen erfahrenen Führer. Das Bestreben des Guru ist es immer, den Schüler zu beobachten und herauszufinden, wie bestimmte Techniken auf ihn wirken. Andererseits ist es notwendig, daß der Schüler nicht zu einem blinden Anhänger eines Guru wird, sondern er sollte seinen Geist offenhalten – eine Tatsache, die sich in der gesamten indischen spirituellen Tradition in vielen Fällen von Guru-Schüler-Bezie-

Brahma, der ehrerbietig sein symbolisches Reittier, *haṃsa* (Wildgans oder Schwan) bittet, ihm die höchste Erkenntnis zu verleihen. Rajasthan, ca. 19. Jahrhundert. Gouache auf Papier.

Symbolische Zeichen auf einem hölzernen Manuskriptdeckel. Orissa, ca. 19. Jahrhundert.

hungen bewiesen und bewährt hat. Ein altes Sprichwort sagt, daß der Guru erscheint, wenn der *sādhaka* bereit ist. Kein Guru jedoch wird einem *sādhaka* helfen, wenn dieser sich nicht durch seine eigene Anstrengung und Bereitschaft selbst hilft.

Nachdem er gelernt hat, was ihm zu lernen möglich war, sollte der *sādhaka* bereit sein, alles in Frage zu stellen und, wenn nötig, durch experimentelle Arbeit an sich selbst, zu den Beweisen zu gelangen. In diesem Zusammenhang kann die Rolle des Guru mit einem »therapeutischen Bündnis« verglichen werden, beziehungsweise mit einer aufgabenorientierten Zusammenarbeit zwischen dem Patienten und dem Therapeuten in einer emotionalen Beziehung. In diesem Fall ist der Schüler allerdings nicht »krank«, sondern hat die geistige Bereitschaft, über die festgelegten Bedingtheiten seines Seins hinauszugehen. Er sucht nach einer erfahrbaren Verwirklichung seines innersten, unbewußten Wesens, aus welchem ihm eine Ahnung von einer umfassenderen und wahrhaftigeren Wirklichkeit zuteil geworden ist. Die Aufgabe eines Übenden ist nicht nur, in den Ritualen enthaltene Techniken in ihrem Wirken zu begreifen, sondern das Wie seiner eigenen Existenz. Erst dann, wenn der Schüler über den Bereich der Nutzanwendung hinausgelangt ist, befindet er sich, so heißt es, im rechten Zustand des Geistes.

Ein Suchender bleibt so lange ein Schüler, bis er sein spirituelles Ziel erlangt hat. In dem Augenblick, in dem er das erreicht, was er gesucht hat, ist er »neu geboren«. Die Beziehung zum Guru als einem initiierenden Meister ist damit zu Ende, denn es besteht keine Notwendigkeit mehr zu weiterer Belehrung.

Die Initiation

Bevor der Schüler sich auf die Stufenleiter des tantrischen Rituals begeben kann, ist es unumgänglich notwendig, daß eine Weihe in Form eines Rituals *(dīkṣā)* vorgenommen wird. Das Wort *dīkṣā* stammt von der Sanskrit-Wurzel *do-* bzw. *dyati* ab, die soviel wie abschneiden oder zerstören bedeutet. In der Initiation werden alle negativen Kräfte zerstört, um den höchsten Zustand der Existenz zu ermöglichen. Die *dīkṣā* schafft einen Kontakt zwischen der Person des Guru und der seines Schülers. Die bekannteste Form dieses Rituals ist die Initiation, in der ein Guru dem Schüler ein persönliches Mantra verleiht *(mantra-dīkṣā)*. Der Guru wählt Tag und Stunde, die günstig sind. In bestimmten Fällen wird das Horoskop des Schülers mit dem des Guru verglichen, um ganz genau die Zeit zu bestimmen, zu der das Mantra verliehen werden soll. Der Guru legt auch die *iṣṭa-devatā*, den göttlichen Aspekt oder die auserwählte Gottheit, des Schülers fest, die mit seiner Persönlichkeit übereinstimmt, so daß der Schüler, wenn er sich auf sie konzentriert, sich im gleichen Rhythmus mit der Gottheit befindet und so die Einheit erlangt. Normalerweise sitzt der Guru nach Osten gewandt, und der Schüler sitzt in der Lotoshaltung vor ihm. Zur Reinigung rezitiert der Guru als erstes sein eigenes Basis-Mantra und ruft seine eigene »erwählte Gottheit« an, und danach flüstert er dreimal das Mantra der *dīkṣā* in das rechte Ohr des Schülers. Das Mantra muß geheimgehalten werden, und es wird sogar angenommen, daß selbst ein aufgeschriebenes Mantra seine Kraft verlöre. Wenn das Mantra einmal verliehen worden ist, ist die Grundstufe der Mantra-Initiation abgeschlossen.

Instrumente der Verwandlung

Mantra

Die älteste und vielleicht verbreitetste Konzentrations-Technik ist der mantrische Klang. Mantra ist hauptsächlich eine konzentrierte »Gedankenform«, zusammengesetzt aus Kern-Silben, die auf den esoterischen Eigenschaften beruhen, von denen man annimmt, daß sie den Klangschwingungen innewohnen. Das Tantra hat ein System von verschiedenen Klang-Gleichungen entwickelt, deren Kraft weniger im Ausdruck einer Bedeutung liegt als in ihrem nachdrücklich betonten »Laut-Element«. Zum Beispiel erscheinen die Silben *hrīṃ, śrīṃ, krīṃ, phaṭ,* die in tantrischen Texten gefunden werden, dem Nicht-Initiierten bedeutungslos, unverständlich und irrelevant, für den Initiierten dagegen haben sie positive symbolische Bedeutungen. Sie begleiten, ob sie hörbar oder unhörbar rezitiert werden, die meisten Rituale wie eine ununterbrochene Symphonie. Die Rezitation eines Mantra, dessen symbolische Bedeutung man nicht kennt, ist eine Übung, von der es heißt, daß sie wirkungslos bleibe.

Laut *Sāradātilaka* können die Mantras in männliche, weibliche und neutrale unterteilt werden; männliche Mantras enden mit *hūṃ* oder *phaṭ,* die weiblichen mit *svāhā* und die neutralen Mantras enden mit *namaḥ.* Die Kraft eines bestimmten Mantra liegt in einer Reihe von miteinander verbundenen Faktoren: in seinem Muster von Klangwellen und der Art und Weise des richtigen Intonierens. Im allgemeinen wird das Mantra nur dann als wirksam betrachtet, wenn es vom Schüler durch den Mund eines Guru empfangen worden ist. Ein derart »erwecktes« Mantra aktiviert die Schwingungskanäle und bringt bestimmte überbewußte Gefühlszustände hervor, die den Schüler in seinem *sādhana* unterstützen. Dieser Klang eines Mantra oder einer mantrischen Kombination hat die Kraft, die göttlichen Gestalten oder ihre Energien zu wecken. Jede Gottheit besitzt eine Keimsilbe, *bīja-Mantra,* die ihre Entsprechung darstellt. So ist die Keimsilbe die Wurzelschwingung oder die atomare Form des Klanges, durch die das essentielle Wesen der Gottheit repräsentiert wird.

Die einsilbige Keimsilbe ist für das tantrische *sādhana* das, was für den Baum der Samen ist: ebenso wie der Samen alle Möglichkeiten des Baumes in sich trägt, so kann ein einzelner Klang die ganzheitliche

Summe der Gottheit beinhalten. Der Begriff *bījākṣara,* Keimsilbe, besteht aus zwei Worten: *bīja* bedeutet Samen oder Keim, und *akṣara* steht sowohl für »Silbe« als auch für »Unvergänglichkeit«. Der echte *bījākṣara* endet mit einem Spezialzeichen *(anusvāra),* das einem nach oben gekehrten Halbkreis mit einem Punkt im Zentrum ähnelt. In der lateinischen Transkription wird der *anusvāra* mit einem Punkt über oder unter dem Buchstaben m bezeichnet. Der *anusvāra* wird als ein fortlaufender nasaler Klang ohne irgendeine Modifikation beschrieben und ist eine Angleichung an eine »unaussprechliche Schwingung«. Der Punkt repräsentiert den *bindu* und ist die sichtbare Form von Śiva-*śakti.* Hans Ulrich Rieker teilt hierzu eine aufschlußreiche Beobachtung mit: »Der Punkt: Er steht nicht wie ein Grabstein am Ende eines Sanskritsatzes, sondern ist das Zeichen für stimmliche Belebung. Der Punkt über dem Konsonanten (der immer mit einem Vokal verbunden ist) wandelt ein stumpfes *ka* in eiṇ reiches *kaṃ* oder ein *kang,* ein *ta* in ein *taṃ* oder *tang, pa* in *paṃ* und so weiter, alle Konsonanten hindurch. Es fügt zum stumpfen Laut eine Schwingung hinzu. Es ist von besonderer Bedeutung, daß es ein o von der Brustschwingung zu dem *oṃ*-Klang im Kopf, in die höhere Sphäre erhebt. So erhöht es den nur physischen Klang zum *cakra* des Bewußtseins, dem *ājñā-cakra* zwischen den Augenbrauen, und verleiht ihm Bedeutung. In diesem Sinne ist der Punkt das Symbol des »innersten Wesens«.[31]

Vom Keim-Mantra glaubt man, daß es die ganze Kraft besitzt, die dem vollen Sinn einer Lehre innewohnt. Zum Beispiel kann eine Abhandlung, die einige tausend Verse umfaßt, zu wenigen Strophen verdichtet, dann noch weiter zu wenigen Zeilen zusammengefaßt und schließlich zu einem *bīja*-Mantra verkürzt werden, das, obwohl es die kleinste Klang-Einheit ist, immer noch die volle Kraft der Lehre bewahrt. Das manifestierte *bīja*-Mantra erzeugt eine zerebrale Schwingung, von der man sagt, seine Wirkung halte auch nach Beendigung der Rezitation weiter an. Die Kraft, die ein bestimmtes *bīja*-Mantra erzeugt, soll im Gehirnzentrum gespeichert und nach Wunsch aktiviert werden können.

Oṃ, der mächtigste aller Klänge, ist die Quelle aller Mantras und ein Schlüssel zur Verwirklichung. Es entsteht aus den Buchstaben A, U, M, die symbolisch die drei Ur-Tendenzen oder *guṇas* repräsentieren – Schöpfung, Erhaltung und Auflösung – und das gesamte Wissen der verschiedenen Ebenen des Universums umfassen. Man nennt es die »Quintessenz des gesamten Kosmos«, »Herrscher aller klingenden Dinge«, »Mutter der Schwingungen« und »Schlüssel zur ewigen Weisheit und

Kuṇḍalinī-yoga. Eine Malerei, die die verschiedenen Praktiken des *kuṇḍalinī-yoga* illustriert, die um ein zentrales weibliches Prinzip, *śakti,* vollzogen werden. Kanga, ca. 18. Jahrhundert. Gouache auf Papier.

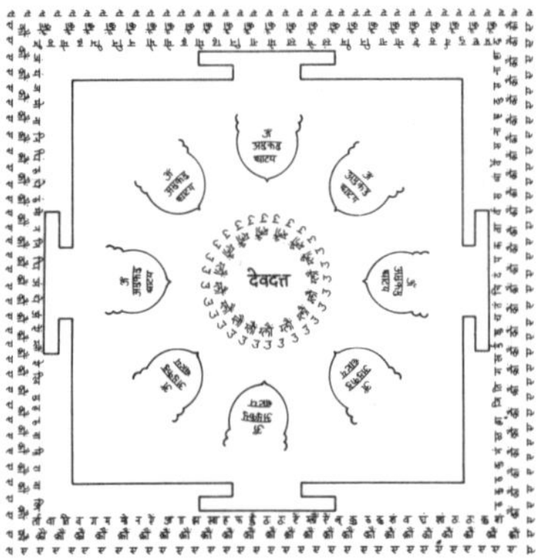

Yantra mit Mantra.

Macht«. Im folgenden einige Beispiele für Keim-Mantras und ihre Bedeutung:

Hrīṃ: Bīja-Mantra der Göttin Bhuvaneśvarī, der weiblichen Energie der Sphären. Laut dem *Varada-Tantra* sind H = Śiva; R = *śakti;* I = transzendentale Macht der Illusion; der Nasal M = der Schöpfer des Universums.

Krīṃ: das Kālī-*bīja,* das die Macht über Schöpfung und Auflösung repräsentiert, wird hauptsächlich rezitiert zur Überwindung von Begrenzungen. K = Kālī, R = das Absolute, I = die transzendentale Macht der Illusion und M = Ur-Klang *(Varada-Tantra).*

Śrīṃ: Lakṣmī-*bīja;* repräsentiert die weibliche Energie der Fülle und Vielfalt; es wird rezitiert, um weltliche Freuden und Gewinne zu erlangen. Ś = transzendentale göttliche Qualität der Fülle; R = Reichtum; I = Erfüllung und M = Grenzenlosigkeit.

Klīṃ: Bīja des Zeugungsverlangens von Śiva als Kāma; repräsentiert Freude, Seligkeit, Segen. K = transzendentales Verlangen, L = Herr des Raumes, I = Befriedigung und M = Freude und Schmerz.

In ähnlicher Weise steht *hroṃ* für Śiva, *aiṃ* für Sarasvatī, *eṃ* für *yoni, phaṭ* für Auflösung und so weiter.

Die *bīja*-Mantras sind hauptsächlich zur Wiederholung *(japa)* bestimmt. Sie werden an den Perlen eines Rosenkranzes, der aus 12, 18, 28, 32, 64, 108 oder mehr Samenkapseln besteht, abgezählt. Die Technik des *japa* bedeutet, daß der Klang, die jeweilige Anzahl rhythmischer Wiederholungen und die symbolische Bedeutung des Klanges gleichzeitig realisiert werden. Mantras, die nicht hörbar, sondern im Innern wiederholt werden, nennt man *ajapā-japa;* sie erzeugen ununterbrochene Schwingun-

Die Keimsilbe *oṃ*.

gen eines einsilbigen Klanges. Der mantrische Klang des *ajapā-japa* gleicht sich so an, daß er bei beständiger Übung mühelos mit dem Ein- und Ausatmen erzeugt werden kann. Unaufhörliche Wiederholung eines Mantra konzentriert es zu einem so machtvollen Impuls, daß das Wiederholen eines Lautes wie *haṃ-sa* den Klang in umgekehrter Anordnung schwingen lassen kann, d. h. als *»sā-haṃ«* oder *»so' haṃ«* – »Ich bin Sie« oder »Ich bin Er«. Nur wenn sich alle diese Faktoren in Einklang befinden, kommt es zu einer wirkungsvollen Gleichzeitigkeit.

Die Hauptfunktion des Mantra ist die Verinnerlichung oder Identifikation mit der göttlichen Gestalt oder ihrer Energie. Wenn das *bīja*-Mantra nach diesen Regeln wiederholt wird, ist es ein Mittel, um die Gehör-Wahrnehmung zu verankern und sie in den Mittelpunkt zu stellen. Sie wird damit zu einer brauchbaren Stütze der Sammlung, die der Bewußtheit Dauer verleiht. Die Praxis des *japa* oder der schweigenden Wiederholung der Mantra sammelt die nach außen gerichteten und zerstreuten geistigen Ströme in einem Punkt oder Zentrum. Mit der Verdichtung des Kraftfeldes wird die göttliche Gestalt sozusagen zum Übenden hingezogen, bis sie völlig verinnerlicht ist.

Körperbewußtsein und Körpersprache

Die Tantriker betrachten den Körper als die Grundlage der individuellen Identität: »Wer die Wahrheit des Körpers erkennt, kann das Wissen um die Wahrheit des Universums erlangen« *(Ratnasāra).* Wenn der Adept seine Subjektivität als ein denkendes, fühlendes und willensbegabtes Individuum akzeptiert, ist er nicht auf geistige Vorstellungen begrenzt, sondern lebt in einem existentiellen Bewußtsein seiner konkreten körperlichen Ganzheitlichkeit einschließlich der psychischen Kräfte, die ihn beleben.

In den Tantras wird der Körper als die Summe von fünf *kośas* oder Hüllen von verschiedener Dichte betrachtet. Diese sind: erstens der greifbare physische Körper *(annamaya);* zweitens der Lebensatem, die Hülle von vitaler Luft *(prāṇayama);* die dritte und vierte Hülle, die noch feinstofflicher sind, sind die Prozesse der Erkenntnis *(manomaya* und *vijñānamaya);* und schließlich die Hülle der Seligkeit *(ānandamaya),* die feinstofflichste von allen, die mit dem ewigen Element der Freude im Menschen identifiziert wird. Auf diese Weise sind Psychisches und Physisches voneinander abhängig, da jedes das andere in höherem Maße möglich macht.

Es ist durchaus möglich, vom Körper getrennt zu sein – sich seiner Kräfte nicht bewußt zu sein oder ihn gar vollständig zu negieren oder abzulehnen; aber seine volle Würdigung verlangt danach, daß er als natürliche Tatsache bewußt gemacht wird. Da der Körper ein Bindeglied zwischen dem Irdischen und dem Kosmischen ist, ist er sozusagen eine Bühne, auf der sich das psycho-kosmische Drama abspielt. Eine positive und empfängliche Einstellung dem Körper gegenüber ist eine notwendige Voraussetzung für das *sādhana.* Der Übende muß sich mit seinem Körper identifizieren und ihn verwandeln, denn sein Körper ist der konkrete Ausdruck seiner Seele und durch seinen eigenen Rhythmus und seine besondere Struktur charakterisiert. Als eine materielle Erweiterung des psychischen Ausdrucks glüht, strahlt und belebt sich der Körper in seiner Freude, er selbst zu sein. Es ist deshalb nicht überraschend, daß die Tantriker ein System psycho-physischer Kultivierung entwickelt haben, das mannigfaltige Arten von körperlichen Stellungen und Techniken der Gestaltung von Gebärden beinhaltet – eine Körpersprache, die dazu dient, den Körper zur Gehorsamkeit gegenüber dem Willen zu erziehen, um das Ritual zu beleben.

Eine Malerei, die Yoga-*āsanas* darstellt. Die in zwei Hauptgruppen unterteilten *āsanas* fördern entweder die Konzentration oder dienen dem körperlichen Wohlergehen. Ein hier dargestelltes *āsana* ist *pāśinimudrā,* wobei die Beine hinter dem Kopf verschlungen werden; Rajasthan, ca. 19. Jahrhundert. Gouache auf Papier.

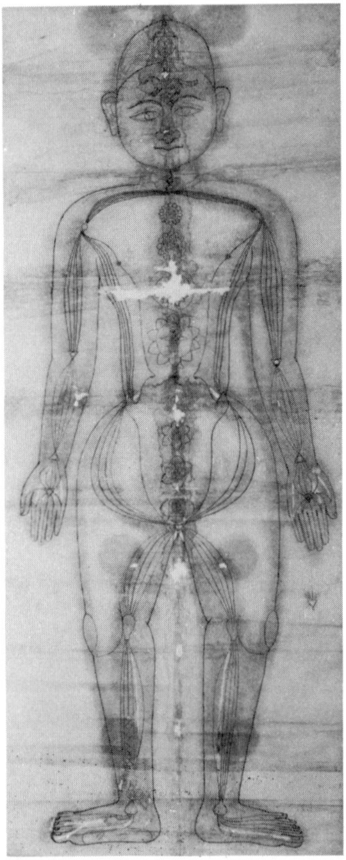

Cakras im ätherischen Körper. Rajasthan, 18. Jahrhundert. Tinte auf Papier. Parallel zum stofflichen Körper des Yogi existiert der ätherische Körper mit seinen astralen und vitalen Strömen. Dieser unsichtbare und ungreifbare ätherische Körper hat die Funktion, kosmische Kreuzungspunkte an verschiedenen Verbindungsstellen zu bilden: in den sieben psychischen Zentren des Körpers und den zwei Haupt-Nervenkanälen, *iḍā* auf der rechten und *piṅgalā* auf der linken Seite; der Yogi kann deren getrennte Funktionen aufheben, indem er sie im Zentralkanal, *suṣumṇā,* aufeinander abstimmt.

Nyāsa – die Berührung des Körpers

In dem Ritual, das man *nyāsa* nennt, werden Teile des Körpers sensibilisiert, indem man die Fingerspitzen und die Handfläche der rechten Hand auf verschiedene Zonen sinnlicher Wahrnehmung legt. Sehr häufig wird das Berühren des Körpers von einem Mantra begleitet, so daß der Übende dank der mächtigen Resonanzschwingung des Mantra die Kraft der Gottheit allmählich in seinen eigenen Körper hineinprojizieren kann. Die Tantriker glauben, daß das Fleisch aus seinem Schlaf gewissermaßen erweckt werden muß, und dieser Ritus versetzt die Kraft des unermeßlichen Pantheons der Gottheiten in die verschiedenen Organe des

Nyāsa.

Körpers. Die verbreitetste Form des *nyāsa, ṣadaṅga-nyāsa,* wird durch Berühren verschiedener Teile des Körpers in folgender Weise vollzogen:

Man berührt das Herz-Zentrum mit der Handfläche und rezitiert:
aiṃ hṛidāya namaḥ

Man berührt die Stirn mit vier Fingern:
oṃ klīṃ śirasī svāhā

Man berührt den Scheitel mit der Daumenspitze, wobei die übrigen Finger zur Faust geschlossen sind:
oṃ sahuḥ śikhāyai va ṣaṭ

Man umfaßt die Oberarme knapp unter den Schultern mit über der Brust gekreuzten Armen:
oṃ sahuḥ kavacaya hūṃ

Man berührt die geschlossenen Augen mit dem Zeige- und Mittelfinger:
oṃ bhuvaḥ netratroyaiya vausaṭ

Man legt diese zwei Finger auf die linke Handfläche:
oṃ bhur bhuvaḥ phaṭ.

Mudrā – die Gebärden

Eine andere Art der nicht-verbalen Kommunikation und des Selbstausdrucks besteht aus sich wiederholenden Gebärden und Fingerstellungen, *mudrā,* die im tantrischen Ritual mit *nyāsa* verbunden werden. Rituelle

Stellungen der Hand rufen eine subjektive Reaktion im Geist des Eingeweihten hervor. Die *mudrās* sind symbolische, archetypische Zeichen und beruhen auf bestimmten Fingerhaltungen, die den Platz des gesprochenen Wortes einnehmen, wobei sie deren Wirksamkeit beibehalten. Sie werden eingesetzt, um im Geist Vorstellungen zu beschwören, die göttliche Kräfte oder die Gottheiten selbst symbolisieren, wodurch die Konzentration intensiviert wird. Die *mudrās* bauen sich aus bestimmten Bewegungen der Finger auf, die hochstilisierte Formen der Gebärden-Kommunikation sind. Die *yoni-mudrā* zum Beispiel, welche das Yantra der *śakti* repräsentiert, wird ausschließlich zur Anrufung der Gottheit vollzogen, so daß sie dem *sādhaka* ihre Energie zur Verfügung stellt und sie ihm einflößt. Die Göttin selbst beschreibt im *Lakṣmī-Tantra,* wie die *yoni-mudrā* gebildet wird:

> »Lerne, wie sich die *yoni-mudrā* meiner selbst gestaltet, die den Platz des Grobstofflichen einnimmt. Die Hände kraftvoll gestreckt [und] fest [vor dem Körper] zusammengepreßt, verschränke jeden der Ringfinger über dem Rücken des anderen. Von der Mitte an berühren die [zwei] Zeigefinger einander an der Wurzel und drängen sich aneinander. Die zwei kleinen Finger werden zunächst vor die verbleibenden zwei mittleren [Finger] gelegt, während jeder des anderen Oberfläche berührt, wobei die Handflächen in der Mitte eine Höhlung bilden. Die zwei Daumen sollten in Richtung des ersten Teils der Mittelfinger plaziert werden.«[32]

Sowohl die *mudrā* als auch *nyāsa* sind der äußere Ausdruck eines »inneren Entschlusses«, der nahelegt, daß eine solche nichtverbale Kommunikation viel machtvoller ist als das gesprochene Wort. In den letzten Jahren war eine zunehmende Bewußtwerdung hinsichtlich der Wirksamkeit dieser nicht-verbalen Kommunikation zu beobachten. Eine Gruppe von Wissenschaftlern hat während des Studiums dieser Kommunikationsform festgestellt, daß es den Anschein hat, als gäbe es ein »Alphabet« von Gebärden, Stellungen, Körperbewegungen, das viel mehr ausdrückt, als Worte vermitteln können. Eine kürzlich veröffentlichte Studie des Psychologen Albert Mehrabian, die auf breitangelegten Untersuchungen der Kommunikation zwischen zwei Personen beruhte, brachte das Ergebnis, daß »nur 7% der Botschaft durch Worte übertragen wird, während 93% der gesamten Einwirkung den Empfänger auf nicht-verbalen Wegen erreicht ... Gefühle werden hauptsächlich durch nicht-verbales Verhalten vermittelt.«[33]

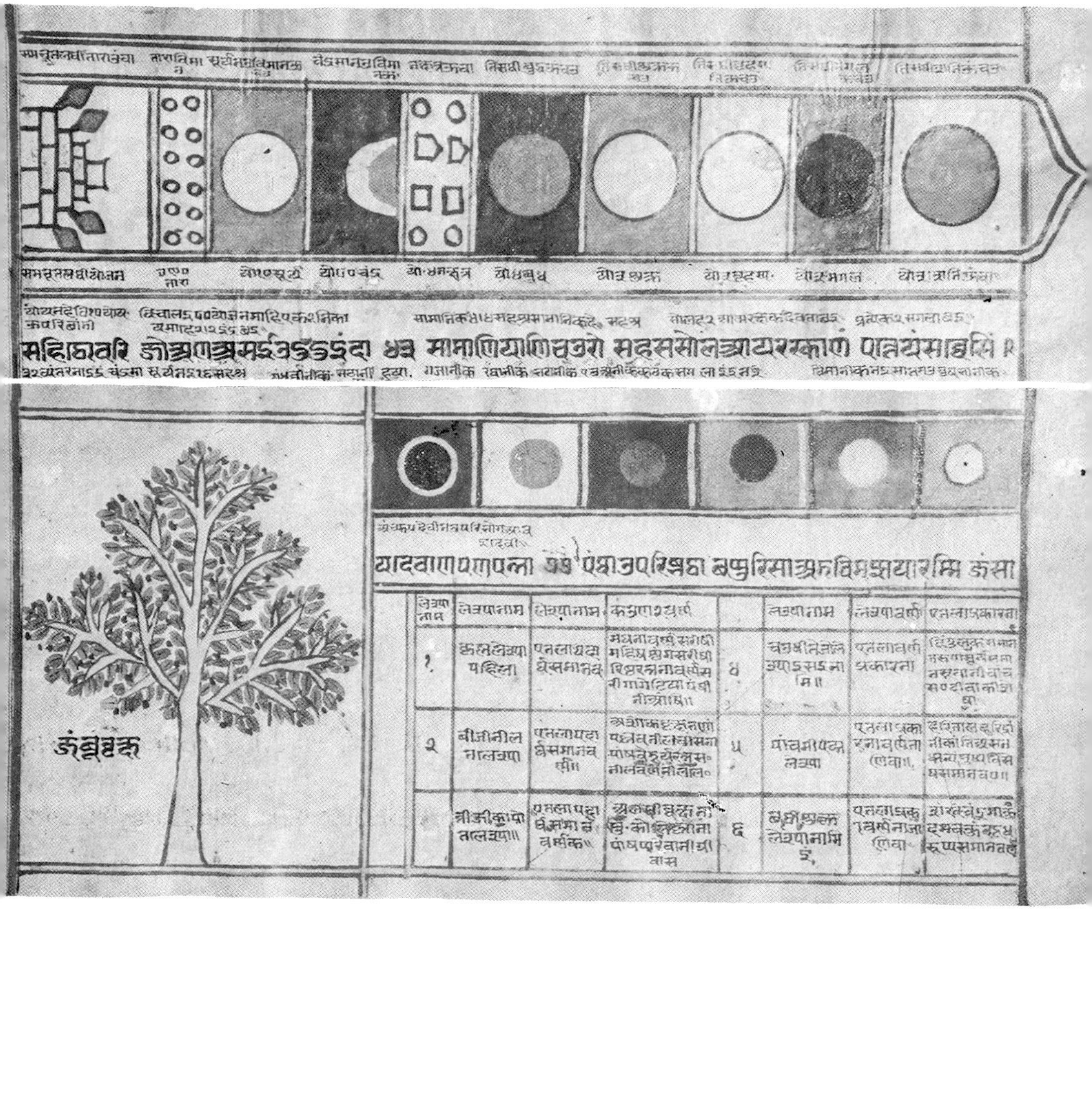

Grafische Darstellungen zur Kosmologie, illustriertes Manuskript. Gujarat, ca. 16. Jahrhundert. Gouache auf Papier.

tattva-mudrā,

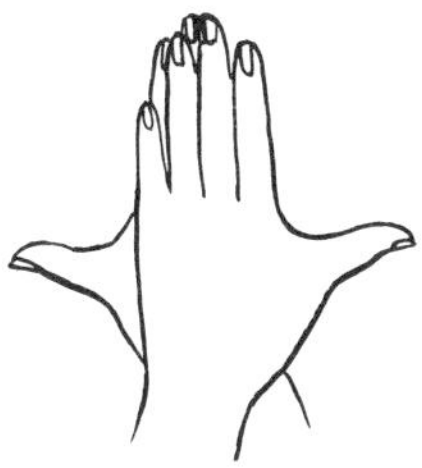

matsya-mudrā,

śaṅkha-mudrā,

padma-mudrā,

gadā-mudrā,

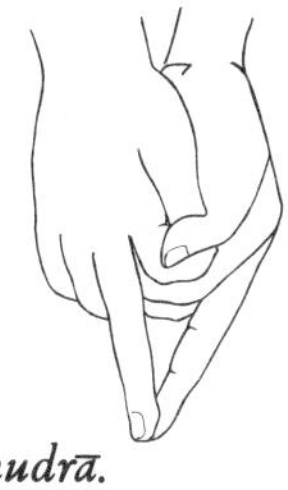

yoni-mudrā.

Bhūtaśuddhi – die Läuterung der Elemente

Wie *nyāsa* und *mudrā* ist das Ritual des *bhūtaśuddhi*, der »Läuterung der Elemente«, eine große Hilfe für den geistigen Prozeß der Identifikation. Es wird vor allen tantrischen Andachtsübungen vollzogen und besteht aus einer allmählichen Auflösung eines jeden der fünf grobstofflichen Elemente, aus denen der Körper zusammengesetzt ist, in ihre höchst subtilen, ursprünglichen Quellen. Das Ritual besteht aus dem Rezitieren der entsprechenden Mantras: »Oṃ hrīṃ pṛithivyai (Erd-Element) *hūṃ phaṭ«; »oṃ hrīṃ adbhyaḥ* (Wasser-Element) *huṃ phaṭ«; »oṃ hrīṃ tejase* (Feuer-Element) *huṃ phaṭ«; »oṃ hrīm vāyave* (Luft-Element) *huṃ phaṭ«; »oṃ hrīṃ ākāśāya* (Äther-Element) *huṃ phaṭ«*. Diese Mantras wirken auf den Geist des Eingeweihten, bis der materielle Körper geläutert ist, indem er im Geistigen Schritt für Schritt aufgelöst wird. In den verschiedenen Teilen des Körpers des Eingeweihten existieren alle Elemente und kosmischen Prinzipien. Das *Lakṣmī-Tantra* sagt hierzu:

> »Die Stelle des Erd-[Elementes] reicht bis zum Gürtel, so heißt es; die Stelle des Feuer-[Elementes] reicht bis zum Herzen; die Stelle des Äther-[Elementes] reicht bis zu den Ohren; die Stelle des *ahaṃkāra* reicht bis zur Höhle (Mundhöhle oder Fontanelle); die Stelle des *mahat*

reicht zu den Augenbrauen, und im Raum [über dem Kopf] liegt, so heißt es, die Stelle des Absoluten.«[34]

Das Erd-Element des Körpers wird aufgelöst durch das des Wassers, Wasser durch Feuer, Feuer durch Luft, Luft durch Äther, Äther schließlich wird von den feinstofflichen Prinzipien aufgenommen, bis die Quelle von allem erreicht ist. Durch die Auflösung der fünf grobstofflichen Elemente *(mahā-bhūta)* und der feinstofflichen Prinzipien *(tanmātra)* sowie aller Sinneswahrnehmungen und der Denksubstanz *(mahat)*, die alle in *prakṛiti* übergehen, findet eine allmähliche geistige Rückbildung statt. Nachdem der *sādhaka* auf diese Weise seinen Körper neu erschaffen hat, erlangt er die Fähigkeit zur eigentlichen rituellen Andacht.

Prāṇāyāma - die Zügelung des Atems

Ein bedeutender Beitrag der Yoga-Lehren zum tantrischen Ritual ist die Kontrolle der psychosomatischen Mechanismen durch die Regulierung des Atems. Der Atem als ein konstanter Faktor der Person ist ein vitaler Kontaktpunkt zwischen dem Selbst und dem Körper. *Prāṇāyāma* (die Kontrolle des *prāṇa*, der Lebenskraft) ist vielleicht eine der ältesten und wichtigsten Techniken zur Erweiterung des Bewußtseins, um die biomotorische Kraft im menschlichen Körper zu kontrollieren, die sich als *prāṇa* manifestiert. Die Kontrolle des Atems und damit der »vitalen Lüfte« im Körper wird angewandt, um die Nervenströme zu reinigen und die feinstofflichen Zentren des Körpers zu beleben; das Hauptziel ist die Stimulierung des paranormalen Bewußtseinszentrums im Gehirn-*cakra* zur Erweckung der *kuṇḍalinī.* Um dieses Ziel zu erreichen, hat die Yoga-Lehre eine systematische Technik mit besonderer Beachtung des Ortes, der Dauer, Geschwindigkeit, Tiefe und Rhythmik des Atems entwickelt. Unter normalen Umständen ist unser Atem sehr unregelmäßig; Einatmung und Ausatmung sind nicht nur ungleich, sondern es fehlt ihnen auch die Harmonie. Da der Atemzyklus eines jeden Individuums dynamisch auf die latente *kuṇḍalinī* einwirkt, findet diese Einwirkung ungefähr 216.000 Mal am Tag statt; dies ist die Frequenz, die mehr oder weniger der Anzahl der Atemzüge eines Individuums entspricht. Es ist jedoch so, daß bei einem Großteil der Menschen diese Atemzüge oberflächlich und schnell verlaufen, wobei die Lungen nur zu einem

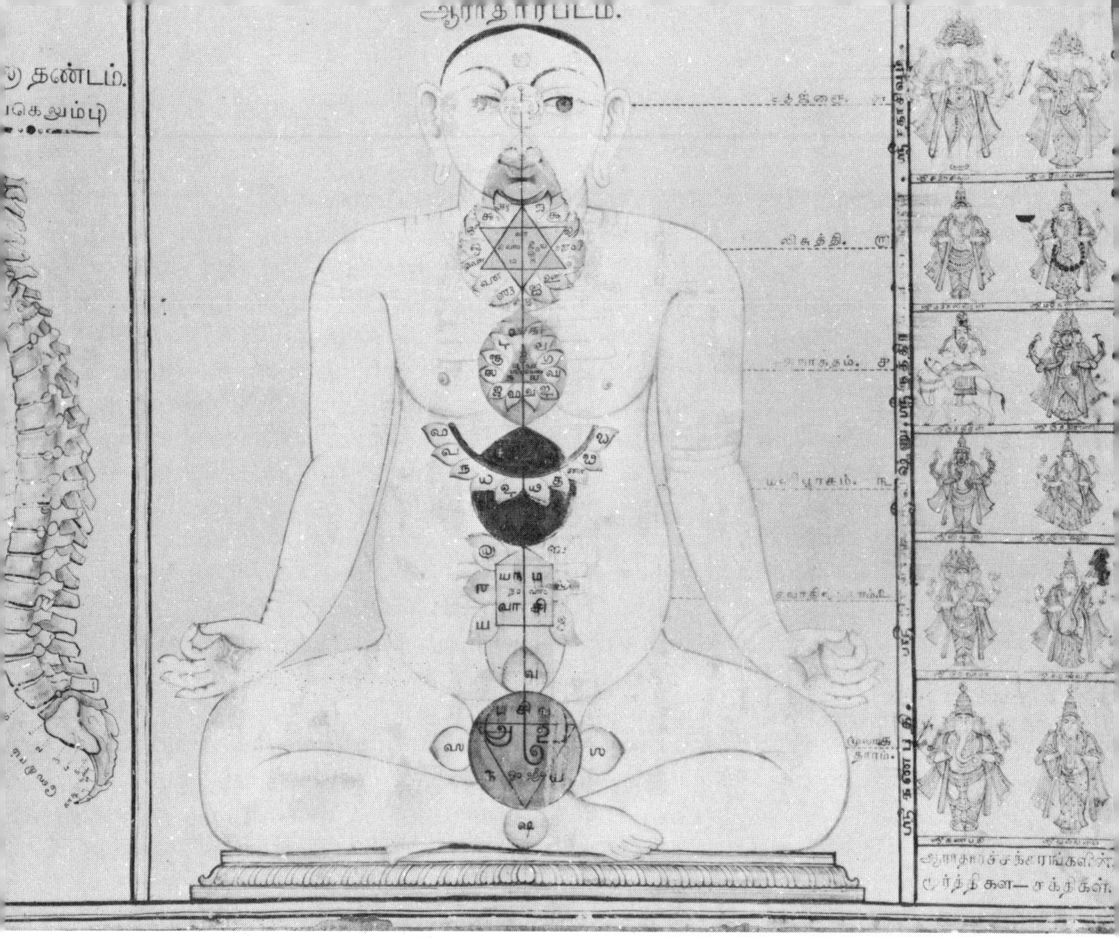

Diagramm der *cakra* im Körper des Yogi. Tinte und Farbe auf Papier. Tamil Nadu, 19. Jahrhundert.

Bruchteil ihres Fassungsvermögens angefüllt werden. Unter diesen Umständen ist der Energiestrom, der nach unten fließt, um die *kuṇḍalinī* zu aktivieren, zu gering, als daß sie dadurch geweckt würde.

Der erste Schritt im *prāṇāyāma* befaßt sich mit der Regulierung des Atems in einer festgelegten Weise und mit der rhythmischen Gestaltung des Ein- und Ausatmens. Rhythmische Kontrolle verhütet die Zerstreuung von Energie, unterstützt die Konzentration und bändigt die Impulse des autonomen Nervensystems; damit wird die gesamte Grundstimmung des Körpers verbessert, und die inneren Funktionen unseres psycho-physischen Organismus werden harmonisiert.

Prāṇāyāma wird in Verbindung mit anderen Yoga-Disziplinen wie *āsana*, *mudrā*, Mantra, *bandha* oder innerlichen Muskelkontraktionen etc.

angewandt. Es gibt viele Variationen und Kombinationen, um das *prāṇa* für zweckmäßige Bewegungen zu regulieren. Die Praxis des *prāṇāyāma* besteht aus mehreren Phasen. Das erste und wichtigste Ziel ist, empfindsam und aufmerksam dem Akt der Atmung gegenüber zu sein, das Atmen bewußt wahrzunehmen. Wenn man den Fluß des *prāṇa* zu fühlen beginnt, kann man anfangen, sie zu kontrollieren. Der nächste Schritt ist die körperliche Stellung: damit *prāṇāyāma* wirksam sein kann, sollte es in einer besonderen Haltung praktiziert werden, die am besten geeignet ist das erwünschte Ergebnis zu fördern. Eine einfache Stellung ist entweder *padmāsana*, die Lotoshaltung, wobei man mit überkreuzten Beinen sitzt und den linken Fuß auf den rechten Oberschenkel sowie den rechten Fuß auf den linken Oberschenkel legt, oder *siddhāsana*, die Haltung der Vollendung, wobei die linke Ferse fest an das Perinäum gedrückt wird und die Ferse des rechten Fußes auf dem rechten Oberschenkel aufliegt und den Unterleib berührt. In beiden dieser Stellungen ist es erforderlich, mit Kopf, Nacken und Wirbelsäule in einer geraden Linie aufgerichtet zu sitzen, um die Neigung zu Schläfrigkeit zu vermeiden. Die Augen sind auf die Nasenspitze gerichtet und die Hände werden auf die Knie gelegt.

Die Yogis erklären, die Möglichkeit, daß die Energie des *prāṇa* entweiche, sei geringer, wenn man mit überkreuzten Beinen in einer der beiden genannten Haltungen sitzt. Sie schaffen eine feinstoffliche Basis in Form eines Dreiecks, in dem der ganze Körper einen geschlossenen Stromkreis des Energiefeldes gestaltet, so daß die Ströme nicht zu den Fingerspitzen herausfließen können, sondern kontinuierlich innerhalb des Körperkreislaufs zurückgehalten oder eingeschlossen werden, solange die Stellung beibehalten wird. Nachdem die Haltung gemeistert ist, folgt der nächste Schritt, das System mit Energie aufzuladen, indem man mittels tiefer Atemzüge ein Maximum an *prāṇa* aufnimmt. Von ebenso großer Bedeutung ist der darauffolgende Schritt, daß man einen rhythmischen Atem gewinnt, der zwischen den einzelnen Phasen einer Atemeinheit ein ausgewogenes Verhältnis herstellt. Eine Atemeinheit besteht aus drei Teilen: Einatmung (oberflächlich oder tief), Anhalten des Atems (an irgendeinem Punkt der Atmung) und Ausatmung. Der Rhythmus beim Atmen ist das Gleichgewicht oder das ausgewogene Verhältnis zwischen diesen drei Phasen.

Das genaue Zeitmaß von Einatmen *(puraka)*, Anhalten *(kumbhaka)* und Ausatmen *(recaka)* ist 1 : 4 : 2. Somit ist die in Sekunden angegebene Dauer der Atemkontrolle auf den einzelnen Stufen wie folgt:

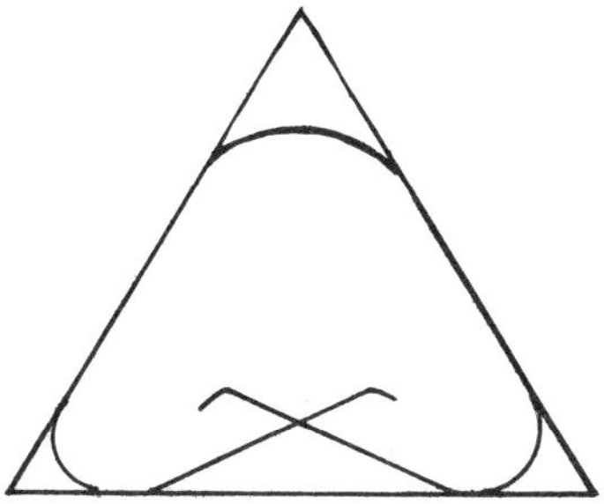

Schematische Darstellung, wie eine Yoga-Haltung einen Stromkreis bildet, wobei die gekreuzten Beine gegen den Verlust der *prāṇa*-Ströme schützen.

Schematisch dargestelltes *āsana*, um die Stromkreise des *prāṇa* und der psychischen Energie anzudeuten.

Einatmen		Anhalten des Atems	Ausatmen	Ruhe
tief	4	16 ½	8	1
mittel	6	33 ¼	10-12	2
hoch	8	50	12-16	3

Die Luft wird langsam durch das linke Nasenloch eingeatmet, das mit dem lunaren Kanal *(iḍā)* verbunden ist, während das andere mit dem Daumen geschlossen wird. Der Atem wird angehalten und ausgeatmet, wie der spezifische Rhythmus es verlangt. Die Übung wird in demselben Rhythmus mit dem rechten Nasenloch wiederholt, das mit dem solaren Kanal *(piṅgalā)* verbunden ist. Während der Übung wird die Silbe *oṃ* oder ein *bīja*-Mantra wiederholt, um die relative Dauer der Ein- und Ausatmung abzumessen; gleichzeitig ist es wichtig, sich auf die beiden Nervenströme *(iḍā* und *piṅgalā)* und ihr wiederholtes rhythmisches Erfüllt- und Entleertwerden zu konzentrieren. Man fühlt, daß man sozusagen Strömungsimpulse aussendet, um die *kuṇḍalinī* anzuregen.

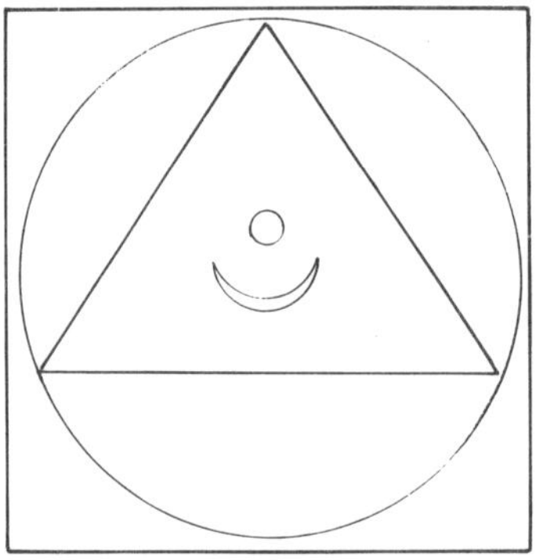

Āsana-Mandala.
Diagramm der fünf Elemente (*pañcabhūta*).

Yoni, die weibliche Scham, als Matrix der Zeugung. Im tantrischen Kult erhält sie eine besondere Bedeutung, da sie die absolute Wirklichkeit repräsentiert, die sich in ihrem weiblichen Prinzip als *prakṛiti* manifestiert. Andhra Pradesh, ca. 19. Jahrhundert. Holz.

Nach einer *prāṇāyāma*-Übung ist es notwendig, wie ein Leichnam flach auf dem Rücken zu liegen (*śavāsana*), um den Geist zu entspannen und zu beruhigen. Die Anzahl der Übungen sollte allmählich erhöht werden. Wenn der Atem längere Zeit angehalten wird, kann das System mehr Energie aufnehmen. Wird diese Methode perfekt geübt, so beginnen die ersten Zeichen ihrer Wirkung sichtbar zu werden. Der Körper entspannt sich mehr und mehr, wird ruhiger und rhythmischer und kommt in Harmonie mit seinen inneren Elementen, das Gesicht »glüht wie die Sonne«. Erst wenn der Eingeweihte die Übung wirklich zu ihrer Vollendung geführt hat, wird er fühlen, daß das *prāṇa* durch die *suṣumṇā* aufsteigt, indem der Fluß der Energieströme im solaren und lunaren Kanal zurückgehalten wird.

Prāṇāyāma findet auch vielfach Anwendung, um durch die Konzentration auf die inneren Bewegungen des Atems meditative Zustände zu erzeugen. Eine übliche Praxis ist die, sich auf den Bruchteil des Augenblicks zu konzentrieren oder seiner gewahr zu sein, der zwischen Ein- und Ausatmen liegt. Ebenso kann die Aufmerksamkeit auch auf die Gesamtheit des Atemablaufs gerichtet werden.

Die Yogatechniken der Konzentration und Meditation spielen im tantrischen Ritual eine zentrale Rolle. Alle Identifikationen, die Verinnerlichungen, denen der Tantrismus so große Bedeutung beimißt, können erreicht werden, wenn man die Achtsamkeit systematisch auf einen einzigen Sinnenreiz beschränkt. Damit man sich selbst mit dem Göttlichen identifizieren, mit dem Objekt der Kontemplation verschmelzen und die Erfahrung der Vereinigung erlangen kann, bedarf es der Voraussetzung diverser physiologischer und spiritueller Übungen. Durch diese wird unser gewöhnliches Bewußtsein in ein qualitativ andersartiges Instrument der Erfahrung umgewandelt, das nicht mehr von weltlichen Impulsen beherrscht wird, sondern neue geistige Tore zu einem Gewahrwerden der Einheit öffnet.

Das *Yoga-Sūtra* des Patañjali beschreibt in seinem zweiten Vers das Wesen des Yoga als »Aufhebung der Modifikationen des Geistes«. Konzentration meint die »Einspitzigkeit« *(ekāgratā)* der Achtsamkeit, sie auf einen einzelnen Sinnesreiz zu fixieren, um die »vielfältig ausgerichtete, unbeständige, zerstreute Achtsamkeit« vollständig unter Kontrolle zu bringen *(sarvārthatā)*. Im alltäglichen Ablauf des Lebens ist unsere Aufmerksamkeit ständig durch eine Vielzahl äußerer Reize abgelenkt. Unbewußte Kräfte zerstreuen unser Bewußtsein und schleusen Myriaden von geistigen Assoziationen, Worten, Bildern und Sinneseindrücken ein. So ist unser Geist ständig diesen inneren Kräften preisgegeben; Meditation aber verlangt die vollständige Zensur dieses geistigen Flusses, indem man seine Achtsamkeit auf ein bestimmtes Ziel oder einen Reiz ausrichtet: »Sobald die Wellen aufhören und der See ruhig wird, sehen wir auf den Grund. So ist es mit dem Geist: wenn er ruhig ist, sehen wir, was unsere wahre Natur ist; wir vermischen unser Selbst nicht mehr mit den Tätigkeiten unseres Geistes, sondern ruhen in unserem eigenen Selbst.«[35]

Meditation setzt ein Subjekt, ein Objekt und einen Erfahrungsprozeß voraus. Obwohl diese drei sich zu einer Einheit verbinden, liegt der Nachdruck auf dem Prozeß, der die Verwandlung bewirkt und das Mittel des »Gewahrwerdens« und der höchsten Verwirklichung ist. *Prāṇāyāma*, *dhāranā* oder Konzentration und die Meditation selbst sind Phasen ein und desselben Prozesses. Jede der aufeinanderfolgenden Phasen ist eine subtile Verfeinerung der vorhergehenden. Wenn man durch einen Akt der Achtsamkeit seinen Geist auf ein bestimmtes Objekt, eine Idee oder

Empfindung ausrichtet, so ist die Konzentration eine Intensivierung desselben Prozesses, indem unser Bewußtsein von jeglicher Ablenkung vom Objekt der Konzentration abgehalten wird. Meditation ist eine noch intensivere Form, charakterisiert durch die willentliche Kontrolle des Geistes, die einen Seinszustand, der jenseits alles Gewöhnten liegt, eindringlich erfahren läßt.

Traditionelle Symbole dienen als Hilfsmittel zur Sammlung und zur Erinnerung an eine Wirklichkeit, die im Alltagsgeschehen weltlicher Ablenkungen leicht vergessen wird. Es gibt verschiedene Symbole, die zur Unterstützung der Konzentration verwandt werden, von gelegentlich eingesetzten vertiefenden visuellen Objekten wie einfachen grafischen Zeichen, Punkten und konzentrischen Kreisen, bis hin zu komplex strukturierten Macht-Diagrammen wie Yantras und Mandalas. Andere sind skulpturelle Formen wie das *Śiva-liṅga* und das *śālagrāma,* die ebenfalls als Brennpunkt für die Konzentration Verwendung finden. Im klassischen Yoga wird auch das Ausrichten der Konzentration auf die Oberfläche des Körpers beschrieben. Es ist eine traditionelle Methode, mit halbgeschlossenen Augen seine Aufmerksamkeit auf die Spitze der Nase oder auf den Raum zwischen den Augenbrauen zu richten. Eine weitere einfache Übung ist, in eine Kerzenflamme zu starren. Mit der Kontrolle der Konzentration werden abschweifende Gedanken beseitigt und die äußere Welt zeitweilig ausgeschlossen. Diese Übung ist schwieriger, als sie zunächst erscheinen mag, und Anfänger müssen entdecken, daß es sehr schwierig ist, sich für längere Zeit auf ein Objekt zu konzentrieren: Sie werden vom Objekt der Meditation abgelenkt und stellen unweigerlich fest, daß ihre Achtsamkeit hierhin und dorthin wandert. Jedesmal, wenn das geschieht, muß der Anfänger seine Konzentration zum Meditationsobjekt zurückführen und von neuem beginnen.

Ein weiteres allgemeingebräuchliches Hilfsmittel zur Meditation ist, die Achtsamkeit auf verschiedene Wahrnehmungen wie die des sich wiederholenden Mantra oder andere innerlich erzeugte Klänge zu konzentrieren. Die Klänge können natürlicher Herkunft sein wie jene eines Wasserfalls, das Brausen des Meeres, das Summen der Bienen oder der Klang einer Flöte; der Eingeweihte kann sich auf einen vorgestellten Klang konzentrieren.

Eine weitere von Tantrikern geübte Methode zur inneren meditativen Erfahrung besteht darin, das Bild einer Gottheit innerlich zu visualisieren. Normalerweise wird bei der Technik der Visualisierung die Energie, die ansonst durch die Funktionen des Bewußtseins strömt, zurückgehalten und nach innen gelenkt. Geschieht dies, projiziert unsere Einbildungskraft das Bild der Gottheit gleichsam auf eine geistige Leinwand, und wir sehen und erfahren ihre Gestalt in unserem Geist. Visionen dieser Art sind weder pathologische Phantasien noch Träume. In einem Traum sieht man zwar verschiedene Bilder, die aus dem Unbewußten heraufsteigen, davon unterscheidet sich die Visualisierung aber insofern, als diese bewußt erzeugt wird. Obwohl sie ebenfalls eine Bildersprache verwendet, die der des Traumes ähnlich ist, ist die Visualisierung doch dem Bewußtsein näher.

Visualisierungen werden an einem einsamen, zur Meditation geeigneten Ort vollzogen; mit geschlossenen Augen baut der Eingeweihte ein geistiges Bild der von ihm erwählten Gottheit auf. Was mit achtsamer Anstrengung auf die innere Leinwand des Geistes projiziert wird, ist keine persönliche Gestaltung, sondern ein ikonografisch festgelegtes Bild, das sich auf sorgfältige Beschreibungen in den überlieferten Texten stützt. Jede Visualisierung wird streng nach kanonischen Anweisungen vollzogen, und jeder Teil des Körpers der Gottheit und ihrer Symbole ist in einer etwas übertriebenen Form dargestellt, um die schöpferische Imagination des Eingeweihten anzuregen und zu führen. Er befindet sich in der Rolle eines Handwerkers, der die Fäden eines kanonischen Archetypus zusammenwebt, oder der eines Bildhauers, der ein minuziös ausgearbeitetes, geistiges Bild skulpturell umsetzt. Das so erzeugte geistige Bild sollte nicht durch Gedanken oder innere Unruhe gestört werden, denn auf die Visualisierung folgt die Identifikation. Der Eingeweihte vertieft sich in jeden Aspekt der Gottheit und stellt sich dabei vor, daß er schrittweise in sie verwandelt wird. Diese Übung verlangt ein aktives Spiel der schöpferischen Imagination.

Was alle meditativen Techniken miteinander verbindet, ist die Tatsache, daß der Eingeweihte in der Meditation seine vielfältig ausgerichteten Energien in einem Kern sammelt und zum Zentrum seiner eigenen psychischen Kraft führt. Auf diese Weise werden die Hilfsmittel zu »Brücken« auf dem Pfad des *sādhana*. Es gibt zwei Hauptwirkungen der Meditation: das »Zentrieren« und, als Konsequenz daraus, die Erfahrung eines veränderten Zustandes, der, was Erfahrung und Inhalt betrifft, notwendigerweise nicht-rational und intuitiv ist.

Alle diese Techniken haben grundsätzlich den Zweck, den Zufluß von intuitiver Einsicht zu verstärken, und aus diesem Grund werden Mittel benützt, die jeden unserer Sinne miteinbeziehen: Gehörsinn durch Mantras; Tastsinn durch *mudrā, nyāsa* und *āsana;* Geruchssinn durch Atmen und *prāṇāyāma;* das Denken durch Meditation, Konzentration und Visualisierung. Jede dieser Techniken bringt eine grundlegende Empfindungsqualität mit sich, und in ihrer Verbindung angewandt, löst sie einen veränderten Zustand aus, so daß die intuitive Seite unseres Bewußtseins ihren gesamten Spielraum entfalten kann.

Nach diesem Überblick über die verschiedenen Techniken müssen wir zu der wichtigsten aller Fragen zurückkehren: Was für ein evolutionärer Mechanismus wirkt im menschlichen Körper, der die unbegrenzte Kraft der Verwandlung erzeugt? Was ist die Grundlage für die Konzeption der feinstofflichen Energien, die im menschlichen Organismus am Werke sind? Die Tantriker nennen dieses Unbekannte die geheimnisvolle *kuṇḍalinī-śakti.* Im Vers 3 des *Satcakra-Nirupana* wird die *kuṇḍalinī* folgendermaßen beschrieben: »Sie ist schön wie eine Kette von Blitzen und zart wie eine Lotosfaser und sie strahlt im Geist der Heiligen. Sie ist in äußerstem Maße subtil, die Erweckerin der reinen Erkenntnis, die Verkörperung aller Seligkeit, deren wahre Natur reines Bewußtsein ist.« Auf den ersten Blick ist es ganz und gar nicht klar, was die *kuṇḍalinī* eigentlich ist. Der Vers beschreibt sie als eine außerordentlich subtile Kraft, in der die Macht der Verwandlung ruht. Können wir also sagen, *kuṇḍalinī* ist die Kraft, die vereinigt? Nein, sie ist viel mehr.

Kuṇḍalinī ist die mikrokosmische Form der universalen Energie, oder einfacher, die unermeßliche Schatzkammer von statischer, potentieller psychischer Energie, die in jedem Wesen in latenter Form existiert. Sie ist die machtvollste Manifestation der schöpferischen Kraft im menschlichen Körper. Die Konzeption von der *kuṇḍalinī* ist keine Eigenheit der Tantras, sondern stellt die Basis aller Yoga-Praktiken dar, und jede echte spirituelle Erfahrung wird als ein Aufsteigen dieser Kraft betrachtet. Sie wird beschrieben als »zusammengerollt«, »inaktiv« oder im »Trance-Schlaf« an der Basis des Rückgrats im *mūlādhāra-cakra* oder Wurzelzentrum liegend, wo sie die Öffnung des Kanals verschließt, der zum kosmischen Bewußtsein in das Gehirnzentrum führt. In den meisten Fällen kann die *kuṇḍalinī* das ganze Leben lang im Schlaf liegen, ohne daß der Mensch von ihrer Existenz weiß.

Die nächste Parallele zu dieser Vorstellung ist das, was zeitgenössische Verhaltenswissenschaftler als die Kluft zwischen unserem potentiellen und unserem tatsächlichen Selbst bezeichnen. Laut ihren Erkenntnissen macht das Durchschnittsindividuum nur von 10% seiner Kapazität Gebrauch, während der größte Teil seiner Möglichkeiten, Talente und Fähigkeiten unverwirklicht bleibt. Die *kuṇḍalinī-śakti* sollte jedoch nicht nur mit der schöpferischen Kapazität des Menschen gleichgesetzt werden, sondern man muß sie als eine Kraft betrachten, die die Macht hat, eine nicht zu leugnende psychische Energie zu wecken, die in jedem von uns schlummert. Keine Beschreibung der *kuṇḍalinī* in symbolischen oder physiologischen Begriffen wird ihr wirklich gerecht werden können. Ihr Wesen ist unfaßbar, und ihre Wirklichkeit kann nur dadurch beurteilt werden, daß man sie erfährt und die Wirkung erlebt, die ihr Aufsteigen im menschlichen Körper verursacht.

Es wird angenommen, daß der Mensch innerhalb seines körperlichen Rahmens alle feinstofflichen Ebenen des Universums umfaßt; jenseits seiner körperlichen Existenz gibt es einen parallelen sogenannten ätherischen Doppelgänger, einen feinstofflichen Leib. Die feinstofflichen Hüllen stehen an mehreren psychischen Punkten mit dem grobstofflichen Körper in Verbindung. Die vielen ätherischen Kanäle nennt man *nāḍi* (abgeleitet von der Wurzel *nād,* die Bewegung oder Schwingung bedeutet); die wichtigsten davon sind die lunare *nāḍi, iḍā,* die solare *nāḍi piṅgalā,* und der zentrale feinstoffliche Kanal, *suṣumṇā.* Obwohl Versuche unternommen wurden, diese feinstofflichen Nervenkanäle mit verschiedenen Teilen der menschlichen Anatomie zu identifizieren, sind sie durch physikalische Mittel nicht aufzuspüren. Der vitale Strom der *kuṇḍalinī* wird vor allem durch den Mechanismus dieser ätherischen Struktur geweckt.

Das *mūlādhāra-cakra (mūla* = Wurzel), an der Wurzel der Wirbelsäule zwischen der analen Öffnung und den Geschlechtsorganen (Sakralplexus), ist der Ort, von dem alle Haupt-*nāḍis* ausgehen. Die *suṣumṇā,* am Perinäum gelegen, läuft durch den Zentralkanal der Wirbelsäule und erstreckt sich bis zum Scheitel. Zu ihren beiden Seiten verlaufen *iḍā* (links) und *piṅgalā* (rechts). Obwohl sich *iḍā* und *piṅgalā* am *mūlādhāra-cakra* von der suṣumṇā trennen, treffen sie im Bereich des *ājñā-cakra,* das zwischen den Augenbrauen liegt (Carvenous Plexus), wieder mit ihr zusammen, wo sie sich wiederum teilen und im linken und rechten Nasenloch enden.

Längs der *suṣumṇā* liegen die sechs psychischen Hauptzentren oder *cakras,* während das siebente außerhalb des Körpers über dem Scheitel liegt; zusammen bilden sie die sieben psychischen Hauptwirbel im fein-

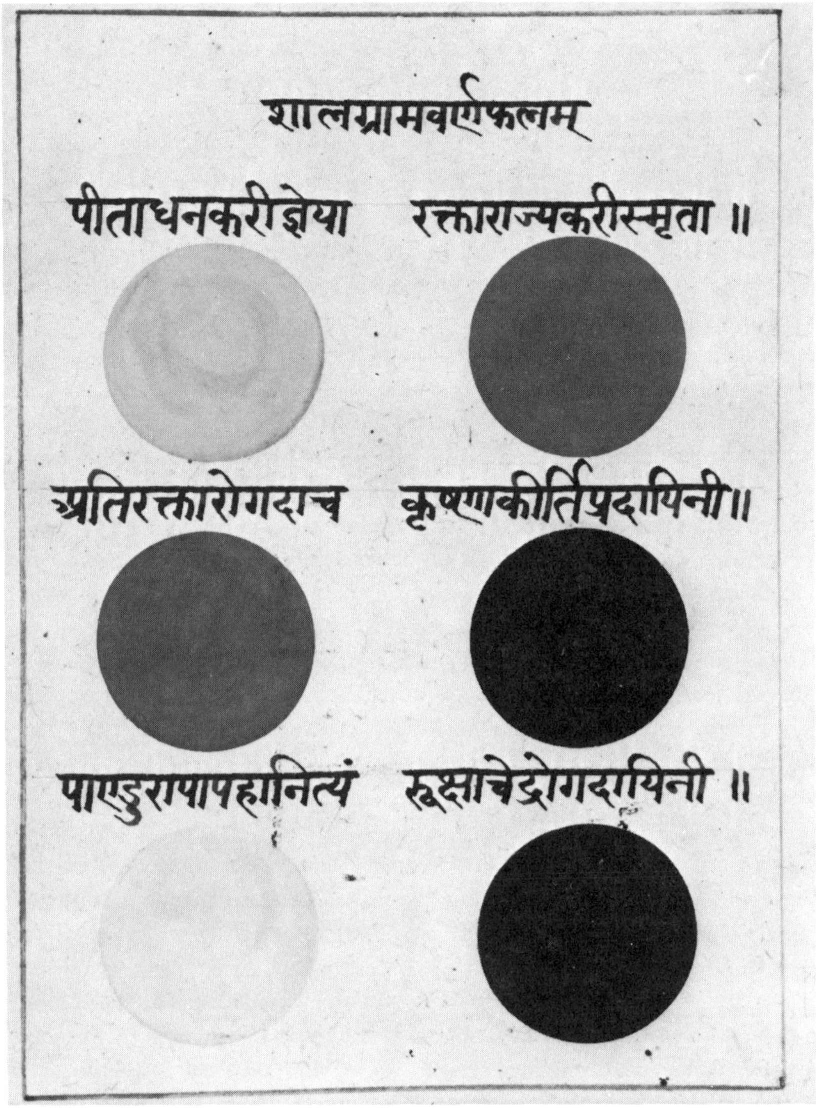
शालग्रामवर्णफलम्
पीताधनकरीज्ञेया
रक्ताराज्यकरीस्मृता ॥
अतिरक्तारोगदाच
कृष्णाकीर्तिप्रदायिनी ॥
पाण्डुरापापहानित्यं
रूक्षाचेद्रोगदायिनी ॥

Eine Manuskriptseite, die mit *śālagrāmas* zum Zwecke der Meditation bemalt ist. Damit wird auf die günstigen Ergebnisse hingewiesen, die durch ihre Ausübung erlangt werden können. Rajasthan, 18. Jahrhundert. Tinte und Farbe auf Papier.

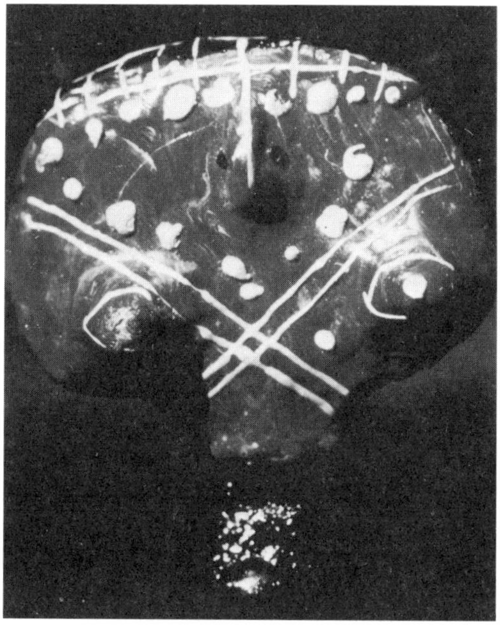

Jagannāth, der Herr des Universums. Midnapur, West-Bengalen, zeitgenössisch. Lack auf sonnengebranntem Ton.

Halskette aus Rudrākṣa-Perlen, verwendet bei der Wiederholung von Mantras *(japa)*. Südindien, 19. Jahrhundert. Getrocknete Samenkapseln.

stofflichen Körper. Diese *cakras* offenbaren sich nur dem praktizierenden Tantriker durch die Techniken des Yoga.

Zu dem Versuch, die *cakras* mit verschiedenen Teilen des Körpers zu identifizieren, bemerkt Rieker zutreffend:

> »Wenn das System der *cakras* mit dem Zentralnervensystem identisch wäre, müßte entweder all unser akademisches Wissen falsch sein, oder die Yoga-Lehren währen leere Phantasien. Doch ist keines von beidem der Fall. Unser Wissen über das Zentralnervensystem bezieht sich nur auf den materiellen Aspekt, während die Theorie der *cakras* zu den tiefsten Ursprüngen aller dynamischen Prozesse im Menschen, zu den tiefsten kosmischen Funktionen hinabreicht, an die wir unleugbar gebunden sind.«[36]

Die *cakras* werden in der Form von Lotosblüten dargestellt, und jede ist mit einer bestimmten Farbe verbunden; die Anzahl der Blütenblätter eines Lotos deutet auf das Maß der Schwingungen dieses *cakra* hin. Auf diese Weise werden dem Wurzelzentrum nur vier Frequenzen zugeordnet, da dort die Energie am niedrigsten ist und der Widerstand am höchsten; wenn man jedoch die Stufenleiter hochsteigt, nehmen die Frequenzen beträchtlich zu. Die Buchstaben, die auf die Blütenblätter der lotosförmigen *cakras* geschrieben sind, bedeuten mehr als nur Teile des Alphabets; sie weisen auf Klangschwingungen und auf die veränderlichen Grade der Energie hin, die in den verschiedenen Zentren wirkt. Gleicherweise sind die Farben, die das *cakra* zeigt, auf seine Frequenz bezogen. Von den verschiedenen Erklärungen für die symbolische Verwendung der Lotosblüten deutet die folgende vor allem ihre Funktion: Wenn die Schleier, welche die *cakras* behindern, gelüftet werden, so öffnen sie sich wie Blumen, die von innen her aufblühen.

Die sieben *cakras* und ihre symbolische Wechselbeziehung zu Klang, Farbe, Form, Bedeutung und Funktion werden in den Tantras ausführlich beschrieben:

1. *Mūlādhāra-cakra,* das Hauptwurzelzentrum der physischen Erfahrung, wird mit vier roten Blütenblättern dargestellt, auf denen die goldenen Silben *raṃ, ṣaṃ, śaṃ* und *saṃ* geschrieben stehen, und mit einem gelben Quadrat, das das Element Erde bezeichnet und dem das *bīja*-Mantra *laṃ* eingezeichnet ist. Im Zentrum des Quadrats befindet sich ein umgekehrtes Dreieck, das die unerweckte geheimnisvolle *kuṇḍalinī*

Śiva-linga in einem Sockel, der als *yoni* gestaltet ist. Durch die Vereinigung von männlichem und weiblichem Genitalorgan wird die kosmische Ganzheitlichkeit symbolisiert. Benares, 19. Jahrhundert. Stein.

Kuṇḍalinī als das Sinnbild mikrokosmischer Energie. Rajasthan, 19. Jahrhundert. Gouache auf Papier.

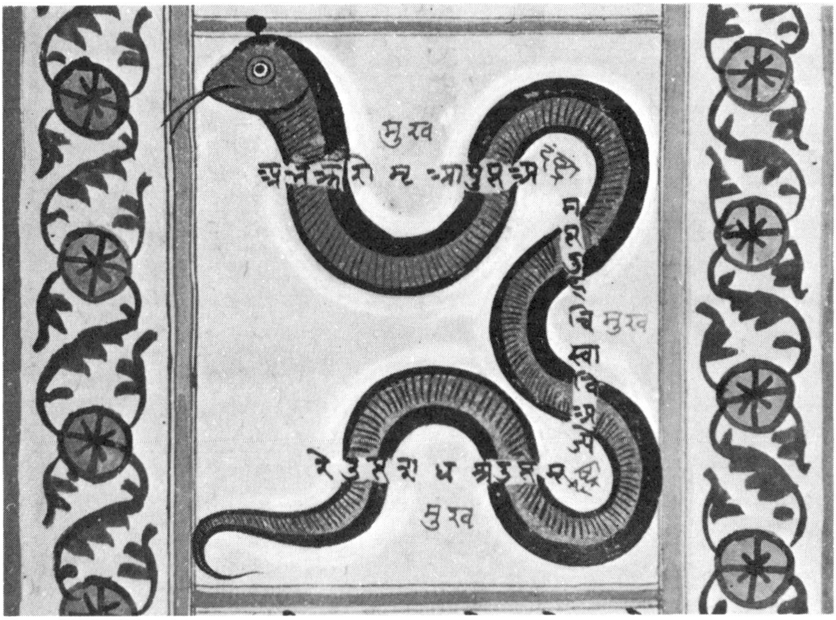

umschließt, die im Trance-Schlaf in drei Windungen um das *svyaṃbhu-liṅga* gerollt liegt. Dies repräsentiert die unmanifestierte oder ruhende Form der *kuṇḍalinī*. Das *mūlādhāra-cakra* wird mit der bindenden Kraft der groben Materie und dem Element der Trägheit, dem Geruchssinn etc. assoziiert. Die beherrschende Gottheit dieses *cakra* ist Brahma mit seiner *śakti*, Ḍākinī. Die vier Buchstaben repräsentieren die Wurzel-Variationen und stehen in Beziehung zur Kraft der Sprache.

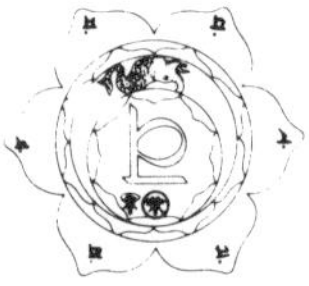

2. *Svādiṣṭhāna* (erfreuliches)-*cakra*, das zweite Zentrum auf dem aufsteigenden Weg der *kuṇḍalinī*, liegt an der Basis des Geschlechtsorgans mit sechs zinnoberroten Blättern, die die Silben *baṃ*, *bhaṃ*, *maṃ*, *yaṃ*, *raṃ* und *laṃ* tragen. Im Inneren ist das Element Wasser in der Gestalt eines Halbmondes mit dem *bīja*-Mantra *vaṃ* gegenwärtig, fleckenlos und leuchtend weiß. An der Spitze des *bīja*-Mantra sitzt die herrschende Gottheit Viṣṇu, flankiert von seiner *śakti*, Rākinī oder Cākinī. Diese *cakra* steht mit dem Geschmackssinn in Verbindung.

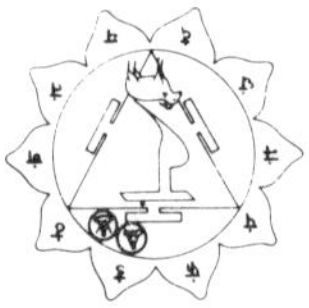

3. *Maṇipura*-(Edelstein-Sitz)*cakra*, nahe dem Nabel (Lumbal Plexus bzw. Spigastrium), ist ein blauer Lotos mit zehn Blütenblättern und den eingezeichneten Silben *ḍaṃ*, *ḍhaṃ*, *ṇaṃ*, *taṃ*, *thaṃ*, *daṃ*, *dhaṃ*, *naṃ*, *paṃ* und *phaṃ*. Ein rotes Dreieck, »strahlend wie die aufgehende Sonne«, steht im Zentrum des Lotos und ist dem Element Feuer zugeordnet. Sein *bīja*-Mantra ist *raṃ*. Die in diesem *cakra* herrschende Gottheit ist Rudra mit seiner *śakti* Lākinī. Im allgemeinen wird dieses *cakra* mit dem Gesichtssinn verbunden.

4. *Anāhata* (unberührtes)-*cakra* im Bereich des Herzens (Kardial Plexus) hat zwölf Silben – *kaṃ*, *khaṃ*, *gaṃ*, *ghaṃ*, *ṅaṃ*, *caṃ*, *chaṃ*, *jaṃ*, *jhaṃ*, *ñaṃ*, *ṭaṃ* und *ṭhaṃ* – die auf zwölf goldenen Blütenblättern stehen. In der Mitte befinden sich zwei übereinandergelagerte rauchfarbige Dreiecke, die ein weiteres goldenes Dreieck umschließen, »glänzend wie

◁ *Hanumān-yantra.* Diagramm des Hanumān, des großen Verehrers des Gottes Rāma, in all seiner Herrlichkeit und Macht, mit Aufschriften und Symbolen. Rajasthan, ca. 18. Jahrhundert. Tinte und Farbe auf Papier.

zehn Millionen auflodernder Blitze«, mit einem *bāna-liṅga* innerhalb des Dreiecks. Dieses *cakra* wird mit dem Element Luft in Verbindung gebracht, und oberhalb der zwei Dreiecke befindet sich die hier herrschende Gottheit, der dreiäugige Īśa mit der Kākinī-*śakti* (von roter Farbe). Sein *bīja*-Mantra ist *yaṃ*, und es wird hauptsächlich mit dem Tast- oder Berührungssinn in Verbindung gebracht.

5. *Viśuddha* (reines)-*cakra* liegt an dem Verbindungspunkt der Wirbelsäule mit dem Medula oblongata hinter der Kehle (Laryngeal oder Pharyngeal Plexus). Es hat sechzehn Blütenblätter von rauchigem Purpur mit den Buchstaben der sechzehn Vokale – *aṃ, āṃ, iṃ, īṃ, uṃ, ūṃ, ṛiṃ, ṝīṃ, ḷiṃ, ḹīṃ, eṃ, aiṃ, oṃ, auṃ, aṃ* und *aṃḥ* –, und innerhalb seiner weißen Fruchthülle ist ein weißer Kreis, der ein Dreieck mit dem *bīja*-Mantra haṃ umschließt. Die herrschende Gottheit ist Sadāśiva in seinem Ardhanārīśvara-(androgynen)Aspekt, und es wird mit dem Element Äther assoziiert und kontrolliert den Gehörsinn.

6. Das *ājñā*-(Befehls-)*cakra* liegt zwischen den Augenbrauen und beherrscht die verschiedenen Stadien der Konzentration, die in der Meditation verwirklicht werden. Es ist ein zweiblättriger Lotos mit den Silben *haṃ* und *kṣaṃ*. In seinem Zentrum befindet sich ein umgekehrtes weißes Dreieck mit dem weißen *itara-liṅga* und dem *bīja*-Mantra oṃ. Die Schutzśakti ist Rākinī, und es wird mit den verschiedenen erkennenden Fähigkeiten des Geistes assoziiert.

7. *Sahasrāra-cakra* ist der »tausendblättrige Lotos«, der ungefähr vier Fingerbreit über dem Scheitel liegt; er wird auch *brahmarandra* genannt

und ist die Stätte, wo die *kuṇḍalinī-śakti* dem reinen Bewußtsein begegnet. Auf seinen Blütenblättern sind alle Laute des Sanskrit-Alphabets eingezeichnet. Der Tantriker Satyānanda Giri erklärt, daß die *kuṇḍalinī* noch weitere achtzehn energetisch feinstoffliche Zentren *(mahāvidyā)*, die den *sahasrāra*-Bereich umgeben, durchqueren muß, um sich schließlich in einem Akt, den man *maithuna-yoga* nennt, mit Śiva zu vereinigen.

Das *sahasrāra-cakra* ist der Mittelpunkt aller wesentlichen Bewußtheit, wo die Vereinigung aller Gegensätze erfahren wird. Es ist ein Zentrum, das alle Klänge und Farben neutralisiert, alle Funktionen des Erkennens und des Wollens und die statischen und dynamischen Energien der verschiedenen Zentren in einer allesdurchdringenden Einheit umfaßt. Hier beendet die *kuṇḍalinī* ihre Reise, nachdem sie die sechs *cakras* durchschritten hat: In diesem Zentrum wird das Aufbrechen der Ebenen, der paradoxe Akt des Transzendierens über das *sahasrāra* hinaus, das Sich-Erheben aus der Zeit vollendet. Ein Mensch kann in diesem Zustand nicht länger als einundzwanzig Tage verbleiben, es sei denn, daß die *kuṇḍalinī* umkehrt und zur relativen Ebene heruntersteigt. Doch behält diese Erfahrung ihre Spontaneität und bleibt ein unvergeßliches Geschehnis im Leben eines Menschen.

C. G. Jung stellte fest, daß in dem Prozeß, den er Individuation nennt, die Seele »ganzheitlich« wird, wenn das Gleichgewicht der vier Funktionen – Denken, Fühlen, Empfinden und Erkennen – erlangt ist. Wenn wir eine Parallele zwischen den Ideen Jungs und dem System der *cakras* ziehen, erkennen wir, daß wir bei jedem Energiezentrum von unten nach oben einem neuen Element begegnen: Erde, Wasser, Feuer, Luft, Äther. Jedes dieser Zentren manifestiert eine neue Sinneswahrnehmung, die eine Begrenzung und eine Möglichkeit der anderen darstellt. So ist die zugeordnete Qualität des Wurzelzentrums, das mit dem Element Erde assoziiert wird, die Bindekraft und Trägheit, eine Ebene, auf der man zufrieden verharren kann, ohne irgendeinen Wunsch, sich zu verändern oder sich zu einem anderen Zustand hin zu erweitern. Gleichzeitig deutet – ebenso wie die Wurzel eines Baumes die Möglichkeit seines Wachstums beinhaltet – das Erdzentrum auch auf eine Gelegenheit zur Erweiterung des Bewußtseins hin. Gleicherweise neigt die Energie des zweiten *cakras,* das mit Wasser assoziiert wird, gleich seinem zugehörigen Element dazu, nach unten zu fließen und abzunehmen. Das dritte *cakra,* das mit dem

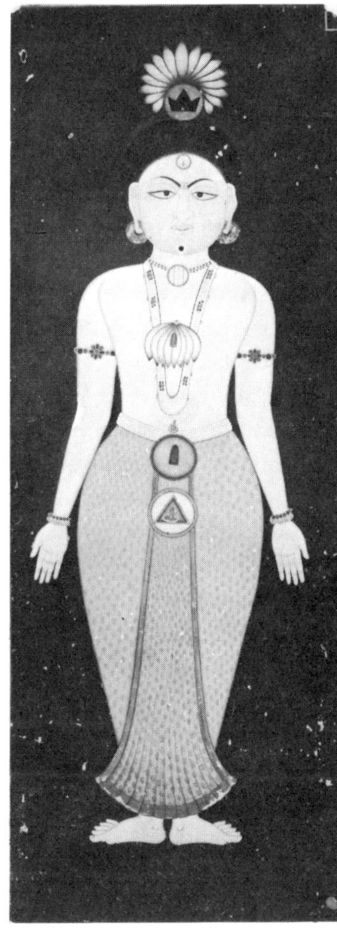

Yogi mit *cakra.* Das *sahasrāra-cakra* (der tausendblättrige Lotos) ist die Stätte der Vereinigung von *kuṇḍalinī* und dem reinen Bewußtsein. Rajasthan, ca. 18. Jahrhundert. Gouache auf Papier.

Feuer assoziiert wird, drängt – den Flammen gleich – zur Aufwärtsbewegung, um zu verzehren. Das vierte *cakra* ist mit der Luft assoziiert und hat – wie sein zugeordnetes Element – die Tendenz, sich in verschiedene Richtungen zu drehen, um sich mit anderen Möglichkeiten in Beziehung zu setzen. Das fünfte *cakra* schließlich korrespondiert mit dem Element Äther und ist wie ein Behälter, in dem alle Elemente zusammenwirken.

Der Prozeß des Werdens verläuft nicht eingleisig, nicht in einer Richtung nach oben oder unten, sondern er ist dialektisch, mit Rucken und Schüben auf jeder Ebene. Die *kuṇḍalinī* schießt nicht in einer geraden

Linie aufwärts, sondern sie muß auf jeder Stufe ihrer Entfaltung die Knoten der verschiedenen Energien lösen, um sie freizusetzen. Jedesmal, wenn einer der aufeinanderfolgenden Knoten aufgelöst wird, vollzieht sich eine spezifische Verwandlung. Die Element-Symbole, die mit den Zentren assoziiert werden, vermitteln einiges über die positiven und negativen Polaritäten, die innerhalb der Persönlichkeit eines Menschen am Werke sind. Wenn die *kuṇḍalinī* durch die psychischen Zentren aufsteigt, nimmt sie die verschiedenen Energien auf, die in den *cakras* freigesetzt werden, und der Yogi erfährt ein vielfältiges Wechselspiel von visionären Erlebnissen und Eindrücken von Klang, Licht, Farbe usw. Auf der ätherischen Ebene des *ājñā-cakra*, des Zentrums zwischen den Augenbrauen, kann die untere Hälfte der dialektischen Funktionalität der Persönlichkeit wahrgenommen und kontrolliert werden. Auf dieser Ebene herrscht eine bestimmte Sinneswahrnehmung vor, nämlich die Erfahrung des Bewußtseins oder die Kraft zu befehlen, wodurch die Energien harmonisiert werden können.

Jungs Patienten transzendieren mit Hilfe des Therapeuten die durch die Polaritäten gesetzten Grenzen im Vorgang der Individuation. Ähnlich lernt der Tantriker während der langen Zeit, da er unter der strengen Führung seines Guru steht, den widersprüchlichen Prozeß in den unteren *cakras* mit der Hilfe seines Willens ins Gleichgewicht zu bringen. Wenn Jungs Patienten dieses Gleichgewicht erlangt hatten, so drückte sich die psychische Individuation als ein einzigartiges neues Bewußtsein aus. Auch beim Tantriker erwacht solch ein Bewußtsein dann, wenn alle Funktionen in ein Gleichgewicht gebracht worden sind.

Āsana – das Ritual der Vereinigung

Die tantrischen *āsanas* sind eine Methode zur Transzendierung der menschlichen Bedingungen. Auf diese Weise kann die grobstoffliche sexuelle Energie von Mann und Frau durch eine vollständige Integration der gegensätzlichen Polaritäten in eine überlegene Kraft umgewandelt

Ein *āsana*, in dem ein Paar sich wie eine »Kletterpflanze, die einen Baum umschlingt«, umarmt, genannt »latā-sādhana«. Orissa, ca. 18. Jahrhundert. Tinte mit Farbe auf Papier. ▷

werden. Durch gezielte meditative Übung der sexuellen Yoga-*āsanas* steigt die *kuṇḍalinī*, die psychische Kraft, die schlafend im menschlichen Körper liegt, vom *mūlādhāra-cakra* aufwärts dem Gehirnzentrum *sahasrāra* zu, um sich mit dem kosmischen Bewußtsein zu vereinigen. Die Tantriker glauben, daß man durch Verwandlung dieser Energie, die der grobstofflichen Sexualität zugrundeliegt, schöpferische Kräfte befreien kann, die dann zur spirituellen Ebene aufsteigen – einer Ebene der transzendentalen Vereinigung beziehungsweise der Verwirklichung der Reinen Seligkeit (*ānanda*). Die Tantriker haben diese Kraft der Sexualität eingesetzt, um auf diese Weise zur unbegrenzten Wahrnehmung des Urzustandes der Einheit zurückzukehren.

Für lange Zeit wurde der sexuelle Akt allgemein mit Zeugung oder körperlicher Befriedigung in Verbindung gebracht. Die Tantriker jedoch gehörten zu den ersten, die die Sexualität von dieser Einengung befreiten und ihre spirituellen Werte und Möglichkeiten erkannten. Die Spiritualisierung der Sexualität, ihre Wiederbelebung, ihre Sublimierung und ihre Anerkennung als gültiger Modus im Bereich der spirituellen Praktiken ist bis zu einem gewissen Grad den praktischen Untersuchungen der Tantriker zu verdanken. Die sexuelle Haltung eines praktizierenden Tantrikers ist bedingungslos: Sexualität wird weder im Zusammenhang mit der Moral noch als asketisch abzulehnender Akt gesehen; die Einstellung ist weder die des Zügellosen noch die des Verdammenden. Das *āsana*-Ritual ist frei von allen Gefühlsregungen. Es stützt sich auf die technische Möglichkeit, Sexualität als ein Medium der Verwirklichung zu verwenden. Die Sexualität ist weder moralisch noch unmoralisch, sondern jenseits aller Moralität. Vom Prüden unterscheidet sich der Tantriker in erster Linie darin, daß er in der ungenügenden Berücksichtigung jener psycho-physischen Faktoren, die an die Wurzeln unserer Instinkte rühren, eine Ursache sieht für das Fortbestehen des Gebunden-Seins. Befreiung ist ein Wechsel der ganzen Perspektive, und Verwirklichung kann nur dann erlangt werden, wenn es auch möglich ist, den physischen Körper zu transzendieren, indem er ebenfalls auf dem Weg zur Verwandlung eingesetzt wird. Der Körper ist nur ein Instrument, ein Yantra, und kein sozial-ethischer Kodex kann ihn gefangenhalten. Er wird als göttlich angesehen, als eine lebendige Energie, die mit ungeheurer Kraft auf den geistigen Zustand einzuwirken fähig ist, der seinerseits wiederum auf die spirituelle Ebene zurückwirkt.

Linga-yoni mit *pūjā*-(Opfer-)Gaben, die obenauf gelegt sind. Kangra, Himachal Pradesh, 18. Jahrhundert. Gouache auf Papier.

Frühe Steinskulptur des *latā-sādhana.* Khajuraho, Madhya Pradesh, ca. 12. Jahrhundert.

Der Tantrismus stimmt völlig mit der Vorstellung überein, daß die Sexualität oder das Verschmelzen der Polaritäten in das Eine die universale Basis aller Phänomene ist, unabhängig von ihrer Bedeutung und Größe. Die allgemeine Gültigkeit dieser Aussage wird auf der physischen Ebene – von der subzellularen bis zur menschlichen – durch folgende Tatsache demonstriert: »Mikrokosmische Sexualität ist die biologische Grundlage der makrokosmischen Sexualität. Diesbezüglich kann es überhaupt keinen Einwand geben. Alle sexuellen Phänomene in der Natur sind dazu bestimmt, ein Resultat hervorzubringen – das Verschmelzen des genetischen Codes zweier Mitglieder derselben Gattung. Das Glühen und Blitzen des Sexus, wie wir Menschen ihn erfahren, das Liebkosen, Küssen, Schwellen, Paaren, bis zum Orgasmus – all dies dient nur diesem einen Zweck. Es bildet die Bühne für ein zellulares Drama, das die Odyssee des Samens durch die Tunnel und Portale des weiblichen Genitaltraktes beinhaltet, seine Suche nach dem wartenden Ei und seine Vereinigung mit dem Ei.«[37]

Was über das Verlangen nach Vereinigung auf der biologischen Ebene gesagt werden kann, läßt sich auch auf das gesamte kosmische System anwenden. Das ganze Drama des Universums wiederholt sich in diesem menschlichen Körper. Das Individuelle und das Universelle sind laut den Tantras auf derselben Ebene erbaut. Die Intensität der Freude als Produkt körperlicher Befriedigung – ob ihre Energie nun in grobstofflicher Form verschwendet oder zum spirituellen Fortschritt in feinstofflicher Form neu belebt wird – unterscheidet sich nur in Graden. In seinem essentiellen Inhalt ist das Ritual der Vereinigung funktional losgelöst vom Begrifflichen. Hier sind beide, das Männliche und das Weibliche, Träger von Rollen. Sie wollen nichts erklären, sondern sie agieren, um zu erfahren. In jeder Hinsicht ist das Ritual darauf beschränkt, eine ausdrucksvolle Begegnung in sichtbarer und verständlicher Form zu sein, eine Beziehung, die durch eine Reihe von Personifikations-, Transformations-, Visualisierungs-, Identitäts- und Übertragungs-Ritualen Erfüllung gewährt. In dem Maße, in dem das Ritual Impulskräfte aufbaut, wird das Spiel der kreativen Imagination und der Einfühlung in einen Brennpunkt gesammelt; dadurch sehen die beiden Partner einander neu und nähern sich gemeinsam dem Vollzug der Einheit. So bleibt das Ritual der Vereinigung in seiner Essenz eine Gefühls-Erfahrung, seinem Inhalt nach mehr ein Produkt der dionysischen als der apollinischen oder analytischen Natur.

Das Ritual wird mit einer Partnerin vollzogen, die als eine Widerspiegelung der *śakti* betrachtet wird. Die Praxis des *āsana* kann so lange nicht erfolgreich sein, wie der Tantriker sich dem Objekt seiner Verehrung nicht völlig unterwirft – in diesem Fall unter den weiblichen Partner, der die Rolle der göttlichen Energie übernimmt. Die »andächtige Frau« versinnbildlicht die gesamte Natur des Weiblichen, das grundlegende Wesen aller *śaktis* in ihren mannigfaltigen Aspekten. Sie wird zu einer immerwährenden Quelle der Seligkeit. Sie muß, aus welcher Bevölkerungsschicht sie auch kommen mag, bestimmte glückverheißende Zeichen in ihrer Erscheinung und in ihrem körperlichen Zustand aufweisen, um als ideale Partnerin gelten zu können: Sie muß gesund sein, »Lotos-Augen«, volle Brüste, eine weiche Haut und eine schlanke Taille haben, »die anschwillt in juwelengeschmückten Hüften« *(Lalita Vistara).* Ebenso werden vom männlichen Tantriker spezifische körperliche Voraussetzungen erwartet.

Die Methoden des tantrischen *āsanas* beinhalten im wesentlichen drei Arten von Kontrollen und gliedern sich in fünf Unterabteilungen.

Rādhā, die Geliebte Kṛiṣṇas, umgeben von sechzehn weiblichen Energien. Rajasthan, ca. 18. Jahrhundert. Gouache mit Gold auf Papier.

1. *Kontrolle des Geistes oder Autonomie des Denkens:* Der Tantriker hat die Fähigkeit zur Konzentration zu entwickeln und bewußt zu lernen, Kontrolle über seinen Geist auszuüben. Auf der physischen Ebene findet die völlige Konzentration auf einen Punkt *(ekāgratā)* in der Übung des *āsana* statt. So wie die Konzentration auf ein Objekt die Abschweifungen des Geistes beendet, so beendet das *āsana* die körperliche Beweglichkeit, indem es eine Anzahl von Stellungen auf einen einzigen Archetypus reduziert. Es ist der erste konkrete Schritt, der unternommen wird, um die Ungleichheiten menschlicher Intimität aufzuheben.

2. *Kontrolle des Atems durch Beherrschung der prāṇāyāma-Technik:* Wir haben schon früher gesehen, daß diese Techniken, abgesehen von meditativen Übungen, eine grundlegende Rolle spielen, damit das *prāṇa* dazu veranlaßt wird, die latente *kuṇḍalinī* aufzurütteln. Das ist es, worauf die Tantras den größten Nachdruck legen.

3. *Kontrolle des Samens und der weiblichen Eizellen im menschlichen Körper:* Im Gegensatz zur allgemeinen Meinung wird bei der Übung des *āsana* die sexuelle Energie zurückgehalten. Hierin liegt sozusagen der Säuretest des tantrischen *āsana.* Die aufgespeicherte Orgasmus-Energie erhöht den inneren Druck und verwandelt damit die sexuelle Kraft in eine Potenz, die so groß ist, daß der psychische Strom dadurch befreit wird. Die Transsubstantiation der sexuellen Potenz bestätigt, daß die kurze Periode der sinnlichen Freude, obwohl sie sich zu einem visionären Augenblick gestalten kann, kurzlebig bleibt, während die Seligkeit, die aus der spirituellen Vereinigung in der Übung des *āsana* gewonnen wird, eine dauerhafte Erfahrung der Ekstase ist.

Ausgehend von der dreifachen Kontrolle über Geist, Atem und Ejakulation des Samens, worin die hauptsächlichen Techniken des *āsana* bestehen, ist die ganze Kraft der esoterischen Praktiken von Vorbereitung, Reinigung, Anbetung, Meditation und Vereinigung auf die Synthese hin ausgerichtet.

Vor dem Beginn eines Rituals wird mit der Hilfe des Guru die Umgebung sowie die günstigste Zeit und Stunde bestimmt. Die Tradition betrachtet nur einige wenige Tage in jedem Monat als günstig: den achten oder fünfzehnten Tag in der abnehmenden Mondphase, oder einen Dienstag, der auf den achten oder fünfzehnten Tag der zunehmenden Mondphase fällt.

Gleichermaßen wichtig ist der Ort der Anbetung. Die Tantriker weisen wiederholt auf die Notwendigkeit hin, das Ritual an einsamen Orten und in einer Atmosphäre, die frei von Lärm und Schmutz ist, zu vollziehen. Unser geistiger Zustand ist untrennbar mit der Qualität der Umgebung verbunden. Unser bester Zustand ist der, wenn unsere Gefühle und Handlungen sich in vollkommener Harmonie befinden. In der entsprechenden Umgebung ist unsere Leistungsfähigkeit am größten, und die inneren Gegensätze erhalten weniger Nahrung. Andererseits führt eine nicht geeignete Atmosphäre zur Versteinerung von Gedanken und Gefühlen. Die Umgebung hilft uns, das Außen und das Innen in Einklang zu bringen, um unser Leben zusammenhängender und lohnenswerter zu gestalten. Deshalb ist es nötig, daß der Ort der Andacht unserem inneren spirituellen Drang freie Bahn läßt. Rieker erklärt die Wichtigkeit einer günstigen Atmosphäre für meditative Zwecke folgendermaßen: »Ein Mensch ohne Umgebung, wenn wir diese Möglichkeit einmal theoretisch annehmen wollen, könnte sein inneres Selbst weder erschaffen noch wandeln, da ihm ein äußerer Maßstab für seine inneren Bezogenheiten fehlt. Und so ist das Selbst eines Menschen nicht a priori entscheidend, sondern nur in seiner augenblicklichen Beziehung zu seiner Umgebung.«[38]

Das Baden (Waschung), das Ankleiden, das Niedersitzen zum Ritual der Anbetung, das Opfern von rituellen Zutaten – all dies wird, zusammen mit *nyāsa* und *bhūta-śuddhi* (Läuterung des Körpers und der Elemente) im Einklang mit der Umgebung, dem Körper und dem Geist vollzogen.

Vorbereitung

Nachdem beide Partner gebadet haben, wird die *śakti*, der weibliche Partner, sanft mit wohlriechenden Ölen massiert: Jasmin für ihre Hände, Keora für ihren Nacken und ihre Wangen, Champa und Hina für ihre

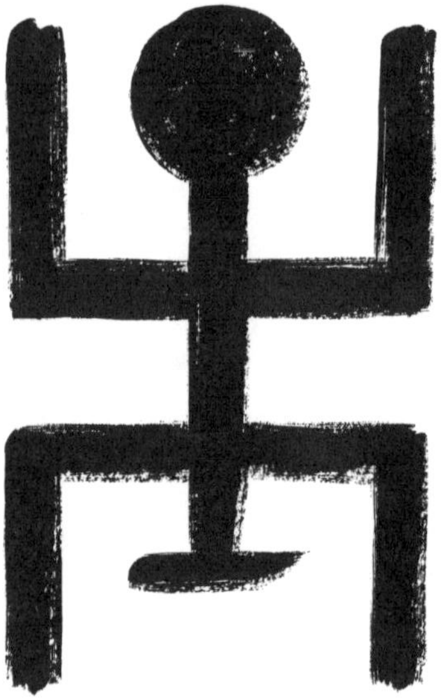

Glückbringendes Symbol, das eine Devī, weibliche Gottheit, darstellt; mit zinnoberroter Paste auf einen Tonkrug gemalt.

Stempel, um vor der Andacht glückbringende Zeichen am Körper anzubringen. Südindien, 19. Jahrhundert. Bronze.

Brüste, Lavendel für ihr Haar, Moschus für ihren Unterleib, Sandelholzpaste für ihre Hüften und Khus für ihre Füße. Die Verwendung bestimmter Wohlgerüche zielt in erster Linie auf die Stimulierung des *mūlādhāra-cakra*-Bereiches, der, da er die Erdebene darstellt, in direkter Beziehung zum Geruchssinn steht. Ein zinnoberroter Punkt wird zwischen den Augenbrauen der *śakti* gemalt, um den Ort, wo das dritte Auge sich öffnet, zu markieren. In rote Wolle oder Seide gekleidet, sitzt der *sādhaka* mit gekreuzten Beinen seiner *śakti* gegenüber. Das für das Ritual erforderliche Zubehör wird am Ort, wo es gefeiert wird, gefällig angeordnet. Eine flache Schale mit Blumen, unter anderem auch Hibiskus, grünem Gras, Reiskörnern, Tulsiblättern (eine heilige Pflanze) und Blumengirlanden, alle sorgfältig mit Wasser besprengt, sowie Zinnober und Sandelpaste, steht zusammen mit einer Öllampe, einem Räuchergefäß für Weihrauch und gekochter Nahrung an der rechten Seite des *sādhaka*. Vor ihm befinden sich rituelle Wasserbehälter und ein Trankopferkrug (für den Tantriker »symbolisiert der Topf das Universum«), dessen Öffnung mit fünf grünen Mangoblättern, die fünf Elemente symbolisierend, bedeckt ist. Zusammen mit dem *śrī-pātra*, der heiligen Weinschale, steht der Krug auf einem Stück gekneteten Tons. Jeder im Ritual verwendete Gegenstand hat eine symbolische Bedeutung und unterstützt die vorbereitende Übung der beiden Partner.

Nachdem die Vorbereitungen abgeschlossen sind, beginnt der *sādhaka* das Ritual der Reinigung mit dem Rezitieren des *āca-mana*-Mantra: *Oṃ ātmatattvāya svāhā* (»das Selbst des Anbetenden ist nichts anderes als das Bewußtsein in ihm«) oder *oṃ Śiva tattvāya svāha, oṃ śaktitattvāya svāhā,* wobei er erkennt, daß alle seine Handlungen, die körperlichen wie die geistigen, von seinem Bewußtsein, Śiva-*śakti,* ausgehen, denn er bedarf eines klaren Verständnisses für die aufeinanderfolgenden Stufen, durch die er während der Vereinigung hindurchgeht. Mit in Zinnober oder Sandelpaste getauchten Fingerspitzen zeichnet er ein Dreieck auf den Boden, das die *prakṛiti* repräsentiert, und spricht das Mantra:

Oṃ āsane upavesanamantrasya
merupṛiṣṭharsi sutalam chandaḥ
kūrmo devatā āsanopaveśane viniyogaḥ
oṃ prithivī tvyi dhṛitā lokāḥ
devī tvaṃ viṣṇurā dhṛitā
tvaṃ ca dhāraya māṃ devī
pavitraṃ kurucāsanaṃ

Damit reinigt der *sādhaka* die ihn umgebende Atmosphäre und weiht den Sitzplatz *(āsana),* der aus einer Matte, einer Tierhaut oder reiner Wolle besteht. Indem er seinen Mund mit der rechten Hand berührt, reinigt er diesen mit dem Mantra *»oṃ tadviṣṇorparamaṃ padaṃ«,* seine Nase mit dem Mantra *»sadā paśyanti sūrayaḥ«,* seine Augen mit dem Mantra *»dībība chakṣurātatam«.* Dann grüßt er seinen Guru, indem er folgendes Mantra spricht:

Während er seinen Mund berührt:

Oṃ gurubhyo namaḥ

Während er die Mitte seiner Stirn berührt:

Oṃ paramagurubhyo namaḥ

Während er den höchsten Punkt seines Hauptes berührt:

Oṃ parāparagurubhyo namaḥ

Während er die rechte Seite seines Körpers berührt:

Oṃ Ganeṣāya namaḥ

Während er mit gefalteten Händen den obersten Teil seines Kopfes berührt:

Oṃ hūṃ hrīṃ Śiva-śaktibhyāṃ svāhā

△
Geburt als ein Bild der Schöpfung. Südindien, 18. Jahrhundert. Holz.

△

Die *yoni* zu Füßen der Devī (Göttin), eine der bildlichen Darstellungen im Tempel der vierundsechzig Yoginīs, die *ādyā-śakti*, die Ur-Energie, repräsentiert. Beraghat, Madhya Pradesh, ca. 12. Jahrhundert. Stein.

Schutz

Hieran schließt sich das Ritual der schützenden Maßnahmen an. Die Kraft der Gottheit wird rituell in jeden Teil des Körpers geleitet, *(aṅga-nyāsa)*, um einen schützenden Stromkreis zu bilden und die Energiezentren im Körper des *sādhaka* zu aktivieren. Im folgenden Mantra werden verschiedene Teile des Körpers mit diversen Energieaspekten assoziiert, so daß das gesamte körperliche Feld des Eingeweihten beschützt und belebt wird. Mantras, die während des Ritus gesprochen werden, sind zum Erzeugen entsprechender Schwingungen innerhalb des psychischen Feldes bestimmt. Der Eingeweihte spricht jedes Mantra dreimal, während er den entsprechenden Teil seines Körpers mit dem Daumen, Ring- und Mittelfinger berührt:

Hrīṃ, möge *ādyā* (uranfängliche Energie) mein Haupt beschützen!
Śrīṃ, möge Kālī mein Gesicht beschützen!
Krīṃ, möge die Höchste *śakti* mein Herz beschützen!
Möge Sie, die die Höchste der Höchsten ist, meine Kehle beschützen!
Möge Jagaddhātrī meine Augen beschützen!

Möge Saṇkarī meine zwei Ohren beschützen!
Möge Mahāmāyā meinen Geruchssinn beschützen!
Möge Sarvamaṅgalā meinen Geschmackssinn beschützen!
Möge Kaumārī die Kraft meiner Zähne beschützen!
Möge Kamalālayā meine Wangen beschützen!
Möge Kṣmā meine obere und untere Lippe beschützen!
Möge Mālinī mein Kinn beschützen!
Möge Kuleśvarī meine Kehle beschützen!
Möge Kṛipāmayī meinen Nacken beschützen!
Möge Vasudhā meine zwei Arme beschützen!
Möge Kaivalyadāyinī meine zwei Hände beschützen!
Möge Kapardīhī meine Schultern beschützen!
Möge Trailokyatāriṇī meinen Rücken beschützen!
Möge Aparṇā meine zwei Seiten beschützen!
Möge Kamaṭheśvarī meine Hüften beschützen!
Möge Viśālākṣī meinen Nabel beschützen!
Möge Prabhāvatī mein Geschlechtsorgan beschützen!
Möge Kalyāṇī meine Oberschenkel beschützen!
Möge Pārvatī meine Füße beschützen!
Möge Jayadurgā meinen vitalen Atem beschützen!
Möge Sarvasiddhidātā alle Teile meines Körpers beschützen!
Und was jene Teile des Körpers betrifft, die nicht erwähnt und ungeschützt sind, so möge die Ewige Uranfängliche Kālī alle diese beschützen.

Nun wird das Ritual mit *nyāsa* fortgeführt, wodurch im Eingeweihten eine Stimmung entsteht, die ihn so inspiriert, daß die göttliche Natur eher seinen Leib durchdringen kann. Nach der Reinigung und der Bitte um Schutz für den grobstofflichen Körper folgt die *bhūta-śuddhi* oder Reinigung der Elemente, die den Körper bilden. Diese beginnt mit dem Mantra:

Oṃ bhūtaśṛṅgāṭaśiraḥ suṣumṇāpathena jīva-śivaṃ
paramaśivapade yojayāmi svāhā
oṃ yaṃ liṅgaśarīraṃ śoṣaya śoṣaya svāhā
oṃ raṃ saṅkocaśarīram daha daha svāhā
oṃ paramaśivasuṣumṇāpathena mūlaśṛṅgāṭakaṃ
oṃ hrīṃ durgārakṣaṇyai svāhā.

◁ Erleuchteter *sādhaka*. Das geöffnete *sahasrāra-cakra* oberhalb des Hauptes weist darauf hin, daß der Yogi den höchsten Zustand der Erleuchtung erlangt hat. Maharashtra, ca. 19. Jahrhundert. Gouache auf Papier.

In dem oben erwähnten Mantra, das *paranyāsa* genannt wird, identifiziert sich der *sādhaka*, das individuelle Wesen, mit *parama*-Śiva, dem universalen Sein. Der Aspirant will durch dieses Mantra die Unreinheiten seines materiellen Körpers hinwegbrennen. So wird er all-leuchtend und göttlich.

Verwandlung

Nachdem der *sādhaka* die Elemente seines eigenen Körpers gereinigt hat, geht er nun daran, den Körper seiner *śakti* mit einem entsprechenden Ritual, dem *vijayā-śodhana*, zu läutern. Die Göttin verleiht einen Einblick in die absolute Wirklichkeit. Die Frau, die zur personifizierten Göttin wird, öffnet damit ein Tor zu einer tiefen, überpersonalen Erfahrung. Nur wenn der *sādhaka* sie mit göttlichen Augen ansieht, vermag er die natürlich-göttlichen Qualitäten der physischen Frau zu begreifen.

Der *sādhaka* malt nun das *vijayā*-Mandala rund um den Trankopferkrug, der auf dem Boden steht. Mit rituellen Ingredienzen und fünf Löffeln Wein *(kāraṇa)* wird es sodann besprengt. Durch die Gebärde der *yoni-mudrā* und durch *nyāsa* verwandelt der *sādhaka* seine Partnerin symbolisch in eine Strahlung des Leibes der *śakti*. Dies geschieht mit Hilfe des folgenden Mantras, das als *dhyāna*- oder *mūla*-Mantra der Göttin Saṃvit oder Bhairavī, einem Aspekt der *śakti*, bekannt ist.

I

Aiṃ saṃvidā asya matrasya
dakṣiṇāmūrti ṛiṣisāndulaṅkritaṃchandaḥ sadāśiva devatā
saṃvit sānnivapane viniyogaḥ

II

Oṃ siddhyadyaṃ saṃvitśrī śivabodhinīṃ karalasat
pāśāṅkuśāṃ bhairaviṃ
bhakṭābhiṣṭavarapradam sukuśalāṃ
saṁsārabandhocchidāṃ
piyūsāmbudhimanthanodbhava rasaṃ sambitbilās-
āspadām vīrājārelta pādukāṃ
suvijayāṃ dhyāyet jagatmohinīṃ.

Um eine geeignete Schwingung um seine *śakti* zu erschaffen, rezitiert der Eingeweihte das Mantra:

III

Oṃ saṃvide brahma-sambhūte brahmaputrī sadānaghe
bhairavānāñca tṛptyarthaṃ
pabitroghava sarvadā
oṃ brahmāṇyaih namaḥ svāhā.

Zum Schutz der *śakti* klatscht der Eingeweihte dreimal in die Hände und spricht das *bīja*-Mantra *phaṭ*, gleichzeitig stampft er dreimal mit seiner linken Ferse auf den Boden. Dann erfolgt die Sublimierung der Sinne durch die Anrufung der zehn *śaktis* mit dem Mantra:

Sumitrā sunīti devī vijayā carcitā parā
amṛitā tulsī tuṅgā tejomayī sureśvarī
etāni daśanāmani kare kṛtvā paṭhedbudhaḥ
duḥkha dāridryanāśyet paraṃ jñānam avāpṇuyāt.

Der *sādhaka* bittet um den Segen der *śakti*, während er sie mit *cidrūpa-mahāśakti* (der höchsten *śakti*) identifiziert, mit dem folgenden Gebet:

yāścakrakramabhūmikā vasatayoḥ nāḍiṣu yā samisthitā
yā kāyadrumaromakūpanilayā yāḥ samsthitā dhātuṣu
uchvāsormi marutlaringa nilyā niḥśvāsavāśāśca yāstā
devoḥ ripu bhakṣyabhakṣaṇa parā stṛipyantu kaulārcitā
yā divyakamapālika kṣītigatā yā devatāstoyagā
yā nityaṃ prathitaḥ prabhaḥ śikhigatā yā mātariśvā śrīyāḥ
yā vyomāmṛita maṇḍatāmritamayā yāssarvagāḥ sarvadā
tā sarvāḥ kulamārga pālanaparāḥ śāntiṃ prayacchantu me.

Diesem Gebet folgt eine Begrüßung der eigenen *śakti* mit dem Mantra:

Oṃ saṃviddevī garīyasīm guṇanidhim
vaiguṇyavidhāyinīṃ
mahāmohamadāndhakāra śamanīm tāpa
trayonmīlinīṃ
vande viramukhāmbujā vilāsinīṃ
sambodhinīm dīpikāṃ
brahmamayī vivekavijayā
vidyā mūrtaye namaḥ.

Die symbolische Vergegenwärtigung des Guru

Auf dieser Stufe beschwört der *sādhaka* die symbolische Gegenwart des Guru. Er legt zwei Sitze auf dem Boden aus, auf denen sein Guru und dessen *śakti* in seiner geistigen Vorstellung Platz genommen haben. Dann beginnt die geistige Verehrung des Guru mit Hilfe verschiedener ritueller Zutaten. Mit den Daumen und Ringfingern beider Hände bietet er Wohlgerüche mit dem folgenden Mantra dar:

I

Laṃ prithvyātmakam gandham saśaktika-
śrī gurave samarpayāmi namaḥ.

Er bietet rote Blumen dar mit dem Mantra:

II

Haṃ ākāśātmakam puṣpān saśaktika-
śrī gurave samarpayāmi namaḥ.

In derselben Weise opfert er Weihrauch, Licht und Nahrung mit dem Mantra:

III

Vaṃ vāyavyātmakaṃ dhūpāṃ saśaktika-
śrī gurave samarpayāmi namaḥ.

IV

Raṃ vanhyātmakam dīpam saśaktika-
śrī gurave samarpayāmi namaḥ.

V

Vaṃ amritātmakam naivedyam saśaktika-
śrī gurave samarpayāmi namaḥ.

VI

Aiṃ sam sarvātmakam tāmbulam saśaktika-
śrī gurave samarpayāmi namaḥ.

Indem er den Mittelfinger, den Ringfinger und den Daumen der rechten Hand miteinander verbindet und diese oberhalb seines Hauptes an das *sahasrāra cakra* legt, vollzieht er ein geistiges Opfer für den Guru:

Saśaktikaśrī guruṃ tarpayāmi svāhā
hrīṃ hrīṃ hrīṃ
saśaktikaśrī gurupādukām tarpayāmi svāhā
saśaktikaśrī paramaguruṃ parāparaguruṃ
parameṣṭhi guruṃ tarpayāmi svāhā
hrīṃ hrīṃ hrīṃ

dreimal:

Saśaktika divyaugha sidhayuga
mānavaugha gurupanktibhyāṃ
tarpayāmi svāhā
hauṃ hrīṃ hūṃ

dreimal:

Saśaktika divyaugha sidhaugha mānavaugha
garupanktīnām śrīpādukaṃ
tarpayāmi svāhā.

Zwölfmal das *gāyatrī*-Mantra des Guru:

Oṃ aiṃ guru devāya vidmahe
caitanyarūpāya dhīmahi
tanno guru prachodayāt oṃ.

Er visualisiert den Guru als seine *iṣṭadevatā*, gewählte Gottheit, indem er sich auf das gedankliche Bild des Guru konzentriert *(guru-dhyānam):*

Sudhāsphatikasaṅkāśam virājitam
gandhānulepanaṃ nijaguruṃkārunyenāvalokitaṃ
vāmoruśaktisaṃyuktam śuklābarabhuṣitam
saśaktim daksahastena dhṛitām cārukalevarām
vāme dhṛtotpalañśca suraktiṃ suśobhanam
ānanda rasollāsa lochandvya pankajamdhyayet.

Fünfmal wiederholt er die *bīja*-Mantras *haum̩* und *hrim̩* zu Füßen seines Guru, dessen Bild er in der Vorstellung festhält. An diesem Punkt geht die Kraft des Guru und seiner *śakti* auf die Einzuweihenden über, die dann selbst zum Guru und dessen *śakti* werden. Die Eingeweihten visualisieren sich selbst als eins mit der alles-durchdringenden Wirklichkeit, Śiva-*śakti*, und nachdem sie das Ritual der Kontrolle der Sinne durch Anrufung und reinigende Übungen vollzogen haben, verschmelzen sie und tauchen in die Unermeßlichkeit ein und erscheinen wie vom Raum bekleidet oder nackt.

Im Namen des Guru und seiner *śakti* stellt der *sādhaka* zwei Schalen vor sich hin und gießt Wein ein:

Om̩ jaya jaya vijaya vijaya
parabrahma svarūpiṇī
sarvajanam̩ me vaśānaya
hūm̩ phaṭ svāhā

Seiner eigenen *śakti* reicht er nun eine Weinschale, die sie zur Hälfte leert, während den Rest der *sādhaka* selbst trinkt.

Der *sādhaka* stellt sich vor, daß er rechter Hand auf dem Schoß des Guru sitzt und seine *śakti* linker Hand, und sie umarmen sich gegenseitig und sprechen zwölfmal das folgende Mantra:

lam̩ – mūlādhāra
vam̩ – svādishṭhāna
ram̩ – maṇipūra
yam̩ – anāhata
ham̩ – viśuddha

Der *sādhaka* und seine *śakti* genießen dann das Ritual des göttlichen Nektars. Er saugt in einem einzigen Atemzug an jeder der beiden Brüste der *śakti*, um in ihm selbst die Empfindung zu wecken, die man *amṛta-pāna* (Aufnehmen von Nektar) nennt. Damit endet das Ritual des Guru.

Die Verehrung der śakti

Es entspricht keinem physiologischen Wissen, sondern einem psychologischen, daß die *śakti* im übertragenen Sinne einer Leinwand gleicht, auf die eine Reihe von Personifikationen projiziert wird. Dies führt dazu, daß der Eingeweihte sie nicht mehr als eine gewöhnliche Frau ansieht, sondern als etwas Außerordentliches – die *śakti.* Die Übertragung des Göttlichen ist nicht etwas, das vom Wirklichen abgesondert ist, sondern liegt innerhalb des Erfahrungsbereiches. Beide, Mann und Frau, sind Teile eines Dramas, in das sie sich in vollkommener Bewußtheit einfügen. Ihr Wechselspiel ist eine komplementäre Bewegung von Denken und Fühlen; hier gibt es keinen Platz für Abstraktionen, sondern nur eine konstante Bezogenheit auf einen greifbaren menschlichen Zustand. Somit wird die Erfahrung der stofflichen Umwandlung der Frau in eine Göttin als eine besondere Offenbarung der Wirklichkeit betrachtet, die nur als das gesehen, gefühlt und aufgefaßt werden kann, was sie ist.

Der Mann und die Frau begegnen sich selbst im anderen; wodurch eine umfassendere Beziehung zum inneren Selbst geschaffen wird. Dieses ununterbrochene Sich-selbst-im-anderen-Sehen mittels der verschiedenen rituellen Handlungen, die ihren Höhepunkt im sexuellen Yoga-*āsana* haben, bringt das Paar in den Zustand einer Anonymität, in der die begrenzte Ich-Erfahrung sich im Erleben des gemeinsamen Zieles auflöst. Durch den Prozeß der rituellen Projektion werden die Eingeweihten mit göttlicher Qualität erfüllt, und beide, das Männliche und das Weibliche, in denen die dialektischen Prinzipien repräsentiert sind, erlangen ein existentielles Bewußtsein von Einheit, ähnlich dem Symbol des Kreises: *So'ham* – »Ich bin Er«, oder *sā'ham* – »Ich bin Sie«. Denn »es gibt keinen Unterschied zwischen Dir und Mir«.

Manche Methoden zur Sublimierung beruhen auf der Regulation des Samenausstoßes, die durch kombinierte Gedanken- und Atemkontrolle im Verein mit bestimmten *āsanas* erreicht wird, wie Padmāsana, Siddhāsana, Śavāsana, Yonyāsana, Janujugmāsana, Cakrāsana, Puhapakāsana, Ratyāsana, Bhagāsana und bestimmten *mudrās* wie Vajroli, Sahajoli, Yoni und Kecharī.

Die sexuelle Energie wird auch durch Hatha-Yoga kontrolliert. Die richtige Ausführung dieser *mudrās, bandhas* oder *āsanas, prāṇāyāma* etc., sichert das Zurückhalten der sexuellen Energie in beiden Partnern. Wenn gelegentlich doch ein Orgasmus eintritt, können die Flüssigkeiten durch Vajrolimudrā wieder in den Körper eingezogen werden. Durch *bandhas* und *āsanas* wird auch Expansion und Kontraktion in der Beckenregion möglich; die wirksamsten sind Uḍḍiyāna-*bandha,* Mūla-*bandha* und Mahā-vedha. Wahres *maithuna* ist die Vollendung eines schwierigen Lernprozesses.

Die nächste Stufe des Rituals findet auf einer höheren Ebene der *śakti*-Verehrung statt. Der Eingeweihte visualisiert die Essenz seiner *śakti* als ein abstraktes Yantra der Devī – ein *bindu* in einem mit seiner Spitze nach oben gekehrten Dreieck im *sahasrāra*, dem höchsten Punkt des Hauptes. Er teilt Nahrung und andere rituelle Objekte mit seiner *śakti* und malt ein umgekehrtes Dreieck mit einem *bindu* darin in einen Kreis auf dem Boden zur rechten Seite der *śakti* und fügt eine Opfergabe von roten Blumen, vorzugsweise Hibiskus *(jabā)*, und das folgende Mantra hinzu:

Kālī-*yantra.* Rajasthan, 18. Jahrhundert. Gouache auf Papier.

Devī, Kulu-Tal, Himachal Pradesh,
ca. 18. Jahrhundert. Bronze.

Oṃ mānḍukyāya namaḥ
oṃ kālāgnirudrāya namaḥ
oṃ anatāya namaḥ
oṃ varāhāya namaḥ
oṃ prithvyai namaḥ
oṃ nālāya namaḥ
oṃ kesarāya namaḥ
oṃ padmāya namaḥ
oṃ karṇikāya namaḥ
oṃ maṇḍalāya namaḥ
oṃ dharmāya namaḥ
oṃ vairāgyāya namaḥ
oṃ aiśvaryāya namaḥ
oṃ jñanāya namaḥ
oṃ anaiśvaryāya namaḥ
oṃ avairāgyāya namaḥ
oṃ adharmāya namaḥ
oṃ ajñānāya namaḥ
oṃ jñānātmane namaḥ
oṃ kriyātmane namaḥ
oṃ paramātmane namaḥ.[39]

Nach der Rezitation der Mantras stellt der *sādhaka* eine Trankopferschale auf das Yantra und besprengt es mit Hilfe einer roten Blume mit Wein. Dann verehrt er die *śakti* mit dem Mantra:

Oṃ aiṃ kandarpāya namaḥ
oṃ hriṃ kāmarājaya namaḥ
oṃ klīṃ manmathāya namaḥ
oṃ blūṃ makardhvajāya namaḥ
oṃ strīm monobhavāya namaḥ.

Daraufhin spricht er das folgende Mantra an den vier Seiten der *śakti:*

Oṃ baṭukāya namaḥ
oṃ bhairavāya namaḥ
oṃ durgāyai namaḥ
oṃ kṣetrapālāya namaḥ.

Er nimmt sodann eine Paste von Zinnober und zeichnet ein aufrecht stehendes Dreieck mit einem *bindu* in der Mitte auf die Stirn der *śakti.* Mit den folgenden Mantras beginnt er sie nun vom *ājñā-cakra* an abwärts zu verehren. Dabei personifiziert er sie als die drei Aspekte der Devī, nämlich als Durgā, Lakṣmī und Sarasvatī:

Oṃ hsauh sadāśiva mahāpreto padmāsanāya namaḥ
oṃ aiṃ klīṃ strīṃ blūṃ ādhāraśaktiśrī padukāṃ pūjayāmi namaḥ
oṃ Durgāyai namaḥ
oṃ Lakṣmyai namaḥ
oṃ Sarasvatyai namaḥ.

Schließlich verehrt er Ganeṣa, den Verleiher allen Erfolges.

Die Verehrung des Leibes

Dieses Stadium des Rituals bringt eine sinnliche und ästhetische Erfahrung, die sich auf die immer-gegenwärtige zwischenkörperliche Beziehung von Mann und Frau stützt. Die physische Gemeinschaft ist, wie vergänglich sie auch sein mag, eine Beschränkung des absolut Wirklichen. Der *sādhaka* verehrt das Haar und das Gesicht der *śakti* als eine Darstellung der Essenz von Sonne und Mond. Dann beginnt er mit dem sorgfältig ausgearbeiteten Ritual der *kāma-kalā,* wobei er alle Teile ihres Körpers von ihrer rechten Zehe bis zu ihrem Kopf berührt. Dabei rezitiert er die zugehörigen Mantras:

Oṃ aṃ śraddhayai namaḥ

oṃ īṃ bhūtaye namaḥ

oṃ āṃ kīrtyai namaḥ

oṃ uṃ kāntaye namaḥ

oṃ iṃ rataye namaḥ

oṃ ūṃ monobhāvaye namaḥ

oṃ ṛiṃ monoharaye namaḥ

oṃ ṝiṃ monoharinyai namaḥ

oṃ ḷiṃ madanaye namaḥ

oṃ ḹiṃ utpādinyai namaḥ

oṃ eṃ mohinyai namaḥ

oṃ aiṃ dīpinyai namaḥ

oṃ oṃ śodhanyai namaḥ

oṃ auṃ vasaṅkaraye namaḥ

oṃ aṃ rājanyai namaḥ

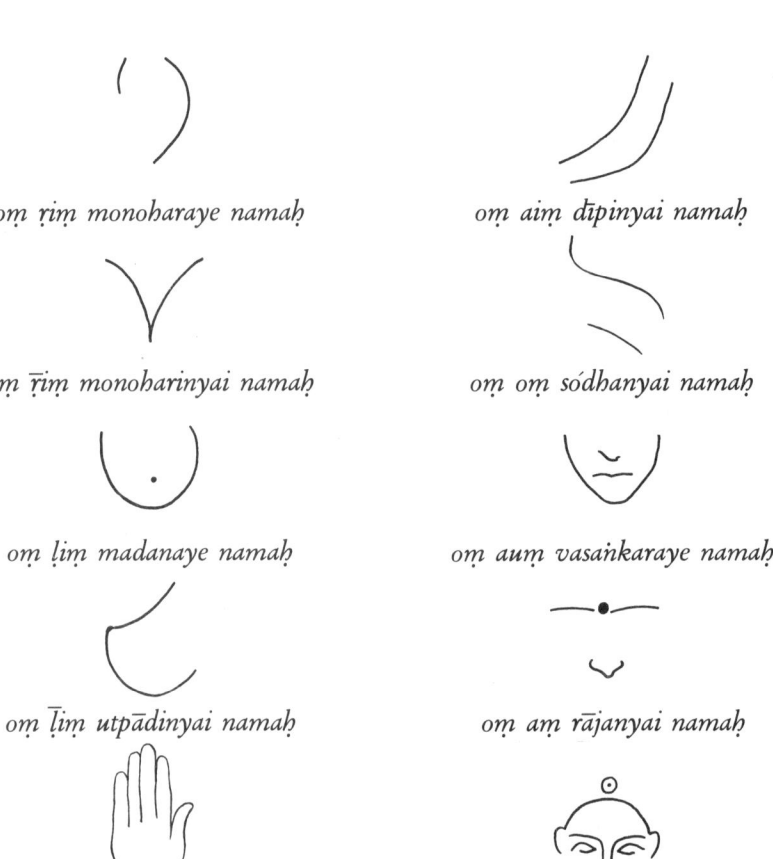

oṃ aḥ priyadarśanaye namaḥ

Dann berührt der *sādhaka* den Körper der *śakti* vom höchsten Punkt des Hauptes bis zu ihrer linken Zehe, während er seine Gebärden mit den folgenden Mantras begleitet:

oṃ aṃ puśaye namaḥ
oṃ āṃ basaye namaḥ
oṃ iṃ samanaye namaḥ
oṃ īṃ rataye namaḥ
oṃ uṃ pritaye namaḥ
oṃ ūṃ dhritaye namaḥ
oṃ ṛṃ sudhaye namaḥ

oṃ ṝṃ somaye namaḥ
oṃ ḷṃ marichaye namaḥ
oṃ ḹṃ aṃśumālinai namaḥ
oṃ aiṃ angiraye namaḥ
oṃ aiṃ vasinyai namaḥ
oṃ auṃ chāyaye namaḥ
oṃ auṃ sampurnamaṇḍalaye namaḥ
oṃ aṃ tuṣṭaye namaḥ
oṃ aḥ amṛtaye namaḥ

Die Verehrung der yoni

Mit den nachfolgenden Mantras, unter der Opferung von Wasser, Blumen und Wein *(kāraṇa)* fährt er im Ritual fort und verehrt nun die *yoni* seiner *śakti:*

Oṃ aiṃ candrāya namaḥ (Wasser)
oṃ aiṃ sauryāya namaḥ (Blumen)
oṃ aiṃ agnaye namaḥ (Wein)

Als Opfer legt er dann rote Sandelholzpaste und Blumen auf ihre *yoni* mit den Mantras:

Hrīṃ strīṃ hūṃ namaḥ
oṃ bhagamālinyai namaḥ
oṃ aiṃ hrīṃ srīṃ aīṃ yaṃ blūṃ
klinne sarvāni bhagāni vaśamanaya me
oṃ strīṃ hrīṃ klīṃ blūṃ bhagamālinyai namaḥ
aiṃ hrīṃ srīṃ saśaktika namaḥ

Dieses Mantra wird im Namen von Bhagamālinī, der dritten der drei eng miteinander verbundenen Göttinnen der Devī Tripurāsundarī, rezitiert. Sie sind die drei vorherrschenden Gottheiten der fünfzehn *nitya-kalā.* Im *trikoṇa-yantra* des *sahasrāra* (dreieckiges Yantra) wird die Devī Tripurāsundarī von den Göttinnen Kāmeśvarī, Vajreśvarī und Bhagamālinī umgeben. Da der Name Bhagamālinī eine erotische Anspielung aufgrund der Doppeldeutigkeit des Wortes *bhaga* beinhaltet, das sowohl die weibliche Scham wie die göttliche Macht bezeichnen kann, bezieht man sich im Ritual häufig auf sie.

Der *sādhaka* beginnt nun, seine eigene *iṣṭadevatā,* seine erwählte Gottheit (in diesem Fall die Göttin Kālī), zu verehren, und rezitiert folgendes Mantra:

Oṃ krīṃ pādyaṃ samarpayāmi namaḥ (Füße)
oṃ krīṃ arghyam samarpayāmi namaḥ (Darbringung von Wasser)
oṃ krīṃ ācamaniyam samarpayāmi namaḥ (Trinken)
oṃ krīṃ snānīyam samarpayāmi namaḥ (Bad)
oṃ krīṃ gandhaṃ samarpayāmi namaḥ (Duft)
oṃ krīṃ puṣpam bilvañca samarpayāmi namaḥ (Blumen und *bilva*-Blätter)
oṃ krīṃ naivedyaṃ samarpayāmi namaḥ (Speise)
oṃ krīṃ pānayaṃ samarpayāmi namaḥ (Wasser)
oṃ krīṃ tāmbulaṃ samarpayāmi namaḥ (Betel-Blätter)
oṃ krīṃ dakṣhiṇāṃ samarpayāmi namaḥ

Die śakti als Gottheit

Während er die Füße der *śakti* berührt, die nun eine Göttin ist, rezitiert er die Hymne an die Devī, als sei sie nun die Göttin Kālī:

Oṃ yā devī sarvabhūteṣu śaktirūpena saṃsthitā
namastasyai namastasyai namastasyai namo namaḥ

Und er rezitiert weiter:

Jener Kraft, die als das Bewußtsein in allen Wesen beschrieben wird,
Verehrung Ihr, Verehrung Ihr, Verehrung Ihr,
Verehrung, Verehrung!

Jener Kraft, die als Vernunft in allen Wesen bekannt ist,
Verehrung Ihr, Verehrung Ihr, Verehrung Ihr,
Verehrung, Verehrung!

Jener Kraft, die in allen Wesen in der Form des Schlafes existiert,
Verehrung Ihr, Verehrung Ihr, Verehrung Ihr,
Verehrung, Verehrung!

Jener Kraft, die in allen Wesen als Hunger existiert,
Verehrung Ihr, Verehrung Ihr, Verehrung Ihr,
Verehrung, Verehrung!

Jener Kraft, die in allen Wesen als Schatten existiert,
Verehrung Ihr, Verehrung Ihr, Verehrung Ihr,
Verehrung, Verehrung!

Jener Kraft, die in allen Wesen als Energie existiert,
Verehrung Ihr, Verehrung Ihr, Verehrung Ihr,
Verehrung, Verehrung!

Jener Kraft, die in allen Wesen in der Form des Durstes existiert,
Verehrung Ihr, Verehrung Ihr, Verehrung Ihr,
Verehrung, Verehrung!

Jener Kraft, die in allen Wesen als Vergebung existiert,
Verehrung Ihr, Verehrung Ihr, Verehrung Ihr,
Verehrung, Verehrung!

Jener Kraft, die in allen Wesen in Form der Spezies existiert,
Verehrung Ihr, Verehrung Ihr, Verehrung Ihr,
Verehrung, Verehrung!

Jener Kraft, die in allen Wesen als Scheu existiert,
Verehrung Ihr, Verehrung Ihr, Verehrung Ihr,
Verehrung, Verehrung!

Jener Kraft, die in allen Wesen als Friede existiert,
Verehrung Ihr, Verehrung Ihr, Verehrung Ihr,
Verehrung, Verehrung!

Jener Kraft, die in allen Wesen als Glaube existiert,
Verehrung Ihr, Verehrung Ihr, Verehrung Ihr,
Verehrung, Verehrung!

Jener Kraft, die in allen Wesen als Schönheit existiert,
Verehrung Ihr, Verehrung Ihr, Verehrung Ihr,
Verehrung, Verehrung!

Jener Kraft, die in allen Wesen als Glück existiert,
Verehrung Ihr, Verehrung Ihr, Verehrung Ihr,
Verehrung, Verehrung!

Jener Kraft, die in allen Wesen als Berufung existiert,
Verehrung Ihr, Verehrung Ihr, Verehrung Ihr,
Verehrung, Verehrung!

Jener Kraft, die in allen Wesen in der Form der Erinnerung existiert,
Verehrung Ihr, Verehrung Ihr, Verehrung Ihr,
Verehrung, Verehrung!

Jener Kraft, die in allen Wesen als Mitleid existiert,
Verehrung Ihr, Verehrung Ihr, Verehrung Ihr,
Verehrung, Verehrung!

Jener Kraft, die in allen Wesen als Erfüllung existiert,
Verehrung Ihr, Verehrung Ihr, Verehrung Ihr,
Verehrung, Verehrung!

Jener Kraft, die in allen Wesen als Mutter existiert,
Verehrung Ihr, Verehrung Ihr, Verehrung Ihr,
Verehrung, Verehrung!

Jener Kraft, die in allen Wesen in der Form der Illusion existiert,
Verehrung Ihr, Verehrung Ihr, Verehrung Ihr,
Verehrung, Verehrung!
(Chaṇḍī, v: 16–18)

Nach dieser Hymne beginnt der *sādhaka* mit der innerlichen Verehrung der *śakti*, indem er einen fließenden Kreis von Lichtstrahlen, die wie vom Schnee widergespiegelt und mit rotem Licht durchwirkt erscheinen, schaut. Darin erscheint nun die *śakti* mit Śiva, im *padmāsana* sitzend. In einem endgültigen Akt der Hingabe löscht der *sādhaka* im Geist alle Neigungen in sich aus, die wie Selbstsucht, Stolz, Neid, Unwissenheit und Gier ein Hindernis auf dem Weg zu seinem Ziel sind. Dies tut er, indem er Blumen darbringt, deren verschiedene Arten die einzelnen Neigungen symbolisieren.

Die Verehrung des liṅga

Nun folgt die Verehrung des *liṅga*, indem die folgenden Mantras zehnmal rezitiert werden:

Oṃ auṃ īśānāya namaḥ
oṃ auṃ aghorāya namaḥ
oṃ auṃ vāmadevāya namaḥ
oṃ auṃ sadyojātāya namaḥ
oṃ auṃ tatpuruṣāya namaḥ
oṃ nivṛttyai namaḥ
oṃ pratiṣṭhayāi namaḥ
oṃ vidyāyai namaḥ
oṃ śāntātītāyai namaḥ
oṃ ayuteśvarāya namaḥ
oṃ kubjāyai namaḥ
oṃ kāmakalāyai namaḥ

Erfüllung und Vereinigung

Der Eingeweihte vergegenwärtigt sich in der Meditation die sexuelle Vereinigung. Alle Aktivitäten der Sinnesorgane läßt er im Feuer, das im Schoß *(yoni)* der *śakti* ist, verzehren. Den vitalen Atem *(prāṇa)* bringt er in Gleichklang, so daß er in die *suṣumṇā*, den zentralen Nervenkanal, eintreten kann. Einhundertachtmal rezitiert er das Mantra *hrīṃ* und berührt dabei mit seiner rechten Hand die Brust der *śakti.* Und während er das Mantra *hrīṃ* nochmals einhundertachtmal murmelt, berührt er die *yoni.* Nun legt die *śakti* ihre Hände auf das Haupt des *sādhaka* und spricht dreimal:

»*Uttiṣṭhata:* Steh auf!
Jāgrata: Wach auf!
Virobhava: Sei stark!
Nityamukta svabhāvānubhava:

Für immer ist der Geist der eigenen Natur befreit! Nun gebe ich dir den Befehl, dich in mich zu versenken. Ich bin dein Guru; erfreue dich nun mit aller Seligkeit in mir. Ich bin deine *śakti* und du bist mein. Gemäß dem Befehl meines Kaula Avadhūt fordere ich als *viśva-yoni* [Schoß des Alls] dich auf, deinen kosmischen *liṅga* in mein Feld einzupflanzen. Mein *sat*-Guru ist hier gegenwärtig, um dich vor deinen negativen Begierden zu beschützen.

Denke in diesem Moment, daß du nicht mein Ehemann bist; du bist Śiva in der Form meines *sat*-Guru, und ich bin nichts anderes als *śakti.*

Möge mein göttliches Selbst dich segnen und dich zur ewigen Freude der Seligkeit geleiten.«

Jetzt ist der *sādhaka* nicht länger ein Adept, sondern er verwandelt sich in Bhairava, und als Śiva verehrt er seine *śakti* mit neun symbolischen Blumen: (1) festhaltend, (2) umarmend, (3) küssend, (4) berührend, (5) visualisierend, (6) sehend, (7) saugend, (8) durchdringend, (9) meditierend, während er dreimal das Mantra: »*Śivo 'ham:* Ich bin Śiva«, spricht.

Wenn die *śakti* es wünscht, kann sie auch die entgegengesetzte Rolle spielen, die man *viparit-ratī* nennt, d.h. die Rolle des *sādhaka.* In diesem Fall geschieht die Vereinigung, indem die *śakti* sich auf den *sādhaka* setzt, der wie eine Leiche am Boden liegt *(śavāsana)* und völlig unbewegt bleibt. Die *śakti* ist nun der Mann und der Guru, der selbst im großen Drama handelt und die potentiell aufgeladene Energie des Rituals überträgt. Nach einem längeren Verbleiben in der jeweiligen Position beenden beide Adepten das Ritual mit dem Mantra *aiṃ klīṃ hrīṃ srīṃ* und rezitieren schließlich so lange wie möglich *hauṃ hrīṃ.*

Wenn die Übenden in den anfänglichen Stadien des *sādhana* ihre Vereinigung nicht weiter fortsetzen können, dürfen sie ihre *āsana*-Stellung wechseln, zum Beispiel vom *padmāsana* zu *jānjugmāsana* und zu *śavāsana,* um sich zu entspannen. Die Zeitdauer des Zurückhaltens der Energie kann auch nach und nach verlängert werden. Hin und wieder werden pflanzliche Substanzen oral eingenommen, um nach Wunsch die Zeitdauer zu verlängern, wie etwa die Samen von *Bhāng (Cannabis indica)* und der *Tulsi*-Pflanze oder indisches Basilikum *(Ocymum sanctum)* mit Betelblättern.

Während der sexuellen Vereinigung ist der Geist der Adepten von ihrer physischen Umgebung zurückgezogen, da der eine sich vollständig mit dem anderen identifiziert. Nach fortgeschrittener Praxis kann die sexuelle Energie zurückbehalten und sublimiert werden, bis der psychische Strom befreit ist. In den tantrischen Texten wird die Erfahrung der Einheit der »Zwei in Einem« *samarasa* genannt, und dies ist ein Zustand, der dem *samādhi* entspricht.

◁ Die psychischen Zentren und ihre entsprechenden Symbole, Detail aus einer Manuskriptseite mit Miniaturen. Nepal, ca. 1761. Gouache auf Papier.

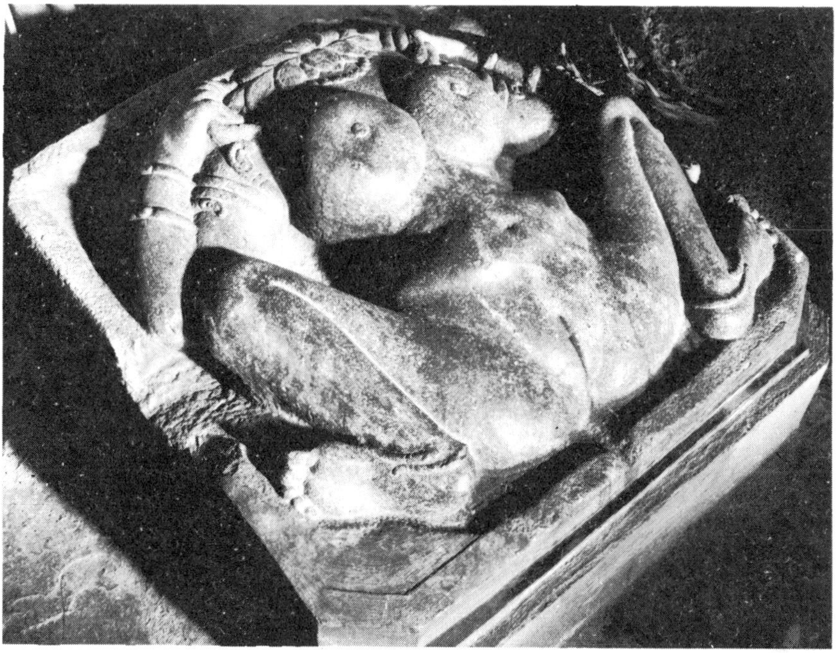

Ādyā-śakti, der Urgrund, die genetische Matrix aller Dinge. Alampur-Museum, Andhra Pradesh, ca. 11. Jahrhundert. Stein.

Das Ritual der Vereinigung (āsana) in der Gemeinschaft

Das Ritual der Vereinigung wird auch in der Gemeinschaft vollzogen. Der Ritus wird als *pañca-makāra* oder die fünf M's bezeichnet, und er wird sowohl von den Vāmācāris, den linkshändigen Tantrikern, als auch von den Dakṣiṇācaris, den rechtshändigen Tantrikern, praktiziert. Wenn es in einem Kreis ausgeführt wird, nennt man es *cakra-pūjā.* In jedem Fall ist es eine geplante, intensive emotionale Gruppenerfahrung, an der weder ein einzelnes Paar noch zu viele teilnehmen können. Gewöhnlich bilden acht männliche und acht weibliche Teilnehmer einen Kreis *(cakra).*

Über einen bestimmten Zeitraum hin, meistens ein Jahr lang, werden die Teilnehmer sorgfältig von einem Guru geprüft, bevor die eigentliche Initiation in die Gruppe stattfindet. Abgesehen von seiner körperlichen Verfassung wird die Eignung des Teilnehmers unter besonderer Beachtung seiner geistigen Disposition geprüft. Das *Kulārnava-Tantra* legt acht negative Kriterien vor – Haß, Zweifel, Furcht, Scham, Verleumdung, Konformität, Arroganz und Statusbewußtsein – und solange diese Tendenzen vorherrschend sind, ist ein Teilnehmer nicht befähigt, an diesem esoterischen Ritual teilzuhaben.

Das Ziel der *cakra-pūjā* ist die Erweiterung des Bewußtseins durch die fünf Kategorien, die die Objekte des menschlichen Verlangens darstellen, mit anderen Worten, die Verwendung der fünf *tattvas*, der fünf M's: *madya* (Wein), *māṃsa* (Fleisch), *matsya* (Fisch), *mudrā* (geröstetes Getreide), *maithuna* (sexuelle Vereinigung). Üblicherweise als Hindernisse betrachtet, werden sie in diesem Ritual von den linkshändigen Tantrikern als Stufen auf der Leiter zur Vervollkommnung akzeptiert. Die Tantriker weisen darauf hin, daß das Hauptprinzip dieses Rituals nicht die Abschreckung vor den Sinnen ist, sondern ihre Überwindung durch die Erfahrung: »Vollendung kann durch die Befriedigung aller Verlangen leicht erreicht werden« *(Guhyasamāja-Tantra)*, eine Darlegung, die einen lebendigen Widerhall in einem Brief von Aldous Huxley an Timothy Leary findet: »Tantra lehrt einen Yoga des Sexus, einen Yoga des Essens (sogar das Essen von verbotener Nahrung und das Trinken von verbotenen Getränken). Das gewöhnliche Leben wird sakramentalisiert, so daß jedes Geschehnis sich zu einem Mittel gestalten kann, durch das Erleuchtung durch konstantes Gewahrsein erlangt und verwirklicht wird. Dies ist der höchste Yoga – gewahr zu sein, und selbst des Unbewußten bewußt – auf jeder Ebene, von der physiologischen bis zur spirituellen.«[40]

Die fünf mit M beginnenden rituellen Bestandteile sind, abgesehen von ihrer wörtlichen Bedeutung, Ausdruck yogischer Prozesse. Werden sie in geistige Gestaltungen umgesetzt, so wird das Ritual zu einer Praxis des rechtshändigen Tantrismus *(dakṣināčāra)*. So wird *madya* (Wein) zum Symbol der »berauschenden Erkenntnis«; *māṃsa* (Fleisch) impliziert die Kontrolle der Sprache (vom Wort *ma*, das Zunge bedeutet); *matsya* (Fisch) repräsentiert die zwei vitalen Ströme, die sich in den feinstofflichen *iḍā*- und *piṅgalā*-Kanälen auf jeder Seite des feinstofflichen Zentralkanals *suṣumṇā* bewegen; *mudrā* (geröstetes Getreide) symbolisiert den Yoga-Zustand der Konzentration; *maithuna* (sexuelle Vereinigung) symbolisiert die Meditation des Ur-Aktes der Schöpfung. Jene Praktiker des rechtshändigen Tantra, die ein *sādhana* nach dem *rajas*-Prinzip befolgen, verwenden materielle Ersatzmittel für die fünf M's. Wein wird durch Kokosnußsaft ersetzt, Fleisch durch Ingwer, Rettich oder die Frucht einer Wasserpflanze *(pāniphala)*, *mudrā* durch Reis, Weizen oder Korn und

Kālī. Kalighat, Calcutta, ca. 19. Jahrhundert. Gouache auf Papier.

maithuna durch zwei Arten von Blumen, *karavī* als Entsprechung des *liṅga* und *aparājitā*, um die *yoni* zu repräsentieren. Es wird angenommen, daß einige dieser Riten durch den indischen tantrischen Meister Vasiṣṭha eingeführt wurden, der verschiedenartige antinomische Praktiken aus Mahācina, das mit Tibet und Teilen von China identifiziert wird; nach Indien brachte, die fortan *cinācara* genannt werden.

Der Platz, an dem das *pañcamakāra*-Ritual vollzogen wird, sollte eine heitere, ruhige Stimmung haben und von Weihrauch duften. Die ideale Zeit für diesen Ritus ist Mitternacht. Der eigentliche Vollzug sollte fünfundvierzig Minuten nach drei Uhr am Morgen stattfinden und eine

Stunde und sechsunddreißig Minuten andauern, eine Zeitdauer, die als besonders günstig für die abschließende sexuelle Vereinigung betrachtet wird. Von gleicher Wichtigkeit ist die Anordnung des Lichtes, um die Wirkkraft des Rituals zu erhöhen. Rizinusöllampen, die ein violettes Licht hervorbringen, gelten als ein ideales Stimulans.

Der *pañcamakāra*-Ritus beginnt mit der Initiation der Teilnehmer durch den Guru oder den *cakreśvara,* den Führer des *cakra,* der während des gesamten Rituals das richtungweisende Zentrum der Gruppe bleibt. Die Adepten bieten dem Guru und der Gruppe mit gefalteten Händen ihre Verehrung dar; zur Linken eines jeden Yogi sitzt seine *śakti,* während der Guru sich im Zentrum des *cakra* befindet. Im folgenden entfaltet sich das ganze Ritual in der gleichen Weise wie ein individuelles *āsana,* mit denselben Mantras, *nyāsas, prāṇāyāma,* Reinigung, Identifikation, Konzentration etc. Der Ritus geht weiter mit der Verwandlung der gewöhnlichen Frau in die *śakti,* während der *sādhaka,* indem er sie als eine Inkarnation der Göttin Devī betrachtet, folgendes Mantra rezitiert: *»Oṃ śrīṃ bale bale tripurāsundarī yonirūpe mama sarvasiddhin dehi yonimuktiṅ kuru kuru svāhā.«*

Im *pañcamakāra* werden nach der Weihung des Weines, der im *śrī-pātra* verwahrt ist, das gekochte Fleisch, der Fisch und das Getreide gewöhnlich auf eine Silberschüssel gelegt, und der Weinbecher wird von der *śakti* des Guru zwischen dem Daumen und dem dritten Finger der linken Hand gehalten; sie schlürft den Wein und reicht den Becher an die Eingeweihten weiter, die den Becher in der gleichen Weise halten, bis alle Teilnehmer der Runde von dem Wein getrunken haben. Das Fleisch wird mit dem ersten Becher des Weines genommen, der Fisch mit dem zweiten, Getreide mit dem dritten, und wenn auf diese Weise die ersten vier M's verzehrt worden sind, findet das fünfte, *maithuna,* statt.

In allen Phasen des Rituals der Vereinigung liegt die Betonung darauf, Erkenntnis und Einheit durch die persönliche Begegnung zu erlangen, die ihrerseits wiederum für die individuelle Wandlung verantwortlich ist. Durch den direkten Kontakt im Fühlen, in der Hingabe, im Handeln und in einer wachen Bewußtheit der komplexen Beziehung des Körpers, des Geistes und der Sinne zueinander werden Mann und Frau zu einer Einheit. Die Sexualität hebt die Getrenntheit des Ichs auf. Doch wie alle anderen menschlichen Handlungen hat auch die Sexualität ihre Zweideutigkeit. Sie kann den Eingeweihten zu den Gestaden der inneren Verwirklichung führen oder aber für seine menschliche Seite verhängnisvoll werden. In

△
Jānujugma-āsana. Orissa, ca. 19. Jahrhundert. Elfenbein.
Viparit-ratī, sexuelle Vereinigung, indem die *śakti* auf dem *sādhaka* liegt. Orissa, 18. Jahrhundert. Elfenbein.

dem Ausmaß, in dem die Partner an der harmonischen, komplementären Ganzheit mit einer intensiven Bewußtheit ihrer spirituellen Verbundenheit teilhaben, führt ihr Handeln sie an die höchste Erfahrung heran. Wenn die Mitglieder der Gruppe dagegen voneinander getrennt sind und sich selbstzerstörerischen Spielen des Ichs überlassen, werden sie in eine der Befreiung entgegengesetzte Richtung gelangen. Aus diesem Grunde stellen Tantras wie das *Kulārnava* nachdrücklich fest, daß diejenigen, die diesem Ritual hauptsächlich wegen der sexuellen Betätigungen oder aus hedonistischen Zwecken ohne Bezug zu spirituellen Zielen beiwohnen, sich letztlich selbst zerstören. Das Ritual wurde durch große Fehlinterpretationen der ursprünglichen Texte suspekt, doch liegt der Fehler nicht bei den Tantras, sondern bei den Interpreten.

Konfrontation

Die Vorstellung, daß das spirituelle Leben ein sanfter, fließender, ununterbrochener Strom sei, wird durch Tatsachen eindeutig zunichte gemacht. Perioden der Stürme, der Mühsal und panikerfüllter Spannung entstehen in den Ritualen, um Konflikte abzubauen und den Eingeweihten zu einem toten Punkt zu führen, so daß er dem Karussell der selbstzerstörerischen Spiele des Ichs entkommen kann und die Widersprüche und Polaritäten seiner eigenen Persönlichkeitsstruktur akzeptieren lernt. Das Leben Buddhas gibt Beispiele hierfür, etwa, wie er auf seiner Suche nach Erleuchtung den furchterregenden Drohungen Māras und dessen Schar von bösartigen Dämonen begegnete. Die fortgeschrittenen Tantriker praktizieren eine Art des *āsana*, die man *śavāsana* nennt und die auf Begräbnisplätzen vollzogen wird. Solch ein Ort betont mit Nachdruck die Wahrheit von der Vergänglichkeit, und so wird schließlich das Herz des Aspiranten selbst zu einem Begräbnisplatz – Stolz und Selbstsucht, Status und Rolle, Name und Ruhm werden hier zu Asche verbrannt. Meditationen über bestimmte Leichen um Mitternacht werden als am geeignetsten betrachtet, um Furcht und Versuchungen zu überwinden, die den Eingeweihten heimsuchen. Man braucht Mut, um vor solchen Schauplätzen, die eine emotionale Desintegration anregen und sich so ganz außerhalb des Blickfeldes unseres täglichen Lebens befinden, nicht zurückzuschrecken.

Die Erkenntnis der grausamen Aspekte des Lebens führt zu Schockerlebnissen unterschiedlicher Grade, je nachdem, wie fest die innere Überzeugung des Aspiranten ist, bevor die innere Ruhe erlangt werden kann. Es ist jedoch keinesfalls notwendig, daß sich alle *sādhakas* zu solchen furchterregenden Orten begeben; dasselbe Ergebnis kann durch Innenschau und Selbstprüfung erlangt werden. Mitternacht und Begräbnisstätten wurden wahrscheinlich wegen ihrer starken Verbindung mit geheimnisvollen und erschreckenden Eindrücken und Atmosphären gewählt. Auf diese Weise wird der Adept mit beunruhigenden Kräften konfrontiert, die geeignet sind, eine Explosion des psychischen Potentials auszulösen. Eine andere meditative okkulte Übung wird mit Hilfe von fünf oder neun menschlichen Schädeln ausgeführt und heißt *pañca-muṇḍi* oder *navamuṇḍi-āsana*. Der Adept sitzt im *padmāsana* (Lotosstellung) auf den menschlichen Schädeln, eine Übung, die ihm helfen soll, seiner eigenen Angst zu begegnen und sein Bewußtsein von ihr zu befreien.

Diese Konfrontationen sind eine Quelle der Erneuerung und ein Tor zu einem neuen produktiven Impuls, der dem Adepten in der Form einer positiven Einstellung zur Situation zu Hilfe kommt. Sie dienen dazu, die Unterscheidung zwischen Objekten der Anziehung und Abstoßung

Sexuelle Yogastellung aus einer illustrierten Manuskriptseite. Orissa, ca. 18. Jahrhundert. Gouache auf Papier.

aufzuheben. Sie betonen auch die Tatsache, daß alle Extreme – das bewußte und das unbewußte Selbst des Individuums mit seinen Widersprüchen wie auch die scheinbar positiven und negativen Aspekte der Existenz – eine untrennbare Einheit bilden.

Moderne Psychologen wie C. G. Jung erkannten, wie wichtig solche Schockerfahrungen für die völlige psychische Integration sind, denn dabei begegnet das bewußte Ich dem »Schattenselbst« oder der »dunklen Seite« der eigenen Persönlichkeit. Diese Anschauung entspricht dem, was der tantrische Adept in solch furchterregenden Ritualen zu erreichen sucht. In der *Symbolischen Suche* beschreibt Edward C. Whitmont die Jung'sche Konzeption von der Bedeutung der Konfrontation mit dem »Schatten« folgendermaßen: »Die Konfrontation mit dem eigenen Bösen kann eine kathartische, todähnliche Erfahrung sein; doch gleich dem Tod weist sie über die personale Bedeutung der Existenz hinaus ... Er [der Schatten] repräsentiert die erste Stufe auf dem Weg der Begegnung mit dem Selbst. Es gibt keinen anderen Zugang zum Unbewußten und zu unserer eigenen Wirklichkeit als denjenigen durch den Schatten. Erst wenn wir jenen Teil unseres Selbst erkennen, den wir bisher nicht gesehen haben oder nicht sehen wollten, können wir uns auf die eigentliche Suche nach den Quellen machen, aus denen es gespeist wird, und nach der Basis, auf der es ruht. Somit sind keine Entwicklung und kein Wachstum möglich, solange nicht die Konfrontation mit dem Schatten geleistet ist – und Konfrontation bedeutet mehr als bloßes Wissen um ihn. Wenn wir wahrhaftig den Schock durchlebt haben, uns selbst so zu sehen, wie wir tatsächlich sind, und nicht, wie wir wünschen oder hoffnungsvoll annehmen zu sein, können wir den ersten Schritt zur individuellen Wirklichkeit hin vollziehen.«[41]

In der hintergründigen Symbolik der Tantras haben die zehn Aspekte der Uranfänglichen *śakti* oder die zehn Objekte des transzendenten Wissens, die die verschiedenen Grade und Stufen der Existenz *(daśamahāvidyā)* darstellen, eine ähnliche verwandelnde Funktion. Die zehn mahāvidyā sind: Kālī, die Macht der Zeit; 2. Tārā, das Potential der Neuschöpfung; 3. Śoḍaṣī, die Verkörperung der sechzehn Modifikationen des Verlangens; 4. Bhuvaneśvarī, die substantiellen Kräfte der materiellen Welt; 5. Bhairavī, die sich selbst in eine Unendlichkeit von Wesen und Formen vervielfältigt; 6. Chinnamastā, die dem Universum die Lebensenergie verleiht; 7. Dhumāvatī, die mit dem unerfüllten Verlangen assoziiert wird; 8. Bagalā, die Vernichterin der negativen Kräfte; 9. Mātaṅgī, die Kraft des Beherrschens, und 10. Kamalā, der Zustand der wiedererrichteten Einheit. Philip Rawson faßt diese Verwandlungsformen in folgender Weise zusammen: »Diese *śakti*-Transformationen können als Symbole von Durchgangsstadien einzeln verehrt werden, in einer Folge oder auch in kombinierten Bildgestaltungen. Jede repräsentiert eine Einschränkung der ganzheitlichen Persona der Kālī selbst und ist zugleich ein unvermeidlicher Teil dieses Ganzen. Ohne die drastische Erfahrung der Auflösung ist jegliche Suche nach Integration ohne alle Bedeutung.«[42]

Stufen des psychischen Wachstums

Die Pilgerfahrt des Ich von seinem anfänglichen potentiellen Zustand bis zur Selbstverwirklichung – eine Entfaltung der inneren Energien in die Erweiterung, ins Sein, ins Werden hinein – ist ein langsamer, stufenförmiger Prozeß, der mit dem Eintritt ins spirituelle Leben beginnt. Das letzte Ziel der menschlichen Person, die den tantrischen Pfad betritt, ist Befreiung oder Erleuchtung durch die Erfahrung der Ekstase: durch das Bewußtwerden der eigenen psychischen Potentiale zu einem ganzheitlichen Wesen zu werden. Der psychische Aufstieg verläuft in abgrenzbaren Phasen, die in verschiedene Kategorien unterteilt werden können: als

Adharacumbana-āsana. Basohli, Jammu und Kashmir, ca. 18. Jahrhundert. Gouache auf Papier.

erstes Vorbereitung und Inkubation, und als zweites Selbstverwirklichung und Erkenntnis.

Die Psyche als ein dichter Kern aus Energie mit der Fähigkeit der Ausdehnung beginnt zunächst, ihrer unbegrenzten Möglichkeiten gewahr zu werden, und akzeptiert gleichzeitig das System – in diesem Fall Tantra –, innerhalb dessen sie verwirklicht werden kann. Dann beginnt die Suche nach einem geistigen Lehrer, der die Führung übernimmt und die Wegweiser am Pfad zu deuten weiß. Wenn das *sādhana* beginnt und unter der Anleitung des Guru verschiedene Techniken geübt werden, läßt der Schüler, der sich einer ununterbrochenen körperlichen und geistigen Disziplin unterzieht, diese Disziplinen zunehmenden Einfluß auf sein Leben und sein Handeln gewinnen. Er nimmt die Technik in einem Prozeß in sich auf, der mit dem der Inkubation vergleichbar ist, bis die tägliche Ausführung und Befolgung ihm so selbstverständlich wie das Atmen geworden sind.

Jene besonderen Stadien des Bewußtseins, die dem psychischen Aufstieg förderlich sind, bestehen hauptsächlich aus der Beschränkung des Konzentrationsfeldes, indem man sich mehr und mehr zentralisiert und

Bhairavī-cakra, das die fünf M's als Bestandteile des tantrischen *pañca-makā-ra*-Rituals darstellt. Rajasthan, ca. 19. Jahrhundert. Gouache auf Papier.

die eigenen Energien durch die Verwendung von verschiedenartigen Konzentrations- und Versenkungsmethoden, die auf die persönlichen Neigungen und Fähigkeiten abgestimmt sind, in einem Kern sammelt. Die vorgeschriebenen Techniken können die Rezitation von Mantras, die Verwendung von Yantras, *mudrās, nyāsa, prāṇāyāma,* tägliche *pūjās,* Meditation usw. beinhalten. Durch tägliche Übung verbessert der *sādhaka* die Möglichkeit, zu außergewöhnlichen geistigen Zuständen zu gelangen, wenn auch ein Bewußtsein solcher Art auf den einleitenden Stufen nur einen Aspekt der gesamten Manifestation darstellt. Ist einmal das Gleichgewicht zwischen den äußeren Hilfsmitteln und dem inneren Rhythmus des *sādhaka* hergestellt, so folgt notwendigerweise auf die äußere Übung die nächste Stufe des *sādhaka*, die innere Kontrolle des Geistes durch eine vollständige »Auflösung des Ichs«. Dieses Stadium besteht aus der Konfrontation mit dem Schattenselbst, den unbewußten Kräften, und der Wahrnehmung des schöpferischen und zerstörerischen Kontinuums der Polaritätsprinzipien, die sich als eins manifestieren. In diesem Stadium setzt man den Weg entweder in die Richtung zur völligen Befreiung hin fort oder kehrt in die Bereiche des Materiellen zurück. Viele, die der beschwerlichen Aufgabe dieser Disziplin nicht standhalten können, werden sogar die Suche aufgeben. Die nächste Stufe ist die der Reintegration, ein Vorbote einer neuen, schöpferischen Geburt – eine Stufe, auf der die psychische Verwirklichung zu dämmern beginnt.

Die zweite Stufe, die das letzte Stadium schon vorwegnimmt, kann als Selbstverwirklichung bezeichnet werden. Es ist dies die Stufe, auf welcher der Yogi zu begreifen beginnt, daß das Bewußtsein von den anderen Aspekten der Erfahrung getrennt werden kann: er ist ein Teil und ein Zentrum der Ganzheit. Dies ist eine Ebene des Gleichmuts des *samayana*, des Zustandes der Leerheit, der geistigen Ruhe, der Heiterkeit, der Unerschütterlichkeit und Selbstbeherrschung, begleitet von der Beendigung der erkennenden, in Bezug setzenden und willentlichen Funktionen. Auf dieser Ebene ist der *sādhaka* »zentriert« oder »im Gleichgewicht« und lebt in immerwährender Leichtigkeit und Ruhe. Nichts im Leben ist so groß oder so entscheidend, daß es ihn in Unruhe versetzen könnte, da er nicht länger der Gnade oder Ungnade der Sinnesreaktionen ausgeliefert ist.

Selbstverwirklichung kann sich auch im Erlangen von übernatürlichen Kräften oder *siddhis* manifestieren, wie etwa in der Fähigkeit, den eigenen Körper zu verdoppeln oder auf dem Wasser zu gehen usw. Die Lebensbeschreibungen von einigen berühmten tantrischen Nātha-Heiligen geben überwältigende Beispiele für ihre übermenschlichen okkulten Kräfte. Doch wird das Erlangen der *siddhis* grundsätzlich als ein niedriger Grad der Erleuchtung betrachtet. Ramakrishna pflegte seine Schüler zu warnen, sie sollten keine *siddhāi* werden, und er mißbilligte es und sprach sich nachdrücklich dagegen aus: »Wenn dich die Askese nach zwanzig Jahren nicht mehr lehren kann, als über das Wasser zu gehen, so bezahle lieber den Fährmann und spare dir die Zeit.«

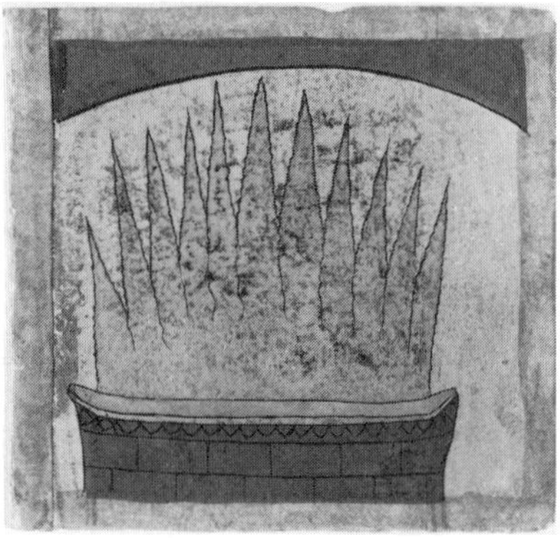

Das Prinzip des Feuers. Rajasthan, 18. Jahrhundert. Gouache auf Papier.

Ratī-āsana. Khajuraho, Madhya Pradesh, ca. 12. Jahrhundert. Stein.

Die physiologischen Symptome der Selbstverwirklichung werden in den Adepten des *kuṇḍalinī*-Yoga sichtbar. Das Aufsteigen der *kuṇḍalinī* und ihr Durchstoßen der *cakras* wird durch bestimmte physische und psychische Bewußtseinsebenen charakterisiert. In den einleitenden Stadien zittert der Körper, und der Yogi erfährt eine Explosion psychischer Hitze, die wie ein Strom durch die *suṣumṇā* flutet. Ramakrishna beschreibt seine eigenen Erfahrungen dieses Phänomens als »hüpfend«, »nach oben stoßend«, »bewegend« und »zick-zack«. Wenn die *kuṇḍalinī* weiter aufsteigt, treten andere Zeichen des Erwachens auf. Die Yogis beschreiben, wie zunächst hörbare Wahrnehmungen innerer Klänge in Erscheinung treten, wobei die innerlich vernommenen Klänge an manche Töne der äußeren Umgebung erinnern können, etwa an das Brausen eines Wasserfalls, das Summen von Bienen, den Klang einer Glocke oder einer Flöte, an das Klingeln von Schmuck usw.

Während solcher Erlebnisse können Schwindelgefühle auftreten, und der Mund kann sich mit Speichel füllen, doch der Yogi muß weitergehen,

Saptamuṇḍi-āsana. Mandi, Himachal Pradesh, 18. Jahrhundert. Gouache auf Papier.

bis er den zutiefst inneren, den »unangeschlagenen« subtilen Ton *(nāda)* vernimmt, der mit dem inneren Schweigen identisch ist. Dazu können sich viele Sinnesreaktionen visueller Natur einstellen. Der Yogi vermag in seiner »Wahrnehmung-des-geschlossenen-Auges« eine Vielfalt von For-

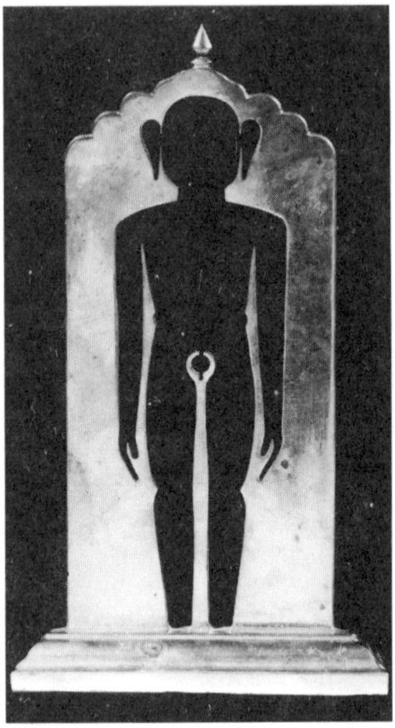

▲
Symbol der Vaiṣṇava-Sekte, das reine Bewußtsein *(caitanya)* darstellend. Bengalen, ca. 18. Jahrhundert. Messing.

Ein Bildwerk der Jaina-Religion, den Jina als befreiten Geist zeigend. Rajasthan, ca. 19. Jahrhundert. Messing.

men zu visualisieren, wie Lichtpunkte, Flammen, geometrische Figuren, bis alle diese im letzten Stadium der Erleuchtung in eine innere Strahlung von intensivem, leuchtendem, reinen Licht aufgelöst werden, wobei der Yogi die Empfindung hat, als würde er in eine lodernde Lohe von blendenden Flammen eingetaucht.

Ein veränderter Bewußtseinszustand unterscheidet sich deutlich von unserer gewöhnlichen Wahrnehmung der Wirklichkeit. Erstens hat der erleuchtete Yogi eine ganzheitliche Wahrnehmung der Realität, die er durch die ursprüngliche Harmonie in der Einheit aller Dinge im Verein mit den vielfältigen Sinnesreaktionen unmittelbar erfaßt. Zweitens verändert sein Aufstieg von einer Ebene des Bewußtseins zu einer anderen die normale Dimension der Zeit-Erfahrung als eines konstanten Flusses von Geschehnissen in der Folge von Vergangenheit, Gegenwart und Zukunft, und an ihre Stelle tritt eine Erfahrung, in der die Zeit transzendiert wird

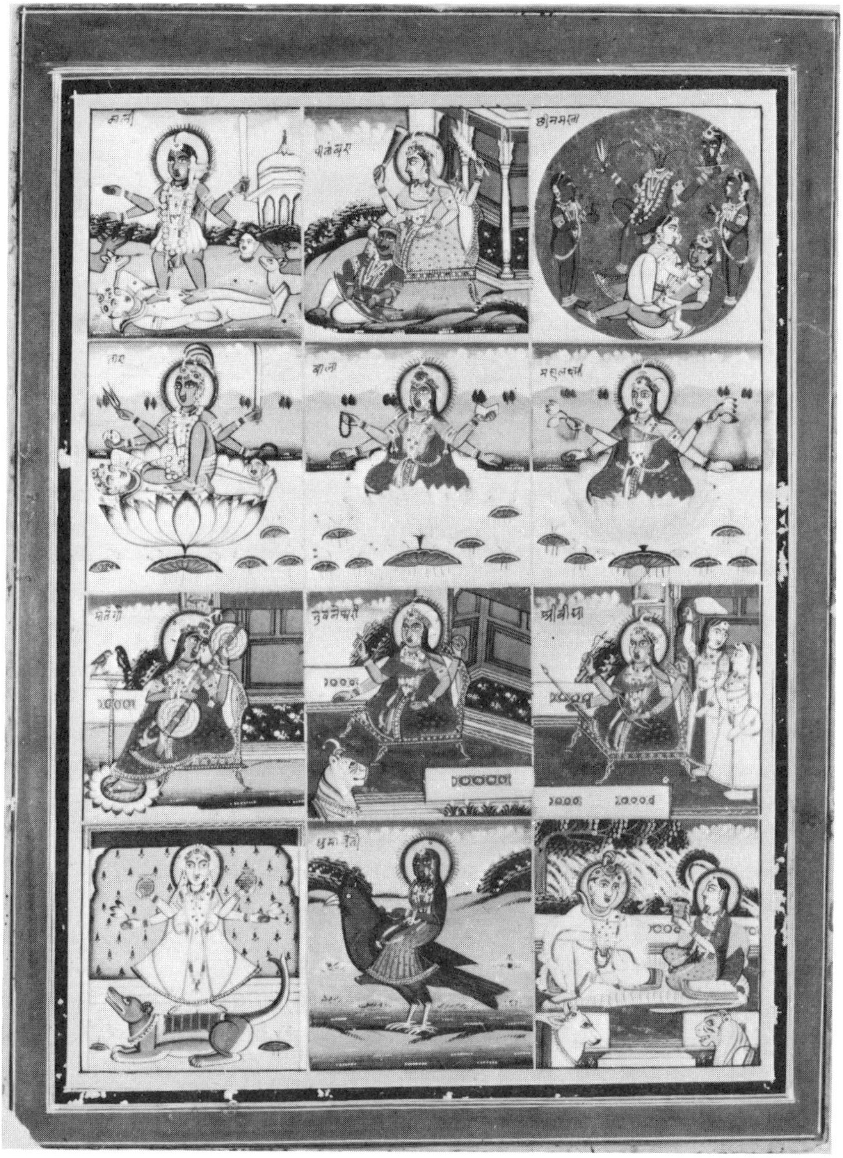

Mahāvidyās, Transformationen der *śakti*, die die transzendente Erkenntnis versinnbildlichen. Die zehn Aspekte der *śakti* – Kālī, Tārā, Śoḍaṣi, Bhuvaneśvarī, Bhairavī, Chinnamastā, Dhūmavatī, Bagālā, Mātangī und Kamālā – verkörpern alle Ebenen des Wissens. Jaipur, spätes 19. Jahrhundert. Gouache auf Papier.

und alle Geschehnisse gleichzeitig in einer »unendlichen Gegenwart« existieren.

Das letzte Stadium des psychischen Aufstiegs gipfelt in der Erleuchtung und im Verschmelzen mit der Einheit. Die Psyche, die eine lange und gewundene Straße hinter sich gebracht hat, betritt nun einen neuen Bereich. Der Eingeweihte erlebt eine vollständige innere Integration; alle Illusionen und Täuschungen hat er abgeworfen. Es gibt keine Zweideutigkeit mehr in seinem Leben. Er ist mit dem Objekt seiner Anbetung verschmolzen, indem er nach und nach alle grobstofflichen Elemente seiner Persönlichkeit aufgelöst und in einen feinstofflichen Zustand von vollkommener Dauerhaftigkeit überführt hat. Diese letzte Stufe ist durch eine erlebte Verwirklichung dessen charakterisiert, was die klassische Hindu-Tradition (Tantra miteingeschlossen) als *sat* (Sein), *cit* (Bewußtsein) und *ānanda* (Seligkeit) bezeichnet, die Dreiheit der Substanzen von Śiva-*śakti* in der Vereinigung. Wenn wir diese Konzeption auf der weltlichen Ebene betrachten, können die drei Substanzen als getrennt erscheinen. In einem »veränderten« oder »verwandelten« Bewußtseinszustand jedoch, also in dem des Verwirklichten, bilden sie eine dreifältige Einheit, in der jede in einer einzigen, geeinigten Erfahrung untergeht. Auf der Ebene unserer gewöhnlichen Wahrnehmung unterscheiden wir das Objekt des Genusses von der Person, die ihn erlebt. So ist eine Malerei getrennt vom Maler, ein Gedicht vom Dichter, die Musik vom Musiker; aber in veränderten Zuständen werden diese Unterscheidungen aufgehoben – der Maler wird das Bild, der Dichter die Dichtung, der Musiker die Musik, der *sādhaka* die Essenz der seligen Vereinigung, *sat-cit-ānanda.*

Derjenige, in dem diese Verwandlung stattgefunden hat, ist frei von Verlangen. Alle äußerlichen Hilfsmittel werden zu Symbolen von Phasen und Kräften. Sie sind nur noch »Bindeglieder« zwischen den verschiedenen Teilen des Ganzen, und alle Mittel, die wir benötigen, um das höchste Ziel zu erreichen, liegen in uns selbst. »Wie sollte ich noch eine äußere Frau brauchen? Ich habe eine innere Frau in mir selbst.« Wenn sie (*kuṇḍalinī*, die »innere Frau«) erwacht ist, strahlt sie wie »Millionen aufleuchtender Blitze« im Zentrum des Körpers des *sādhaka.* Er hat dann die Empfindung, als strahle er selbst, wie alles, was er widerspiegelt. Er betrachtet die gesamte widergespiegelte objektive Welt als ein Auf und Ab innerhalb seiner selbst. Dann singt er keine Mantras mehr, übt nicht mehr *mudrās* oder *prāṇāyāma*, betet keine Götter und Göttinnen mehr an. Denn er erblickt all dies im eigenen Innern.

Pattinattar, der tamulische tantrische Siddhāi-Poet, gibt der Freude der Verwirklichung in folgendem Vers Ausdruck:

Der achtfältige Yoga
Die sechs Regionen des Körpers
Die fünf Zustände
Sie alle sind verschwunden und dahin
Vollständig ausgelöscht
Und in der offenen
Leere
Bin ich verlassen
Verwundert
Es gibt nur einen roten runden Mond
Eine Quelle weißer Milch
Denn Wonne
Die unerreichbare Seligkeit
Hat mich verschlungen
Ein Abgrund
Von Licht.[43]

Anmerkungen

1 Woodroffe: *Principles of Tantra*, Bd. II, S. 39.
2 Barnett: *Einstein und das Universum*, S. 126 f.
3 Schindler: *Goethe's Theory of Colour, S. 205.*
4 Naranjo und Ornstein: *On the Psychology of Meditation*, Bd. II, S. 169.
5 D. Bhattacharya: *Love Songs of Chaṇḍidas*, S. 18.
6 Op. cit., S. 153.
7 Solomon: LSD, S. 69.
8 Eliade: *Yoga. Unsterblichkeit und Freiheit*, S. 259.
9 Mookerjee: *Tantra Art.*
10 Rawson: Besprechung von *Tantra Art* in *Oriental Art*, Bd. XIII, 4, 1967.
11 Coomaraswamy: *The Transformation of Nature in Art*, S. 67.
12 Bemerkung von Lucio Fontana im Jahre 1965.
13 Zimmer: *Indische Mythen und Symbole*, S. 157 f.
14 Jenny: *UNESCO Courier*, Dezember 1969, S. 16, 18.
15 Abstract Art Since 1945, S. 289.
16 Tucci: *Geheimnis des Mandala. Theorie und Praxis*, S. 55.
17 Op. cit., S. 54.
18 Zimmer, op. cit., S. 102.
19 Rawson: *The Art of Tantra*, S. 139.
20 Boner: *Principles of Composition in Hindu Sculpture*, S. 25.
21 Zitiert nach Koestler: *Die Wurzeln des Zufalls*, S. 63.
22 Seal: *The Positive Science of the Ancient Hindus*, S. 40 f.
23 Prabhavananda: *The Spiritual Heritage of India*, S. 213 f.
24 Loc. cit.
25 Rola: *Alchemy*, S. 20 f.
26 Ray: *History of Chemistry in Ancient and Medieval India*, S. 132.
27 Walker: *Hindu World*, Bd. I, S. 286.
28 Parker: *The Complete Astrologer*, S. 50.
29 C. F. von Weizsäcker und Gopi Krishna: *Biologische Basis der Glaubenserfahrung*, S. 41.
30 Zitiert nach Reyna: *The Philosophy of Matter in the Atomic Era*, S. 96.
31 Rieker: *The Yoga of Light*, S. 157.
32 Gupta: *Lakṣmī Tantra*, S. 189.
33 Zitiert nach Fabun: *Dimensions of Change*, S. 199 f.
34 Gupta: op. cit., S. 206.
35 Vivekananda: *The Yogas and Other Works*, S. 627.
36 Rieker: op. cit., S. 36.
37 De Ropp: *Sex Energy*, S. 4.
38 Rieker: *The Secret of Meditation*, S. 52.
39 Es war eine große Hilfe, daß Kalyan S. Coll eine Reihe von Mantras belegen konnte.
40 Brief von Aldous Huxley an Timothy Leary vom 11. 2. 1962.

41 Whitmont: *The Symbolic Quest*, S. 164 f.
42 Rawson: op. cit., S. 133 f.
43 Kamil V. Zvelebil: *The Poets of the Power*, S. 101 f.

Zur Aussprache der Sanskrit-Wörter:

Im allgemeinen sind die mit dem lateinischen Alphabet umschriebenen Sanskrit-Laute auszusprechen wie im Deutschen. Die Art der Umschrift hält sich an den internationalen Standard, mit Ausnahme, daß für ṛ zur Erleichterung des Lesens ṛi steht.

Folgende Buchstaben bilden von der obigen Regel eine Ausnahme:

a (und alle anderen Vokale) entsprechen im Deutschen: ah usw.
c gleich tsch.
ḍ wie d, aber mit zurückgebogener Zungenspitze zu sprechen.
ḥ hörbarer Hauchlaut. Alle anderen h werden hinter dem eigentlichen Konsonanten als deutlich hörbares h gesprochen.
j gleich dsch (stimmhaft – wie französisch »journal«).
ṃ gleich ng.
ṅ ṇ sind lautlich an den folgenden Konsonanten anzugleichen.
ñ gleich nj.
ṭ gleich t, aber mit zurückgebogener Zungenspitze.
y gleich j.

Glossar

ADHIKĀRA, die Kompetenz eines Schülers, eine spirituelle Disziplin zu praktizieren.
ĀDYĀ ŚAKTI, die Uranfängliche Energie.
ĀGAMA, heilige tantrische Schriften.
AJAPA MANTRA, die unwillkürliche Wiederholung einer heiligen Formel.
ĀJÑĀ CAKRA, das Zentrum zwischen den Augenbrauen im feinstofflichen Körper.
ĀKĀŚA, allgemein Äther, eine Art von Materie, feinstofflicher als Luft.
ANĀHATA CAKRA, das Herzzentrum im feinstofflichen Körper.
ANĀHATA ŚABDA, der Ton, der nicht (an-)geschlagen ist.
ĀNANDA, Freude, Seligkeit, spiritueller Ekstase.
AṆIMĀ, die Macht, durch Yoga so klein wie ein Atom zu werden.
AÑJALI, die *mudrā*, bei der die Hände mit nach oben deutenden Fingern gefaltet werden.
AP, das Element des Wassers.
APĀNA, eine der Energien, die nach unten geht, kontrolliert die vitale Luft in der Abdominalregion.
ARDHANĀRĪŚVARA, die androgyne Form Śivas.
ĀSANA, Yogastellung, der Zustand einer gleichgewichtigen Haltung.
ĀŚRAMA, eine Einsiedelei, oder eine Wohnstätte, die spirituellen Zwecken gewidmet ist.
AUM, die drei Klänge, die das Wurzelmantra *Oṃ* bilden.
AVADHŪTA, ein rebellischer Entsagender.
AVATĀRA, eine göttliche Inkarnation.
ĀYURVEDA, altes indisches Medizinsystem, auf den Vedas beruhend.
BANDHA, muskuläre Krümmung, eine Yoga-Praxis, in der bestimmte Organe des Körpers in einer Stellung »eingesperrt« werden.
BHAGĀSANA, »Vulva-Position«, eine geheime, sexuelle Yoga-Position, in der das männliche Glied in einer länger andauernden Erektion innerhalb der *yoni* eines weiblichen Partners »eingeschlossen« ist, während bestimmte, innerliche, esoterische Handlungen vollzogen werden.
BHAIRAVA, zerstörerischer Aspekt von Śiva.
BHĀVA, Emotion, ästhetischer Zustand oder Empfindung, die die Sinne belebt, das Fahrzeug von *rasa* (q. v.).
BHOGA, Genuß.
BHŪTA, die fünf Elemente der Materie.
BHŪTĀDI, rudimentäre Materie, ohne irgendwelche physikalische Substanz.
BĪJA MANTRA, eine Keim-Klang-Formel, die mit einer bestimmten psychischen Potentialität korrespondiert. Tantra-Texte legen dar, daß das Universum aus den fünfzig ursprünglichen *bīja*-Mantras heraus evolvierte, die mit den fünfzig Buchstaben des Sanskrit-Alphabets korrespondieren.
BINDU, Punkt, ein heiliges Symbol des Universums in seiner unmanifestierten Form, im Tantra auch gleichgesetzt mit dem männlichen Samen.
BRAHMA, der erste Gott der hinduistischen Dreiheit, der Schöpfer.
BRAHMAN, die Absolute Wirklichkeit, transzendentales oder reines Bewußtsein, nicht zu verwechseln mit Brahma.
BRAHMARANDHRA, Krone des Hauptes.
BUDDHI, das Prinzip der Intelligenz; jene Intelligenz-Substanz, die die Erkenntnis der kosmischen Einheit offenbart.
CAITANYA, reines Bewußtsein.
CAKRĀSANA, eine sexuelle Yoga-Position im Kreis.

CAKRAS, wörtlich »Rad« oder »Kreis«, technisch, die psychischen Energiezentren, die im feinstofflichen menschlichen Körper, an der *suṣumṇa* gelegen sind, auch als *padma*, Lotos, bekannt.

CAKREŚVARA, Führer des *cakra-pūjā*, der rituellen Vereinigung in Gemeinschaft.

CHINNAMASTĀ, eine der *mahāvidyās*, die Devī in ihrem zerstörerischen und schöpferischen Aspekt, in der Bedeutung von scheinbarer Auflösung und Rückkehr zur ersten Ursache.

CHITTĀKĀŚA, mentaler oder physischer innerer Raum.

CIT, das Absolute, das reine Bewußtsein, das die Erkenntnis der einen Wirklichkeit begleitet.

CIT-ŚAKTI, Bewußtsein als Kraft, die höchste Energie.

CITTA, grundlegendes Bewußtsein.

DAKṢIṆA-MĀRGA, der »rechtshändige Pfad« in den Tantras.

ḌAMARU, eine Trommel in der Gestalt einer Sanduhr, die von den Śivaiten verwendet wird.

DEVATĀ, eine Form der Gottheit, meistens männlich.

DEVĪ, eine Form der weiblichen Gottheit, Göttin, *śakti.*

DHĀRAṆĀ, Konzentration.

DHYĀNA, Meditation, ununterbrochene innere Konzentration, die mit konkreten Bewußtseinsinhalten beginnt und mit abstrakten endet.

DĪKṢĀ, Initiation durch einen Guru.

DĪPA, eine heilige Öllampe.

DURGĀ, Nebenform der Kālī, wird allgemein mit ihr identifiziert.

EKĀGRATĀ, auf das Eine gerichtet.

GĀYATRĪ MANTRA, eine heilige Formel, eines der bedeutendsten aller Mantras.

GHAṆṬĀ, Glocke.

GHAṬA, ein Topf oder ein heiliges Gefäß.

GORAKṢANĀTHA, ein großer tantrischer *siddhāi* (ca. 1120 v. Chr.), der Nāthas, Gründer des Ordens der Kānphata-Yogis.

GUṆA, Attribut, Qualität; die drei *guṇas* sind die Hauptqualitäten der Natur – *sattva, rajas* und *tamas* – aus denen die Welt zusammengesetzt ist.

GURU, spiritueller Lehrer.

HĀKINĪ, die *śakti*, die das *ājñā cakra* beherrscht.

HAṂSA, wörtlich Schwan oder Wildgans, wird verwendet, um spirituelle Entfaltung anzudeuten.

HAṬHA-YOGA, ein Yoga-System, das körperliche Disziplin beinhaltet, die zur psychischen Entwicklung führt.

IḌĀ, die linke der drei feinstofflichen *nāḍi*, psychischer Kanal, die sich um die *suṣumṇa* herumwickelt und beim linken Nasenloch endet.

INDRIYA, die zehn Fähigkeiten des menschlichen Körpers zur Empfindung und Wahrnehmung, nämlich: die fünf Fähigkeiten des Erkennens *(jñānendriya)*: Gehörsinn, Tastsinn, Gesichtssinn, Geschmackssinn, Geruchssinn. Die fünf Fähigkeiten des Tuns *(karmendriya)*: Gehen, Handarbeit, Sprechen, Zeugen, Entleeren.

IṢṬA-DEVATĀ, die erwählte Gottheit eines Individuums.

JAGADGURU, der Weltenguru.

JĀGRAT, Wachbewußtsein.

JAMBU-DVĪPA, die Erde als gigantischer Rosenapfel-Baum *(jambu)*, der am Weltberg Meru wächst und in dessen schützendem Schatten liegt, dies ist unsere Erde.

JAPA, fortwährende Wiederholung eines Mantra, entweder schweigend oder hörbar.

JĪVAN-MUKTA, ein in diesem Leben Befreiter; spirituell frei, jedoch noch im menschlichen Körper verbleibend.
JĪVĀTMAN, das individuelle Selbst.
JÑĀNA, Selbsterkenntnis, Erkenntnis des Absoluten durch Meditation.
JYOTI, spirituelles Licht, *kuṇḍalinī.*
KAIVALYA, die Verwirklichung seiner selbst, identisch mit der Wirklichkeit als solcher.
ḲĀKINḌĪ, die das *mūlādhāra-cakra* beherrschende *śakti.*
KĀKIṆĪ, die *śakti* des *anāhata cakra.*
KĀLA, Zeit, die Kraft, die die Existenz von unwandelbaren Elementen in der Materie konditioniert und limitiert.
KĀLĀGNI, die unterste Ebene *(bhuvana)* der Existenz.
KĀLĪ, die Göttliche *śakti,* die schöpferischen und zerstörerischen Aspekte in der Natur vergegenwärtigend.
KALPA, Äon; ein »Tag« des Schöpfergottes Brahma.
KĀMA, Genuß, speziell in der Liebe; Verlangen als kosmische Kraft.
KĀRAṆA, Ursache, Quelle; Wein in der tantrischen *cakra-pūjā,* dem Ritual der Vereinigung.
KARMA, Handlung; das universale Gesetz von Ursache und Wirkung.
KAULA, die »linkshändige« Sekte des Tantrismus.
KHECARĪ-MUDRĀ, eine Yoga-Position, in der die Zunge nach oben gebogen wird, um die Nasenöffnung zu verschließen.
KLĪṂ, ein oft verwendetes *bīja*-Mantra in tantrischen Ritualen.
KOŚA, Einhüllung; ein individuelles menschliches Wesen wird sich als im Besitz von Einhüllungen oder *kośas* vorgestellt.
KṚIṢṆA, Inkarnation von Viṣṇu; der Göttliche Liebhaber.
KṢITI, das Element Erde.
KULĀRNAVA TANTRA, ein bedeutendes Tantra von 1150 n. Chr.
KUMBHAKA, Zurückhaltung des Atems während der Praxis von *prāṇāyāma.*
KUṆḌALINĪ, ruhende psychische Kraft, die wie eine Schlange aufgerollt an der Basis der Wirbelsäule liegt.
LAGHIMĀ, die Kraft der Erlangung von Gewichtlosigkeit durch Yoga-Praxis.
LĀKINĪ, die *śakti* des *maṇipūra cakra.*
LAKṢANA, günstige Zeichen; Merkmal des Selbstausdrucks, Attribut.
LĀTA-SĀDHANA, tantrische Disziplin, die einen weiblichen Partner benötigt *(latā,* wörtlich »Kriecher«, tantrischer Begriff für eine Frau, die einen Mann umarmt, so wie eine Kletterpflanze einen Baum umfaßt).
LAYA, Verschmelzung, Aufhören, vollständige Auflösung.
LAYA-YOGA, das Erwachen der *kuṇḍalinī.*
LILĀ, das göttliche Spiel.
LIṄGA, Phallus; zeugende Kraft in ihrem schöpferischen Aspekt; laut dem *Skanda Purāṇa* ist das *liṅga* ein Name für den Raum, in dem das ganze Universum im Prozeß der Bildung und Auflösung enthalten ist.
LIṄGA-ŚARĪRA, Totalität des feinstofflichen oder psychischen Körpers.
LOKA, Welt, Ebene der Existenz.
LOTOS, Symbol der Reinheit, Entfaltung.
MADHU, Honig, geheiligter Wein.
MAHĀKĀLA, ein Aspekt Śivas, Personifikation der auflösenden Kräfte des Kosmos.
MAHĀMUDRĀ, sexuelles Yoga-*āsana,* bekannt als die »große Position«, in der der Praktizierende seine linke Ferse gegen das Perinäum *(yoni)* preßt, und sein rechtes Bein nach außen gestreckt hält, den rechten Fuß umfaßt er mit beiden Händen. Die neun

Öffnungen des Körpers werden kontrahiert, und das Kinn wird auf die Brust gedrückt *(jalandhara)* zur Kontrolle des Atems.
MAHĀVIDYĀ, transzendentale Erkenntnis der Natur.
MAITHUNA, sexuelle Vereinigung.
MĀLĀ, Rosenkranz.
MAṂSA, Fleisch, eines der fünf M's im tantrischen Ritual der Vereinigung.
MANAS, Geist, Denkprinzip; die mentalen Fähigkeiten der Koordination, Vernunft und Assimilation.
MAṆḌALA, ein mystisches Diagramm aus Quadraten und Kreisen, Symbol von kosmischen Kräften, wird verwendet als Stütze der Konzentration.
MAṆIPŪRA CAKRA, Nabelzentrum im feinstofflichen Körper.
MANTRA, heilige Formel; basierend auf dem Prinzip, daß Klang eine spirituelle Bedeutung und Kraft besitzt; Inkantation.
MĀRGA, Pfad.
MĀYĀ, schöpferische Kraft, das beschränkende Prinzip, Illusion von der wahren Natur der Welterscheinung.
MERU, der mythische Berg, der die Welt trägt, *meruḍaṇḍa;* symbolisch die Wirbelsäule.
MITHUNA, gepaart.
MOKṢA, Befreiung.
MUDRĀ, Siegel, Handstellung; Yoga-Kontrolle von bestimmten Organen, als ein Hilfsmittel der Konzentration, psychische Reaktionen hervorbringend.
MUKTI, Befreiung vom Rad des Lebens und den Fesseln der Existenz.
MŪLĀDHĀRA CAKRA, das Wurzelcakra am Ende der Wirbelsäule im feinstofflichen Körper.
MŪLA-PRAKṚITI, Uranfängliche Primär-Energie.
NĀDA, Bewegung; Schwingungsenergie, die sich als Klang manifestiert; ursprünglicher und innerer Klang.
NĀDA-BINDU, uranfängliche Schwingung; der Keimklang, aus dem das Universum emaniert.
NĀḌI, psychischer oder astraler Nervenkanal im physischen Körper.
NAMAḤ, Begrüßung.
NĀMA-RŪPA, Name und Form.
NĀRĀYANA, ein Aspekt von Viṣṇu.
NIRVĀṆA, letztendliche Befreiung.
NIYAMA, Kontrolle, Yoga-Disziplin des Geistes und Körpers.
NYĀSA, Projektion von göttlichen Entitäten in mannigfaltige Teile des Körpers.
OJAS, Vitalenergie.
OṂ, aus drei Lauten zusammengesetztes Keimmantra (a, u, m), umfaßt alle Geheimnisse des Kosmos, die sozusagen in einem Punkt innerhalb des Mantras gesammelt sind.
PADMA, Lotos; symbolischer Name der *cakras.*
PAÑCABHŪTA, die fünf grobstofflichen Elemente; Erde, Wasser, Feuer, Luft, Äther oder Raum.
PAÑCARĀTRA, die Vaiṣṇava-Philosophie.
PARA, das letzte Stadium des Bewußtseins.
PARAM, das Höchste.
PARAMĀṆU, ein grobstoffliches Atom.
PARĀTPARĀ, das Höchste des Höchsten.
PARĀ VĀK, die unmanifestierte Schwingungsbewegung von kosmischen Ideenbildungen.
PAŚYANTI, wörtlich »sehen«; Klang, der sich in Richtung des Sichtbaren entwickelt.
PAŚU, einer, der gebunden ist, die individuelle Seele.

PATAÑJALI, Autor der Yoga-Sūtras (ca. 100 v. Chr. bis 300 n. Chr.).
PRAJÑĀ, Weisheit, Erstes Prinzip.
PRAKṚITI, Gegenstück zu *puruṣa;* schöpferische Energie, die Quelle der Objektivität, auf die Bezug genommen wird als das uranfängliche Weibliche oder Natur.
PRALAYA, das Ende oder die Auflösung eines Kreislaufes von Zeitaltern.
PRĀṆA, Lebenskraft, die vitale Energie des Kosmos.
PRAṆAVA, der ursprüngliche Klang.
PRĀṆĀYĀMA, Yoga-Atemkontrolle.
PREMA, Liebe, in der keine Unterscheidung mehr zwischen dem Liebenden und dem Geliebten vorliegt.
PṚITHIVI, das Prinzip Erde.
PŪJĀ, rituelle Verehrung.
PURĀṆA, »alte« oder »uralte« hinduistische Schriften, die in legendärer Form die Kräfte und Taten der Götter und Göttinnen auslegen.
PURUṢA, Reines Bewußtsein, Gegenpart von Natur oder *prakṛiti.*
PURUṢA-PRAKṚITI, Bewußtsein in seiner Beziehung zur Natur, männlich-weiblich, statisch-kinetisch.
RAJAS, das Prinzip der Bewegung, ein Bestandteil von *prakṛiti.*
RAJAS, weiblicher Samen, menstrualer Ausfluß.
RĀJASIKA, aktive Qualität des Geistes.
RĀKINĪ, die herrschende *śakti* im *svādhiṣṭhāna cakra,* an der Basis der Geschlechtsorgane.
RASA, die Essenz einer Sache, ästhetische Freude, die Substanz der ästhetischen Erfahrung, Genuß in der reinen Quelle des Fühlens.
RECHAKA, Ausatmung.
RETAS, physikalische Substanz.
ṚIṢI, ein inspirierter Seher oder Heiliger.
RUDRA, ursprünglich eine vedische Gottheit mit vielen Aspekten; später assoziiert die Mythologie Rudra mit Śiva.
RUDRAGRANTHI, einer der Knoten, den die *kuṇḍalinī* in ihrem Aufstieg zu durchstoßen hat.
ŚABDA, Klang, kosmischer Klang.
ŚABDABRAHMAN, Brahman als uranfängliche Energie des Klanges.
ŚABDA-TANMĀTRA, infra-atomare Klangpotentiale.
SAD-GURU, ein Lehrer der spirituellen Weisheit.
SĀDHAKA, Sucher; einer, der geschult ist.
SĀDHANA, spirituelle Übung.
SĀDHU, heiliger Mann.
SAHAJA, spontan, eingeboren, innerlich; eine kleine, vom Tantrismus beeinflußte Sekte.
SAHAJOLI, eine der *mudrās,* die die nach unten gerichtete Tendenz der Samenenergie umkehren.
SAHASRĀRA CAKRA, das psychische Zentrum oberhalb des Hauptes, symbolisiert durch den tausendblättrigen Lotos über dem Kopf, wo die *kuṇḍalinī śakti* sich mit Śiva vereinigt.
ŚAIVA, Anhänger von Śiva.
ŚĀKINĪ, die *śakti,* die über das *viśuddha cakra* herrscht, das im feinstofflichen Körper lokalisiert ist.
ŚAKTI, kinetischer Aspekt des höchsten Prinzips; die Kraft, die alle Schöpfung durchdringt; auch die göttliche Gemahlin von Śiva.
SAMĀDHI, die tiefe Meditation, Trance, überbewußter Zustand, in der die Identifikation verwirklicht wird; das letztendliche Ziel des Yoga.

SĀṂKHYA, eines der Hauptsysteme der indischen Philosophie, gegründet von dem Heiligen Kapila (ca. 500 v. Chr.), das den Tantrismus beeinflußt hat.

SAMYĀVASTHĀ, Zustand des Gleichgewichts, undifferenzierter Zustand.

SAṄKALPA, personale Bestimmung, Entschluß oder Wille, das erwünschte Ziel zu erreichen.

SAṄDHĀBHĀṢA, esoterische Terminologie im Tantrismus.

SANNYĀSA, das letzte Stadium in der Pilgerfahrt des Lebens, in dem alle Bindungen aufgelöst werden.

SANAKĀRA, ein eingeprägter Eindruck oder Erinnerungsspur, die Frucht von karmischen Handlungen.

ŚĀNTI, geistiger Frieden.

ŚARĪRA, der materielle Körper, Substanz.

ŚĀSTRA, heilige Bücher von göttlicher Autorität, Schriften.

SAT, Sein, reine Existenz.

SAT-CIT-ĀNANDA, Sein, Bewußtsein und Seligkeit als eine Einheit; der höchste Zustand der Verwirklichung.

SATTVA, höchste der *guṇas*, Prinzip des Gleichgewichts, Wahrheit, Reinheit.

ŚAVĀSANA, die einem »Leichnam« ähnelnde Yoga-Position, zur vollständigen Entspannung.

SIDDHĀSANA, eine der wichtigsten Yoga-Stellungen.

SIDDHI, Erlangung von außergewöhnlichen Kräften, Früchte der Yoga-Praxis, jedoch nicht deren letztes Ziel.

ŚIVA, der dritte Gott der hinduistischen Dreiheit, der Zerstörer; im Tantrismus Reines Bewußtsein, das sich in schöpferischer Vereinigung mit der *śakti* oder *prakṛiti* manifestiert.

SOMA, eine bestimmte Rebenart, aus der Wein hergestellt wurde; ein berauschender Trank, der in vedischen Zeiten bekannt war.

SPHOṬAVĀDA, Konzept des Klanges.

SṚIṢṬI, Schöpfung.

STHŪLA, grob.

SUDHĀ, Nektar.

ŚUKRA, männlicher Samen.

SŪKṢMA, subtil.

ŚŪNYA, Leere.

SUṢUMṆĀ, der feinstoffliche Kanal im Zentrum der Wirbelsäule, durch den die *kuṇḍalinī* aufsteigt.

SVĀHĀ, das Endwort von einigen Mantras.

SVĀDIṢṬHĀNA CAKRA, das *cakra* an der Basis der Genitalorgane im feinstofflichen Körper.

TAMAS, Kraft der Trägheit; niedrigster der drei *guṇas.*

TANMĀTRA, infra-atomare Energiepotentiale.

TANTRA, eine Gruppe von Schriften, die praktische Wege der Selbsterleuchtung mit Nachdruck betonen, mit besonderer Beziehung zu der Kraft der *śakti.*

TĀNTRIKA, einer, der die Disziplin des Tantra verfolgt.

TAPAS, Selbstdisziplin, Askese.

TARPAṆA, Wasser-Opfer, das dabei über die Handfläche gegossen wird.

TATTVA, Soheit.

TATTVAJÑĀNA, Erkenntnis der Natur, von allen Kräften und Prinzipien.

TEJAS, Feuer, Hitze, Energie.

TRĀṬAKA, das Schauen auf den Raum zwischen den Augenbrauen, oder Starren ohne zu blinzeln, das Auge auf einen einzelnen Punkt oder ein Objekt konzentrieren.

TRIKONA, Dreieck.

UDĀNA, die aufwärts gerichtete Bewegung der vitalen Lebenskraft im *prāṇāyāma.*

UPANIṢAD, spirituelle Lehren von alten indischen Philosophien, die in ihrer gegenwärtigen Form zwischen 600 v. Chr.–200 v. Chr. niedergelegt worden sind. Das grundlegende Konzept der Upaniṣaden ist die Identität der individuellen mit der universalen Seele. Vor allem befassen sie sich mit der Natur der höchsten Wirklichkeit.

UPĀSANĀ, Verehrung.

VAIKHARĪ, der vierte Zustand des grobstofflichen, physikalischen Klanges oder Schwingung, als Wort manifestierend.

VAIŚEṢIKA, eines der sechs Systeme der indischen Philosophie; ihr Begründer, der Autor des *Vaiśeṣika-sūtra,* war Kaṇāda (ca. 250 v. Chr. – 100 n. Chr.).

VAJROLI-MUDRĀ, eines der *mudrās,* durch die die sexuelle Energie kontrolliert und wieder in den Körper absorbiert wird. Von dem Adepten wird erwartet, daß er während der Vereinigung *(sahajoli)* den weiblichen Samen durch sein Glied in seinen Körper einzieht; dabei ist darauf zu achten, daß keine Samenausstoßung geschieht. Wenn der Samen im weiblichen Körper freigesetzt worden ist, werden danach die männlichen wie die weiblichen Flüssigkeiten durch *amaroli* in den Körper zurückgezogen.

VĀMA-MĀRGA, der »linkshändige Pfad« in den Tantras.

VĀYU, vitale Luft.

VEDA, die ältesten Literaturwerke in Indien, sie enthalten das religiös-magische Wissen der Arier. Die Veden bestehen aus vier Abteilungen: dem *Ṛig-Veda* (ca. 2000–1500 v. Chr.), dem *Yajur-Veda,* dem *Sāma-Veda* und dem *Atharva-Veda.*

VIBHŪTI, Beispiele oder Ausdrucksformen von übernatürlichen Kräften.

VĪRA, der in die tantrischen Riten Initiierte wird *vīra* oder Held genannt, im Unterschied zum *paśu,* dem Nicht-Initiierten oder Gebundenen.

VIṢṆU, der zweite Gott der hinduistischen Dreiheit, der Erhalter.

VIŚUDDHA CAKRA, das Kehlzentrum im feinstofflichen Körper.

VIŚVARŪPA, die universale Form des Absoluten.

VYĀNA, einer der fünf vitalen Winde *(vāyu),* die im Körper verteilt sind.

YANTRA, eine Symbolgestaltung, Hilfsmittel zur Kontemplation, geometrische Darstellung einer Gottheit.

YOGA, Vereinigung; ein System der Philosophie; der Pfad, auf dem sich das individuelle Selbst mit dem Universalen Selbst vereinigt; Lehren über den Pfad der Verwirklichung.

YOGĪ, einer, der nach essentieller Identität mit der Wirklichkeit sucht, ein Studierender des Yoga; weiblich: *Yoginī.*

YONI, der Urgrund und die Quelle alles Werdens; ein nach unten gerichtetes Dreieck symbolisiert die *yoni,* das weibliche Geschlechtsorgan, Symbol des kosmischen Mysteriums.

YONI-MUDRĀ, sexuelles Yoga-*āsana,* als »Vulva-Position« bekannt. Dabei soll der Adept im *siddhāsana* sitzen, um das Perinäum *(yoni)* zu kontrahieren.

YONISTHĀNA, »*yoni*-Stelle« oder Perinäum, entspricht der Vulva.

YUGA, Äon, Zeitalter; die vier *yugas* sind *satya* oder *kṛita-yuga, tretā-yuga, dvāpara-yuga* und *kālī-yuga,* das gegenwärtige Zeitalter der Menschheit.

Bibliographie

Abhinavagupta: *Tantrasara,* hrsg. von M. R. Sastri, Bombay 1918.
Abstract Art since 1945, verschiedene Mitarbeiter, Vorwort von Jean Leymarie, London 1971.
Akhilananda, Swami: *Hindu Psychology, its Meaning for the West,* 2. Aufl., London 1953.
Aurobindo: s. Ghose, Sri Aurobindo.
Avalon, Arthur: s. Woodroffe, Sir John.
Bach, George, R. / Goldberg, H.: *Keine Angst vor Aggressionen, Wege zur Selbstbefreiung,* 2. Aufl., Düsseldorf 1975.
Bagchi, Prabodh Chandra: *Studies in the Tantras,* Teil 1, Calcutta 1939.
Banerjea, J. N.: *Pauranic and Tantric Religion,* Calcutta 1966.
Barnett, Lincoln: *Einstein und das Universum,* Fischer-Bücherei 21, Frankfurt a. M. 1952.
Bharati, Swami Agehananda: *Die Tantra Tradition,* Freiburg i. Br. 1977.
Bhattacharya, B.: *The Indian Buddhist Iconography,* Calcutta 1958.
Bhattacharya, Deben (Hrsg.): *The Mirror of the Sky: Songs of the Bāuls from Bengal,* London 1969.
–: *Chaṇḍidāsa – Love Songs of Chaṇḍidās,* London 1967.
Blofeld, John: *Der Weg zur Macht, praktischer Führer zur tantrischen Mystik Tibets,* Weilheim 1970.
Boner, Alice: *Principles of Composition in Hindu Sculpture,* Leiden 1962.
Bose, D. N. / Haldar, Hiralal: *Tantras – Their Philosophy and Occult Secrets,* 3. Aufl., Calcutta 1956.
Brown, W. Norman (Hrsg.): *The Saundarya-Lahari,* Cambridge/Mass. 1958.
Chakravarty, Chintaharan: *Tantras – Studies on their Religion and Literature,* Calcutta 1963.
Chatterji, Jagadish Chandra: *Kashmir Shaivism,* Srinagar 1962.
Coomaraswamy, Ananda K.: *Christian and Oriental Philosophy of Art,* New York 1956.
–: *The Transformation of Nature in Art,* Cambridge/Mass. 1934, New York 1956.
Daniélou, Alain: *Yoga, the Method of Re-integration,* London 1951, New York 1955.
–: *Hindu Polytheism,* London 1964.
Dasgupta, Shashibhusan: *An Introduction to Tantric Buddhism,* Calcutta 1950.
–: *Obscure Religious Cults as Background of Bengali Literature,* Calcutta 1946.
Dasgupta, Surendra Nath: *History of Indian Philosophy,* 5 Bde., London 1932–55.
Datta, Bibhutibhusan: *History of Hindu Mathematics,* Bombay 1962.
De Ropp, Robert S.: *Sex Energy,* London 1970.
Einstein, Albert: *Essays in Science,* New York 1934.
Eliade, Mircea: *Yoga – Unsterblichkeit und Freiheit,* Frankfurt a. M. 1978.
Evans-Wentz, W. Y.: *Yoga und die Geheimlehren Tibets,* München 1937.
Garrison, Omar V.: *Tantra: Yoga des Sexus,* 2. Aufl., Freiburg i. Br. 1978.
Ghose, Sri Aurobindo: *On Yoga: The Synthesis of Yoga,* Pondicherry 1965.
–: *On Tantra,* hrsg. von M. P. Pandit, Pondicherry 1967.
Goswami, Hemchandra (Hrsg.): *Kāmaratna Tantra,* Shillong 1928.
Govinda, Lama Anagarika: *Grundlagen tibetischer Mystik,* 4. Aufl., München, Bern, Wien 1975.
Guenther, Herbert V.: *Yugānadha – the Tantric View of Life,* Benares 1952.
Gupta, Sanjukta: *Lakṣmī Tantra,* Leiden 1972.
Jacobs, Hans: *Indische Weisheit und Westliche Psychotherapie,* München 1965.
Jaini, J. L.: *Jaina Universe,* Lucknow 1948.

Jeans, Sir James Hopwood: *Physics and Philosophy*, Ann Arbor/Mich. 1958.
Jung, C. G.: *Die Archetypen und das Kollektive Unbewußte*, Gesammelte Werke Bd. 9/I, 2. Aufl., Olten 1976.
– (Hsrg.): *Der Mensch und seine Symbole*, 7. Aufl., Olten 1976.
–: *Mandala. Bilder aus dem Unbewußten*, Olten 1977.
Kane, P. V.: *History of Dharmaśāstra, Ancient and Medieval Religions and Civil Law*, Bd. V, Teil II, Poona 1962.
Kaye, G. R.: *Astronomy*, Memoirs of the Archaeological Survey of India Nr. 18, Calcutta 1924.
Kinsley, David R.: *The Sword and the Flute: Kālī and Kṛṣṇa*, Berkeley, Los Angeles 1975.
Klossowski de Rola, Stanislas: *Alchemie, die geheime Kunst*, München, Zürich 1974.
Koestler, Arthur: *Die Wurzeln des Zufalls*, Frankfurt a. M. 1974.
Krishna, Gopi: s. Weizsäcker, C. F. von/Gopi Krishna.
–: *Die neue Dimension des Yoga – Kundalini und die Naturwissenschaft*, Bern, München 1975.
Leadbeater, C. W.: *Die Chakras. Eine Monographie über die Kraftzentren im menschlichen Körper*, Freiburg i. Br. 1978.
Metzner, Ralph: *Maps of Consciousness: I Ching, Tantra, Tarot, Alchemy, Astrology, Actualism*, New York 1971.
Mookerjee, Ajit: *Tantra-Kunst*, Basel 1967–68.
–: *Tantra Āsana. Ein Weg zur Selbstverwirklichung*, Wien, München 1971.
–: *Yoga Art*, London 1975.
Naranjo, Claudio/Ornstein, Robert E.: *Die Psychologie der Meditation*, Frankfurt a. M. 1976.
Narayanananda, Swami: *The Kuṇḍalinī Shakti*, Rishikesh 1950.
Nikhilananda, Swami: *Ramakrishna: Prophet of New India*, New York 1948, London 1951.
–: *Vivekananda, The Yoga and Other Works*, New York 1953.
Ornstein, Robert E.: *Die Psychologie des Bewußtseins*, Frankfurt a. M. 1976.
Panday, K. C.: *Abhinavagupta*, Benares 1963.
Parker, Derek und Julia: *Universum der Astrologie*, Hamburg 1972.
Patañjali: [Yoga-sūtras, sanskr. u. dt.] *Die Wurzeln des Yoga*, m. e. Komm. von P. Y. Deshpande u. e. neuen Übertr. d. Sūtren von B. Bäumer (Hrsg.), Bern, München 1976.
Pott, P. H.: *Yoga and Yantra*, Den Haag 1966.
Prabhavananda, Swami: *The Spiritual Heritage of India*, London 1962, New York 1963.
Radhakrishnan, S. (Hrsg.): *History of Philosophy: Eastern and Western*, New York 1957, London 1967.
Ramakrishna Mission Institute of Culture: *Cultural Heritage of India*, Bd. III, Calcutta 1958.
Rawson, Philip: *The Art of Tantra*, London, New York 1973.
Ray, P. (Hrsg.): *History of Chemistry in Ancient and Medieval India*, Calcutta 1956.
Rendel Peter: *Introduction to the Chakras*, Wellingborough/Northamptonsh. 1974.
Reyna, Ruth: *The Philosophy of Matter in the Atomic Era*, London 1962.
Rieker, Hans-Ulrich: *The Yoga of Light, Hatha Yoga Pradipika*, London, New York 1972.
–: *Das Geheimnis der Meditation*, Zürich 1953.
Saraswati, Swami Janakananda: *Yoga, Tantra och Meditation*, Stockholm 1975.
Saraswati, Swami Pratyagātmānanda: *Japasūtram*, Madras 1971.
Sastri, S. Subrahmanya/Ayyangar, T. R. (Übers.): *Saundaryalahari*, Madras 1972.
Saunders, E. Dale: *Mudrā*, New York 1960.
Schindler, Maria: *Goethe's Theory of Colour*, East Grinstead/Sussex 1964.
Schrader, F. Otto: *Introduction to Pañcarātras and Ahirbudhnya Saṃhitā*, Madras 1916.
Seal, Sir Brajendranath: *The Positive Science of the Ancient Hindus*, Delhi 1958.
Shankaranarayanam, S.: *Glory of the Divine Mother (Devīmahātmyam)*, Pondicherry 1968.
Sharma, Sri Ram: *Tantra-Mahāvijñāna*, 2 Bde., in Hindi, Bareilly 1970.

Singhal, D. P.: *India and the World Civilization,* 2 Bde., Calcutta, London 1972.
Snellgrove, D. L.: *The Hevajra Tantra,* 2 Bde., London 1959, repr. 1964 und 1971.
Spiller, Jürg (Hrsg.): *Paul Klee: Form und Gestaltungslehre,* 2 Bde., Basel 1970/71.
Suryanarayanamurthy, C.: *Śrī Lālita Sahasranāmam,* Madras 1962.
Tucci, Giuseppe: *Geheimnis des Mandala, Theorie und Praxis,* Weilheim 1972.
Walker, Benjamin: *Hindu Worlds,* 2 Bde., London, New York 1968.
Weizsäcker, C. F. von/Krishna, Gopi: *Biologische Basis der Glaubenserfahrung,* 2. Aufl., Bern, München 1973.
White, John de: *Frontiers of Consciousness,* New York 1974.
Whitmont, Edward C.: *The Symbolic Quest: Basic Concepts of Analytical Psychology,* New York 1969.
Woodroffe, Sir John: *Die Girlande der Buchstaben – Varnamālā,* Weilheim/Obb. 1968.
–: *Kāma-Kalā-Vilāsa,* Madras 1953.
–: *Principles of Tantra,* 2 Bde., Madras 1953.
–: *Die Schlangenkraft,* 3. Aufl., Bern, München 1975.
–: *Tantrarāja Tantra,* Madras 1954.
–: *Kulārṇava Tantra,* Madras 1965.
–: *Hymns to the Goddess,* Madras 1965.
–: *Mahānirvāṇa Tantra, Tantra of the Great Liberation,* New York 1972.
Zimmer, Heinrich: *Indische Mythen und Symbole,* Düsseldorf, Köln 1972.
Zvelebil, Kamil V.: *The Poets of the Powers,* London 1973.

Zeitschriftenaufsätze:
Chandra, Pramod: »The Kaula Kapalika Cult at Khajuraho«, in: *Lalit Kala,* Nr. 1–2, April 1955–März 1956.
Dasgupta, Shashibhusan: »The Role of Mantra in Indian Religion«, in: *Bulletin of the Ramakrishna Mission Institute of Culture,* Bd. VII, Nr. 3, März 1956.
Hariharanand, Swami Sarasvati: »The Inner Significance of Linga Worship«, in: *Journal of the Indian Society of oriental Art,* Bd. IX, 1941.
Jenny, Hans: »The Sculpture of Vibration«, in: *UNESCO Courier,* Dezember 1969.
Mookerjee, Ajit: »Tantric Art«, in: *Times of India Annual,* 1965.
–: »Tantra Art in Search of Life Divine«, in: *Indian Aesthetics and Art Activity,* 1966.
–: »Tantra Art«, in: *Graphis,* 1966.
–: »Tantra Art«, in: *Lalit Kala,* 1971.
Mukharji, P. B.: »The Metaphysics of Form«, in: *Bulletin of the Ramakrishna Mission Institute of Culture,* Bd. VIII, Nr. 8, 1956.
–: »The Metaphysics of Sound«, in: ibid., Bd. VII, Nr. 9, 1956.
–: »The Metaphysics of Light«, in: ibid., Bd. XII, Nr. 11, 1961.
Mukherji, K. C.: »Sex in Tantras«, in: *The Journal of Abnormal and Social Psychology,* 1926.
Sircar, D. C.: »The Śakta Pithas«, in: *The Journal of the Royal Asiatic Society of Bengal,* Bd. XIV, Nr. 1, 1948.